잠 못 드는
초등 부모를 위하여

잠 못 드는 초등 부모를 위하여

초판 1쇄 발행 2017년 8월 10일
초판 2쇄 발행 2018년 1월 24일

지은이 · 구본창, 최수일, 김승현, 백화현, 김형태, 윤다옥, 윤지희
기획 · 사교육걱정없는세상
엮은이 · 김은남
발행인 · 표완수
편집인 · 문정우

펴낸곳 · ㈜참언론 시사IN북
출판신고 · 2009년 4월 15일 제 300-2009-40호
주소 · 100-858 서울시 중구 중림로 27 가톨릭출판사빌딩 신관 3층
주문전화 · 02-3700-3256, 02-3700-3250(마케팅팀), 02-3700-3255(편집부)
주문팩스 · 02-3700-3209
전자우편 · book@sisain.kr
블로그 · book.sisain.co.kr

ISBN 978-89-94973-43-2 03300

이 도서의 국립중앙도서관 출판예정도서목록(CIP)은 서지정보유통지원시스템 홈페이지(http://seoji.nl.go.kr)와
국가자료공동목록시스템(http://www.nl.go.kr/kolisnet)에서 이용하실 수 있습니다. (CIP제어번호: CIP2017018517)

사교육 걱정 없이 내 아이 잘 키우기 7대 해결책

잠 못 드는
초등 부모를 위하여

사교육걱정없는세상 기획 | **김은남** 엮음

구본창

최수일

김승현

백화현

김형태

윤다옥

윤지희

시사IN 북 Book

머리말

경쟁보다는 협력을, 획일적 정답보다는 배움의 기쁨을

"3세 이전에 인간 뇌의 80%가 형성된다", "영어는 어릴 때 시작할수록 잘한다", "연산은 초등학교 들어가기 전에 끝마쳐야 고생을 안 한다" 등 온갖 정보의 홍수 속에서 아이를 조기 교육으로 무장시켜 초등학교에 들여보내는 세태는 어제 오늘의 일이 아닙니다. 그런데 결과는 처참합니다. 너나없이 영어다, 수학이다, 미술이다, 발레다 하며 온갖 것을 섭렵하고 입학한 아이들이 넘쳐나기에 열심히 준비시켜 들여보낸 아이도 그다지 두드러지지 않습니다. 오히려 뒤처지지 않을까, 자존감이 떨어지지 않을까 노심초사하며 하루하루를 보내는 게 우리 학부모들의 삶입니다.

언론에서는 4차 산업혁명 시대다, 인공지능 시대다 하면서 창의력, 문제 해결력, 사고력을 키워주지 않으면 인공지능에 일자리를 뺏겨 먹고살기도 힘들 거라고 떠듭니다. 학교 숙제, 학원 숙제만 해가기도 버거운 생활을 하면서는 창의력, 문제 해결력을 키우기 어려울 것 같은 불안감이 들기도 하지만 눈앞에서 벌어지고 있는 경쟁을 외면하고 살기도 쉽지 않습니다. 대학까지 가려면 아직도 까마득한 시간이 남았는데 이런 지치는 삶을 아이가 버텨줄지도 걱정입니다.

여기저기서 시대가 바뀌었다고 외쳐대는데 나와 내 아이의 삶은 왜 이다지도 바뀌지 않는 것일까요? 어디서부터 잘못된 것인지 납답하기만 합니다. 솔직히 내 아이가 현재의 경쟁에서도 뒤처지지 않기를 바라고, 장차 직업을 갖게 될 20년 후 변화될 사회에서도 유능한 인재로 살아가길 바랍니다. 두 마리 토끼를 다 잡고 싶은 게 부모의 심정이지요.

이렇게 이러지도 저러지도 못하는 마음으로 살아가는 초등 부모들의 걱정과 불안을 덜어드리기 위해 '초등 사용 설명서' 강좌를 마련했습니다. 추상적이고 당위적인 가치관 교육이 아니라 초등학교에 아이를 보내며 마주치는 실제적인 고민들을 함께 나누고자 합니다.

- 정말 학교 공부만으로 충분한 걸까요?
- 한글은 떼고 학교를 가야 받아쓰기며 알림장 쓰기를 따라갈 수 있다던데요?
- 글로벌 시대에 영어는 필수인데 초등학교 3학년에 영어를 시작하면 너무 늦은 건 아닐까요?
- 독서는 모든 학습의 기초라는데 책 읽기 싫어하고 만화책만 보는 우리 아이 어떻게 해야 할까요?

- 스마트폰은 언제 사주고 어떻게 관리해야 하나요?
- 벌써 사춘기인지 자기 멋대로만 하려고 해요.
- 사교육 없이 우리 아이 키우는 방법은?

부모님들이 초등학생 자녀를 키우며 하게 되는 고민은 한두 가지가 아니겠지요. 그 수많은 고민들 중 대표적인 고민을 추려, 그 고민에 응답하기 위해 각 분야별 전문가들을 모셨습니다. 강사님 한 분 한 분을 자세히 소개해드리기에는 지면이 부족하지만 그분들의 이력과 삶의 자취들을 살펴보면 팍팍한 교육 현실 속에서도 아이들의 행복과 미래의 꿈을 지켜주기 위해 불철주야 수고하신 흔적이 느껴집니다. 2017년 봄 강의를 진행했을 때 수강생들의 반응이 매우 뜨거웠습니다. 시간과 공간의 한계로 더 많은 분들이 함께하지 못한 아쉬움을 이렇게 〈잠 못 드는 초등 부모를 위하여〉라는 제목의 책으로 엮어 더 많은 부모님들을 만나게 되니 정말 기쁩니다.

바라기는 이 책이 혼란스러운 교육 환경 속에서 경쟁보다는 협력을, 획일적 정답보다는 배움의 기쁨을, 공부 1등만이 아닌 다양한 꿈과 재능을 발견하는 우리 아이를 위한 새로운 교육의 길을 찾아가는 데 나침반이 되길 기대합니다. 그리고 대한민국의 모든 아이들에게 행복한 학창 시절을 선물할 수 있도록, 우리 교육 환경과 제도를 바꾸는 데 부모님들이 동참해주시길 부탁드립니다.

사교육걱정없는세상 공동대표 송인수·윤지희

차례

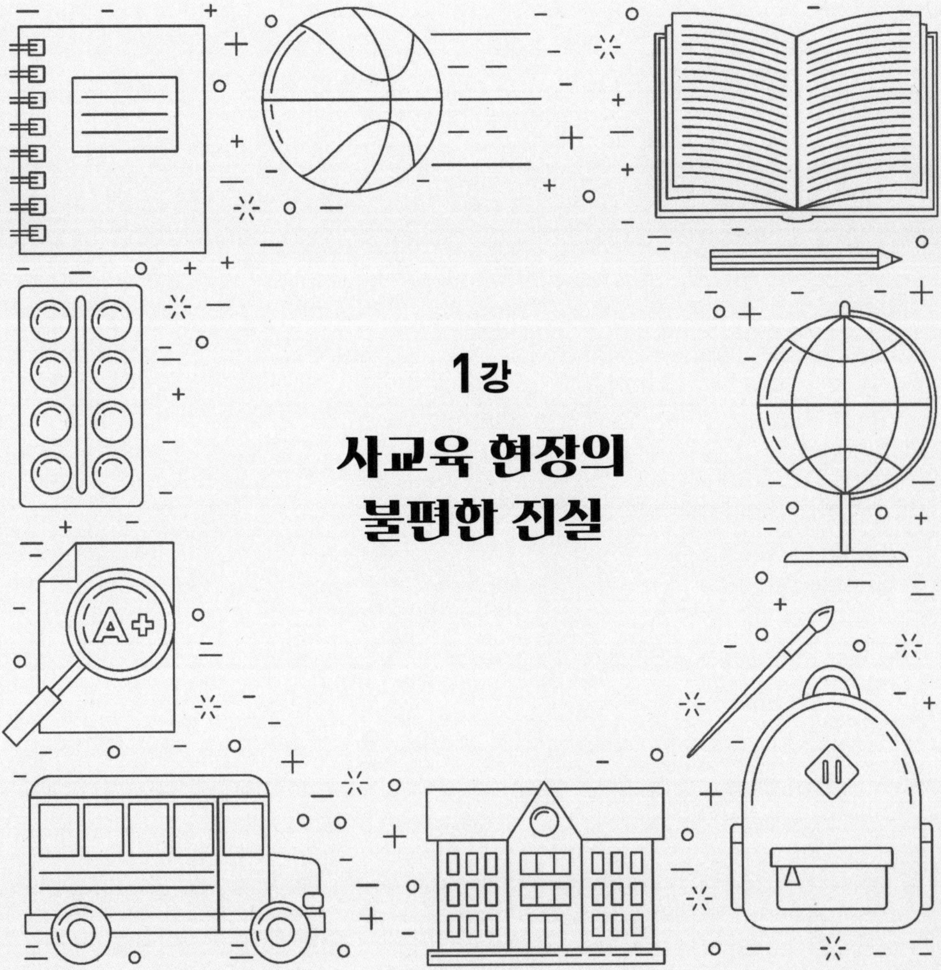

1강

사교육 현장의 불편한 진실

구본창

사교육걱정없는세상 정책대안연구소 정책국장

사교육 전문가가 밝힌 사교육 시장의 실태

안녕하세요? 구본창이라고 합니다. 초등학교 1학년 아이를 둔 학부모이기도 합니다. 조금 전 사회자께서 저를 '사교육 시장 전문가'라고 소개해주셨는데, 누가 그런 자격증을 주는 건 아니라서 여러분들이 오늘 강의를 듣고 직접 판단해주셔야 할 것 같습니다.

먼저 제 소개를 간단히 하겠습니다. 저는 전직 사교육 종사자입니다. 사교육 업계에서 10여 년간 국어·논술·수능·언어영역 강사와 입시컨설턴트로 일했으며, 중등 국어 문제집·수능 언어영역 문제집 집필도 했습니다. 영화 제목을 빌리자면 '내부자들'이라고나 할까요? 지금은 사교육걱정없는세상 정책대안연구소에서 사교육과 대학입시 문제를 집중적으로 고민하고 있습니다.

오늘 여기 오신 분들이 이 강의를 듣고자 한 이유는 무엇이었을까, 이 자리에 오기 전까지 집에서 한참 동안 생각해보았습니다. 아마도 '우리 아이는 사교육을 많이 시켜 엘리트로 키워야지'라고 생각하시는 분들은 아닐 것 같습니다. 그보다는 '누가 뭐래도 아이의 행복과 건강이 최우선이지. 그렇지만 현실이 이런데 너무 뒤처지는 것도 곤란해. 적당한 수준으로는 따라가야지……'라고 생각하시는 분들이겠다 싶었습니다. 물론 우리 사회가 워낙 경쟁이 심한데다 고용도 불안정하다 보니 '나는 어떻게 해야 할까' 싶어 오신 분도 계시겠지요.

'적당한 수준'이라는 게 참 막연하죠. 개중에는 '난 사교육 시킬 돈이 없어. 게다가 이런저런 자료들을 봤더니 사교육이란 게 백해무익한 것 같아'라고 생각하시는 분도 계실 겁니다. 이런 분조차 '난 사교육은 안 시킬 거야. 하지만 성적은 좋아야지' 하는 경우가 많죠. 이런 상황에서 제가 공권력을 쥔 것도 아닌 만큼 사교육 고민을 단번에 해결할 강력한 솔루션을 제공해드릴 수는 없습니다. 그렇지만 한때 사교육 시장에 몸 담았던 내부자로서 부모들이 사교육 앞에서 방황할 때 지켜야 할 최소한의 기준에 대해서는 조언해드릴 수 있습니다.

오늘은 크게 두 가지로 나눠서 말씀드릴게요. 우선은 우리나라 사교육 실태를 여러 가지 통계와 실제적인 사례들을 통해 살펴보겠습니다. 이를 통해 여러분이 적절한 것과 부적절한 것, 해야 할 것과 하지 말아야 할 것을 판단하는 데 도움이 되었으면 좋겠습니다. 그리고 부부가 맞벌이여서 부득이하게 학원을 이용해야 하거나 자녀 학습이 부진해 학원 상품을 이용해야 할 경우 어떤 걸 선택하는 게 좋을지, 합리적이고 이성적으로 판단하는 데 도움이 될 만한 정보들을 전해드리고자 합니다.

학부모 90% 이상 자녀 사교육비 부담 느껴

먼저 사교육에 관한 최근의 통계들부터 살펴볼까요? 가장 따끈따끈한 통계는 2017년 3월 13일 교육부·통계청이 발표한 2016년 총 사교육비 규모입니다.

〈그림 1-1〉 1인당 월 평균 사교육비(명목) 변화 추이 (단위 : 만 원)

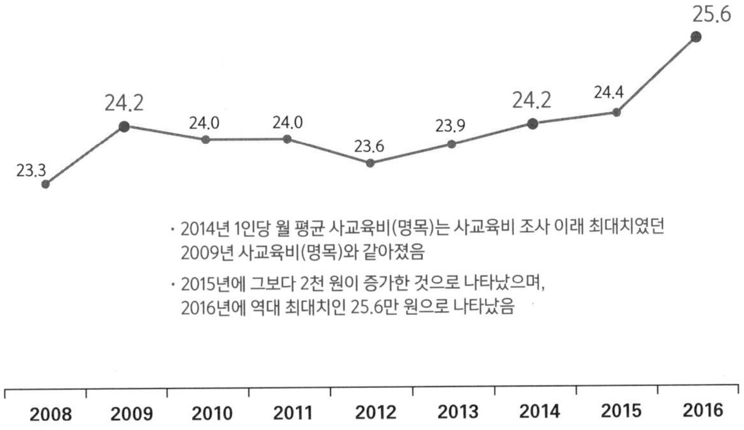

* 자료: 교육부·통계청 사교육비조사(2016), 본 단체 교육통계센터 재구성

이 통계에 따르면 우리나라 국민 1인당 월 평균 사교육비는 25만 6천 원입니다. 아마도 대부분의 학부모들은 이 통계를 보고 말도 안 된다고 코웃음 칠 거예요. '25만 6천 원만 돼도 행복하겠다' 하는 분도 계실 테고요. 실제로 지난해 서울시교육청에 등록된 학원교습비 정보를 바탕으로 사교육걱정없는세상이 '2015 주요 과목 월 평균 학원 교습비' 통계를 내본 결과, 자녀 한 명을 영어·수학 학원에 보낼 경우 월 평균 교습비가 47만 4천 원에 이르는 것으로 나옵니다. 이쯤은 돼야 학부모들도 어느 정도는 수긍하시지 않을까요? 자녀가 두 명이면 한 달에 백만 원은 드는 상황인 거죠. 여기에 논술도 시키고, 예·체능도 시키다 보면 백만 원을 훌쩍 넘기는 가정도 허다하고요.

그럼에도 우리가 교육부·통계청 통계에서 눈여겨봐야 할 것은 추이입니다. 〈그림 1-1〉을 보시면 알겠지만 2009년 24만 2천 원까지 올랐던 월 평균 사교육비는 이명박 정부 후반 들어 소폭이나마 지속적으로 감소하는 추세를 보였습니다. 2011년에는 24만 원, 2012년에는 23만 6천 원이었죠. 그런데 박근혜 정부 들어 1인당 월 평균 사교육비가 다시금 슬금슬금 오르더니 지난해에는 마침내 역대 최대치를 기록한 것입니다. 국정농단 사태 와중에 사교육비마저 증가했나 싶어 분노를 금할 수가 없는 대목이죠.

과목별로 좀 더 자세히 볼까요? 이 자리에 와 계신 분들은 대부분 초등학생 자녀를 둔 학부모님들이시니 초등 중심으로 보겠습니다. 일단 2015년 월 평균 국어 과목 사교육비는 2014년과 똑같은 1만 3천 원으로 나왔네요. 수학은 2015년이 4만 원으로 2014년(4만 4천 원)보다 4천 원 줄었습니다. 영어도 2014년 7만 원에서 2015년 6만 7천 원으로 소폭 줄었고요. 대신 예·체능 사교육비가 8만 4천 원(2014년)에서 10만 원(2015년)으로 크게 높아진 것이 눈에 띕니다. 교과 분야보다 예·체능 분야 사교육비가 늘어났다는 게 그나마 다행이라고나 할까요.

반면 고등학교로 가게 되면 교과 분야 사교육비가 많이 올랐음을 보실 수 있을 겁니다. 그러니 지금 아이를 초등학교에 보내는 학부모들은 저희와 함께 더 열심히 교육운동을 하셔야 할 것 같아요. 지금 초등학생들이 대학입시를 치를 즈음에는 사교육비를 거의 지출하지 않는 교육 환경을 만들려면 말이죠.

이 통계에 영유아 사교육비는 포함되지도 않았어요. 이게 사실 간과할 수 없는 문제인데 말이죠. 2013년부터 영유아 사교육비 조사를 시작한 육아정책연구소는 2014년 영유아 부문 사교육비 규

〈그림 1-2〉 과목별 1인당 월 평균 사교육비 비교 (단위 : 만 원)

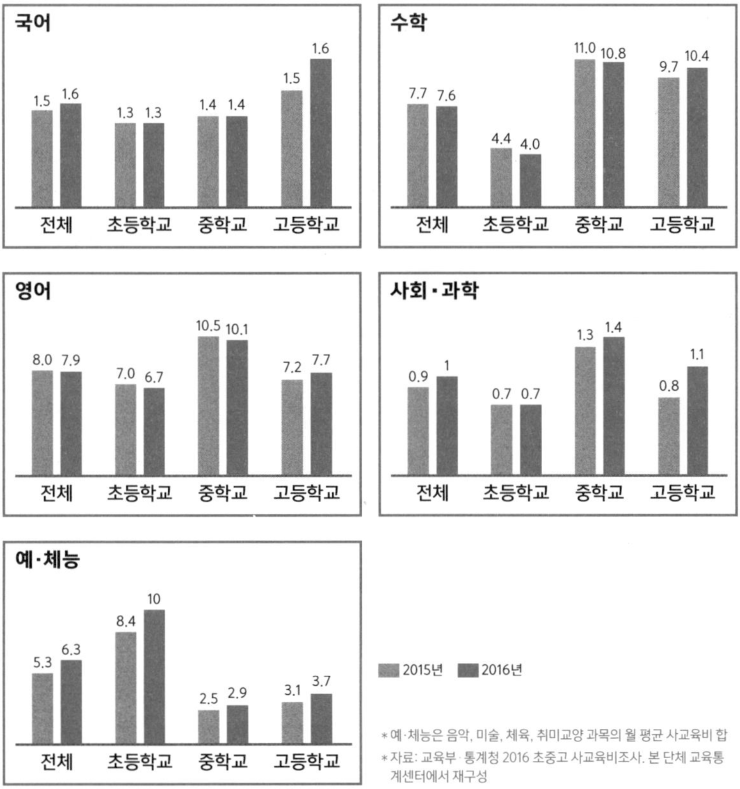

* 예·체능은 음악, 미술, 체육, 취미교양 과목의 월 평균 사교육비 합
* 자료: 교육부·통계청 2016 초중고 사교육비조사. 본 단체 교육통계센터에서 재구성

모가 3조 2천억 원대에 이를 것으로 추산했습니다. 이걸 보고 우리 단체를 비롯해 사회 전반적으로 영유아 사교육 문제가 심각하다는 인식이 확산되기 시작했죠. 그런데 사교육걱정없는세상을 비롯한 여러 단체들이 영유아 사교육 문제를 본격적으로 제기했더니, 이듬해에는 육아정책연구소가 그 규모를 1조 2천억 원으로 대폭 축소해 발표했어요. 심각한 문제가 될 것 같으면 이처럼 문제를 일단 덮어버리려 하는 게 이전 정부의 큰 폐해 중 하나였죠. 올해부터는

교육부·통계청이 직접 영유아 사교육비를 조사하겠다는데, 좀 더 내실 있게 조사하라고 우리 단체가 계속 주장하는 중입니다.

어쨌거나 그전까지 발표된 자료에 비춰볼 때 현재 사교육을 받고 있는 영유아의 경우 적게 잡아도 월 평균 12만~15만 원은 지출하고 있으리라는 게 우리의 추정입니다. 다시 말해 영유아 자녀 한 명, 초등학생 자녀 한 명만 두어도 가계에서 상당히 큰 비용을 교육비로 지출할 수밖에 없는 상황이라는 거죠.

상황이 이렇다 보니 기관별로 추산하는 사교육 시장 규모가 많이 다릅니다. 교육부와 통계청은 이 비용을 한 해 약 18조 원으로 추산하지만, 사교육걱정없는세상은 24조 원가량으로 잡고 있습니다. 영유아 사교육비, EBS 교재 구입비, 학교 방과 후 활동비, 어학연수비 등등을 포함해서요. 연구기관에 따라서는 이 비용을 35조~40조 원까지 추산하는 곳도 있어요. 통계치에 드러나지 않는 지하경제, 그러니까 불법 개인 고액 사교육비 등을 포함시킨 수치인 거죠.

이러니 거의 모든 가정이 사교육비로 인한 가계 부담을 호소하는 상황입니다. 한국보건사회연구원 조사(2015)에 따르면, "최근 3년간 자녀의 사교육비 부담이 감소되고 있다고 보느냐"는 질문에 "전혀 그렇지 않다"라고 답한 사람이 61.0%예요. "별로 그렇지 않다"고 답한 사람이 29.2%고요. 합쳐서 90.2%에 이르는 절대 다수가 사교육비로 인해 가계 부담을 느끼고 있다고 답한 거죠. 그러니 다들 어쩔 수 없이 자녀를 학원에 보내면서도, 사교육비를 경감할 수 있는 대책이 나와줬으면 좋겠다고 생각하는 거고요.

〈그림 1-3〉 영유아 사교육비 연간 총액 규모

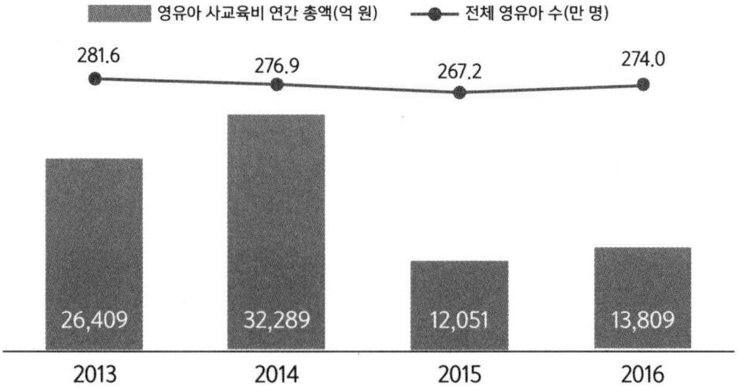

＊육아정책연구소, 〈영유아 교육·보육비용 추정연구(각 년도)〉, 본 단체 교육통계센터에서 재구성

〈그림 1-4〉 각 기관별 사교육 시장 규모(2014년) (단위 : 억 원)

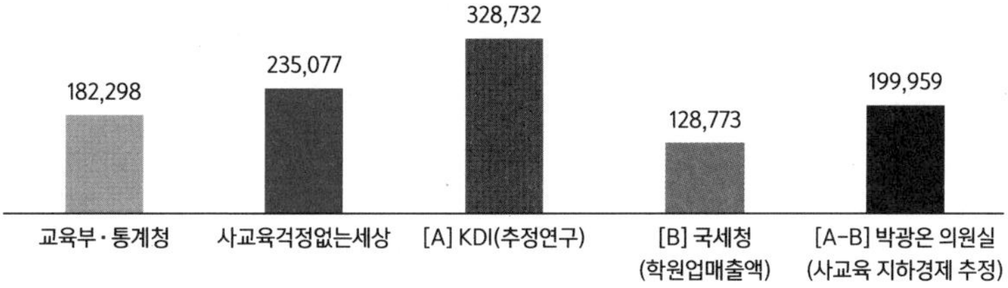

＊교육부·통계청(사교육비·의식조사), 사교육걱정없는세상(교육부·통계청 발표 관련 보도자료)
＊KDI(추정연구): 통계청 '가계동향조사 명목지출 교육부분 세부항목' 재분석
-1인 가구와 2인 이상 가구의 '학원 및 보습교육', '기타교육' 비용에 통계청의 우리나라 가구 수를 곱하여 계산
＊국세청(학원업매출액): KDI추정항목에 포함된 방문학습지, 개인과외, 학교보충비, 평생교육원, 국내교육연수, 국외연수비에 대한 과세실적 제외

그런가 하면 자녀 연령이 올라갈수록 사교육비가 늘어가는 추세 또한 뚜렷합니다. 한국노동조합총연맹이 조사한 '표준 생계비 산출 결과'(2017)를 보면요. 초등학생 자녀를 둔 4인 가구의 지출 항목 중 교육비 비중이 9.4%인 데 반해 중·고등학생 자녀, 대학생 자녀를 둔 4인 가구의 교육비 비중은 각각 13.8%, 18.8%로 증가합니다. 교육비만 절약할 수 있어도 살림살이가 훨씬 나아지는 거죠.

에듀푸어와 불평등, 저출산 문제까지 초래하는 사교육

서울시가 지난해 조사한 '서울시민 가구 부채 항목 비율'을 봐도 마찬가지입니다. 부채 사유 중 가장 큰 것은 '주택 임차 및 구입'(66.1%)이었고, 교육비는 13.1%로 그 뒤를 이어 두 번째를 차지했죠. 2010년 이후 우리 사회에서 '에듀푸어edu-poor'(과다한 교육비 지출로 가난해진 사람을 일컫는 말)라는 말이 자연스럽게 회자되고 있는데요. 사교육비에 투자하느라 빚을 내다 에듀푸어가 되고, 그로 인해 노후 대비를 제대로 하지 못하는 상황이 계속 이어지고 있습니다.

그렇다면 우리나라 부모들은 지금 내가 쓰고 있는 사교육비가 적은 수준이라고 생각할까요, 아니면 많은 수준이라고 생각할까요? 거의 다가 '적다'고 생각합니다. 사교육비와 관련해서도 옆집

〈그림 1-5〉 최근 3년간 자녀 양육 지원 체감도 문항 중, "자녀의 사교육비 부담이 감소되고 있다"의 응답

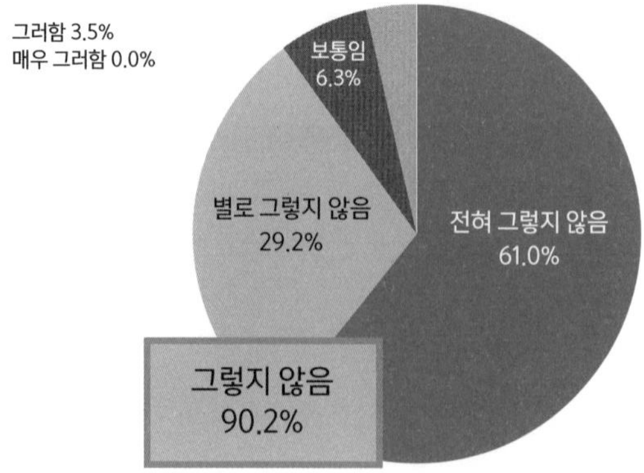

* 자료: 한국보건사회연구원, 〈저출산 고령사회정책 성과평가(2015)〉, 국가예산정책처, 〈저출산 대책 평가 vi(교육)(2016)〉

과 끊임없이 비교를 하려 드는 거죠. '우리 아이는 태권도학원을 다니는데 옆집 아이는 롯데월드 스케이트장을 다니네? 아무래도 우리가 너무 적게 쓰는 것 같아' 하는 식으로요.

실제로 저도 아이가 병설유치원에서 너무 일찍 귀가하는 바람에 롯데월드에서 스케이트 강습을 받게 한 일이 있습니다. 그런데 이게 강습으로만 끝나는 게 아니더라고요. 아이는 평소 대여료를 하루 5천 원씩 내고 스케이트를 빌려 신었어요. 그런데 어느 날부터 다른 애들이 신고 있는 스케이트가 보이기 시작해요. 끈으로 묶는 스케이트를 사면 20만 원쯤 들겠더라고요. 거기서 끝이 아녜요. 개중에는 끈을 묶을 필요가 없는 아주 고급스러워 보이는 스케이트를 신고 있는 아이들도 있었어요. 이 스케이트는 무려 180만 원짜리예요. 그런데 180만 원짜리 스케이트를 신고 강습을 받는 아이들이 왜 그리도 많은지…….

이쯤 되면 부모 눈이 뒤집어지기 시작하죠. 코치도 옆에서 거들어요. "기왕이면 비싼 걸로 사세요. 나중에 아이 발이 커서 스케이트 신발을 중고로 내다 팔게 된다 해도 120만 원은 받을 수 있어요"라면서요. 이런 와중에 부모가 중심을 잡기란 정말 쉽지 않죠. 저도 솔깃하더라고요. 귀가 막 팔랑팔랑해요. 그러다 '아, 이러면 안 되지. 대여해야지' 하면서 간신히 중심을 잡았어요. 저처럼 사교육 시장에서 흔히 쓰이는 수법을 안다는 사람도 이러니, 사교육 시장에 대해 별다른 민감성을 갖고 있지 않은 분들은 어떻겠어요? 자칫 잘못 판단하면 카드론으로 180만 원짜리를 사게 되겠죠. 한국 사회에서 무엇보다 중요하다는 이른바 그 '가오'를 위해서요.

하지만 그게 곧 '에듀푸어'가 되는 길입니다.

사교육 시장은 부모들의 이 같은 비교·불안 심리를 정확하게 파고듭니다. 여기 휘둘리다 보면 가계에 문제가 생기는 것은 물론 배우자·자녀와의 갈등도 깊어지겠죠. 우리 단체에서 미취학 자녀를 둔 가구주를 상대로 '사교육으로 인해 경험하는 문제'를 조사해봤더니 첫 번째로 가계의 경제적 부담 증가(41.4%)를 꼽았어요. 두 번째로 배우자와의 의견 충돌(30.1%)을, 그다음은 교사 및 강사에 대한 감정 악화 및 불신(18.4%), 자녀와의 감정싸움(16.2%), 자녀의 학습 악화(9.9%), 이웃 및 지인과의 의견 충돌(8.3%) 순이었습니다.

실제로 사교육 때문에 배우자와 의견 충돌을 빚는 집안이 적지 않습니다. 경제 활동 중인 남편이 "사교육비 좀 줄여. 미래도 불확실한데 왜 자꾸 돈을 써"라고 하면, 아내는 아내대로 "당신이 뭘 알아? 아빠는 무관심이 미덕인 것 몰라?" 하면서 싸우곤 하니까요. 교사나 강사에 대한 불신도 심각한 수준입니다. 옛날처럼 "우리 아이 좀 잘 가르쳐주세요. 선생님만 믿습니다." 이렇게 말하는 학부모는 더 이상 찾아볼 수 없어요. 학원에 보내면서도 마찬가지입니다. '잘 가르치나, 못 가르치나' 끊임없이 감시하죠. 제가 12년간 사교육 업계에 종사했기 때문에 확실하게 말할 수 있습니다. 요즘 학부모는 소비자입니다. 아주 냉정하게 판단하고 구매하는 소비자죠.

그런가 하면 자녀와도 감정싸움을 하게 되죠. 아이에게 두 살 때부터 한글 교육을 시켰는데 세 살이 되도록 한글 자음도 못 떼면 엄마는 화가 납니다. '얜 누굴 닮아 이래?' 하면서 남편 유전자를 의심하는데, 이런 감정이 자녀에게 그대로 번지게 되는 거죠. 이웃이

나 지인과의 의견 충돌을 꼽은 분들도 있었는데, 사실 2~3세 자녀를 둔 분들은 '옆집 엄마'를 제일 조심해야 합니다. "아니, 아직도 ○○○○를 안 했어? 세 살 때는 그걸 끝냈어야지. 어제 홈쇼핑에서 그거 싸게 팔던데"라면서 가만두질 않으려 드니까요.

사회 전반으로 보면 사교육의 가장 큰 문제는 불평등을 깊게 한다는 거겠죠. 교육부·통계청 조사 결과를 우리 단체에서 재구성한 바에 따르면, 월 평균 소득 수준이 700만 원 이상인 가구가 쓰는 사교육비는 44만 3천 원으로 나옵니다. 반면 월 평균 소득 수준이 100만 원 이하인 가구가 쓰는 사교육비는 5만 원입니다. 아까도 말씀드렸지만 교육부·통계청 조사는 현실과 동떨어졌다는 비판을 많이 받습니다. 월 평균 소득 700만 원인 가구가 사교육비로 44만 3천 원만 쓴다는 건 사실 납득이 안 됩니다. 그럼에도 이 통계에서 눈여겨볼 것은 최고 소득 분위와 최저 소득 분위의 사교육비 차이가 8.8배에 달한다는 사실입니다. 교육의 양극화가 사교육비 통계에서 여실히 드러나는 것이죠. 당연히 저소득층 가구에서는 상대적 박탈감이 들 수밖에 없습니다.

상황이 이러니 '자녀 양육비와 교육비의 상승이 출생아 수 감소에 영향을 미친다고 보느냐?'는 질문에 96.1%가 동의한다고 답할 수밖에 없죠(한국소비자연구원). 쉽게 말해 교육비가 너무 많이 들어 아이를 못 낳겠다는 거예요. 그뿐인가요. 출발선부터 양극화가 심각하다는 인식 또한 사회 전반을 지배하고 있습니다. 앞서 보신 것처럼 가구 소득에 따른 교육비 격차가 벌어지고 있으니까요. 만약 정부가 의지를 갖고 사교육을 줄이고 공교육을 내실화하는 다

〈그림 1-6〉 소득수준별 1인당 월 평균 사교육비 및 사교육 참여율

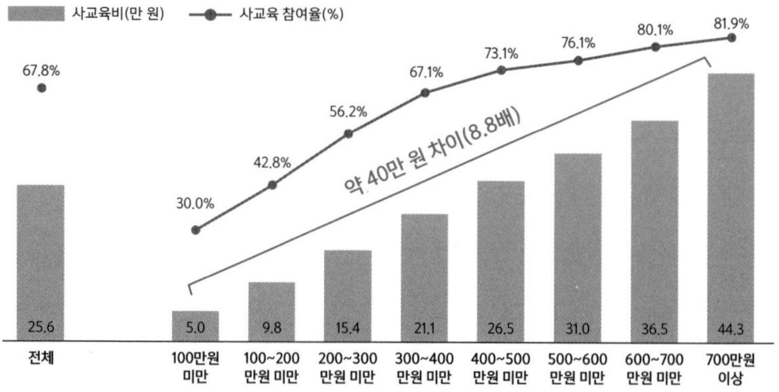

* 자료: 교육부·통계청 사교육비조사(2016), 본 단체 교육통계센터 재구성

양한 정책을 적극적으로 펼쳤다면 상황이 여기까지 오진 않았겠죠. 사교육비 실태를 살피다 보면 정부가 상황을 너무 방치한 게 아닌가라는 생각을 지울 수가 없습니다.

유엔 아동권리위원회의 경고 "한국 사교육은 아동 권리 침해"

한국의 사교육 문제는 이미 비용을 넘어 인권 침해 문제로까지 부각되었습니다. 육아정책연구소가 2016년 12월에 발표한 영유아 사교육 이용 현황 조사 자료를 보면 만 2세아의 경우 35.5%, 만 5세아의 경우 83.6%가 사교육을 받고 있다고 답했어요. 이건 예·체능학원이나 놀이학원을 뺀 교과 학습 사교육 이용 현황입니다.

〈그림 1-7〉 영유아 사교육 이용 현황

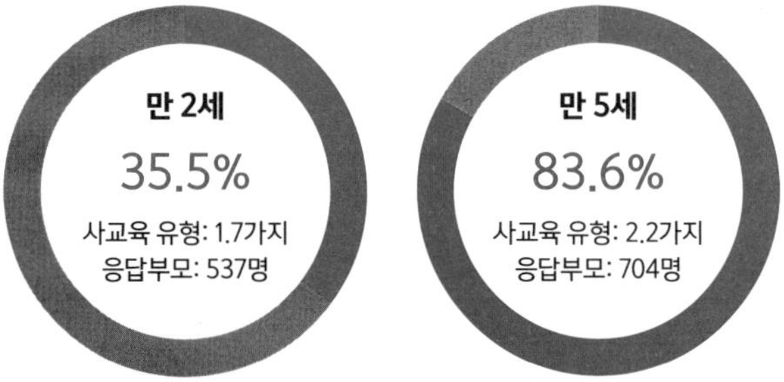

* 참고자료: 육아정책연구소, 〈육아정책 Brief 통권 제55호〉

그러니까 국·영·수 사교육을 이렇게 시켰다는 거죠. 우리 애는 시킨 적 없다고요? 잘 기억해보시기 바랍니다. 여기에는 학습지도 다 포함돼 있으니까요.

더 큰 문제는 이렇게 영유아 사교육을 시키면서도 부족하다고 생각하는 부모가 각각 26.9%(만 2세), 40.1%(만 5세)에 이른다는 거예요. 그러니 정상·비정상을 구분할 판단력을 상실한 채 아이에게 계속 사교육을 시키고 있는 거죠. 우리 단체가 소아정신과 전문의를 상대로 설문조사를 벌인 결과, 전문의 80%가 영유아 단계의 학습이 아이들의 정신 건강에 부정적인 영향을 미친다고 응답했습니다. 아이가 적극적으로 자기표현을 못 해서 그렇지 영유아 단계의 조기 인지 교육은 아이의 정신 건강을 서서히 망치게 한다는 거죠. 이로 인해 짜증이 많아진다거나 경쟁적으로 바뀌는가 하면 신체적으로 틱 장애, ADHD 증후군(주의력 결핍 및 과잉행동 장애)을 호소하는 아이들도 적지 않다고 합니다.

유엔아동기금UNICEF이 2015년에 발표한 자료도 많은 분들이 보

〈그림 1-8〉 영유아 사교육 정도에 대한 인식

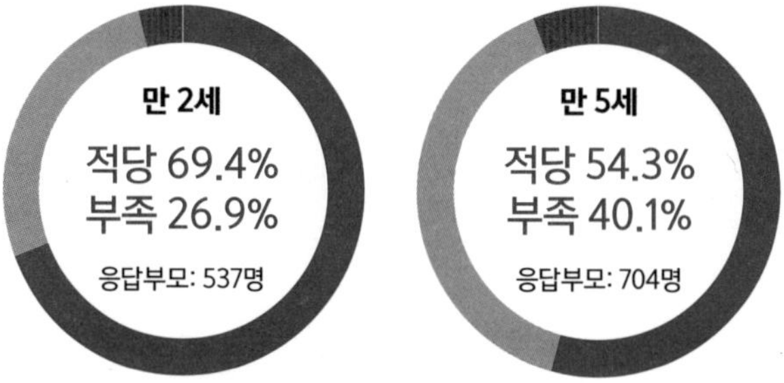

* 참고자료: 육아정책연구소, 〈육아정책 Brief 통권 제55호〉

셨을 거예요. 유엔아동기금은 '너무 많은 학원 교습'(17.5%), 그리고 '학교 학습으로 인한 시간 부족'(20.8%)이 아동의 여가와 놀이에 대한 권한을 침해하고 있다고 밝혔죠(〈한국 아동의 놀 권리 현 주소와 대안〉, 2015). 여기에서 '학교 학습으로 인한 시간 부족'이라는 표현이 좀 헷갈리실 수 있을 텐데요. 이건 학교에서 내준 숙제 같은 것만을 의미하는 게 아니라 학교 학습을 소화하기 위해 필요한 사교육의 범주도 포함하는 개념으로 봐야 합니다.

이를테면 초등학교에 아이를 입학시킬 때 부모님들이 굉장히 스트레스를 받으시죠. '입학하자마자 알림장도 바로 받아쓰고, 받아쓰기 시험도 봐야 한다는데 우리 아이만 글자를 괴발개발 그리고 있으면 어떡하나?' 싶어서요. 사실 우리 딸도 유치원을 두 군데 다녔습니다. 아이가 처음엔 사립유치원에 다녔는데, 어느 날부터인가 유치원엔 가지 않겠다고 해서 아침마다 전쟁을 치렀어요. 하루는 아이 가방을 봤더니 영어 파닉스Phonics 교재가 들어 있어요. 그 때가 만 네 살 때였어요. '알파벳도 가르치지 않았는데 이걸 어떻게 하나' 싶어서 교재를 봤죠. 그랬더니 아이가 주황색 색연필로 'Good morning'이라고 써놓은 게 보였어요. 이걸 두세 번 그리다 시피 따라 쓰다가 막판에는 색연필을 던져버렸는지 심지 잔해가 흩어진 흔적도 보였고요. 아이의 정신 상태가 어떨지 이것만으로도 충분히 알 수 있었죠.

그런데 그뿐만이 아니었어요. 아이가 수학 시간이 너무 싫다는 거예요. 이건 또 뭔가, 싶은 마음에 알아봤더니 유치원에서 기하 수학을 체험한답시고 작은 빨대를 구멍에 끼우는 수업을 한 모양이에요. 그런데 우리 아이는 소근육 발달이 다른 아이들보다 느린 편이에요. 그렇다 보니 여기서도 꽤나 스트레스를 받은 거죠. 이 두 가지 일을 겪으면서 '아이를 이런 곳에 보내면 안 되겠다'고 판단했어요. 그러고서 초등학교 병설 유치원으로 아이를 옮겼죠. 다행히 그곳에서는 그런 걸 거의 시키지 않아 아이가 행복하게 유치원을 졸업할 수 있었습니다.

학교 과정을 소화한다는 이유로 이렇게 유치원 단계부터 시작되는 '플러스알파' 교육으로 인해 아이들이 받는 스트레스가 굉장히 커요. 그런데도 너무 많은 아이들이 어린 시기부터 이런 경쟁 교육에 노출되고 있습니다. 오죽하면 2011년 유엔 아동권리위원회가 우리나라에 이런 권고를 했죠. "(교과과정 외의 추가적인 사교육은) 무엇보다 학생들을 심각하고 불균형한 스트레스에 노출시키고, 그들의 신체적·정신적 건강에 부정적인 영향을 끼치는 결과를 야기한다는 점을 염려한다. 또한 위원회는 기존의 사회경제적 불균형이 사교육비로 인해 심화되고 있고, 사교육이 여가와 문화 활동에 대한 아동 권리의 충분한 실현에 방해가 된다는 사실에 우려를 갖고 주목한다"라고요. 그런데 정부가 이에 대해 적극적인 해결책은 내놓지 않은 결과 상황이 개선되기는커녕 사교육비가 오히려 증가하지 않았나 싶습니다.

초등 6학년 상대로 '의대반' 운영

사교육 기관의 프로그램이 전반적으로 선행학습 중심으로 돼 있다는 건 많이들 아실 거예요. 흔히 사교육을 많이 시키거나 선행학습을 많이 시키는 부모들의 경우 머릿속에 한 가지 성공 도식이 그려져 있는 듯합니다. 영어 유치원 등에서 조기 교육을 시키고 아이를 다시 사립초등학교에 보내 원어민 수준의 영어를 구사하게 한 다음 국제중, 영재학교·특목고·자사고, SKY대를 거쳐 대기업·전문직에 진출시킨다는 도식이 그것이죠.

그런데 사교육 시장에 진입한다고 모두가 이런 결과를 얻을 수 있을까요? 당연히 그렇지 않습니다. 오직 극소수만이 이런 목표에 도달하죠(목표에 도달한다고 성공한 삶을 사느냐는 건 또 다른 문제입니다). 그렇다면 냉정하게 이성적인 판단을 내려야 할 텐데, 대부분의 부모들은 옆집 엄마의 성공 신화에 이끌린 채 좀비처럼 이를 쫓아가는 삶을 택하는 측면이 있는 것 같습니다.

그렇다면 이제부터는 사교육 시장이 어떤 구조로 짜여 있는지 본격적으로 살펴보겠습니다. 먼저 우리 단체가 2015~2016년 대

〈그림 1-9〉 2015~2016년 13개 학원 최고 선행 정도 평균

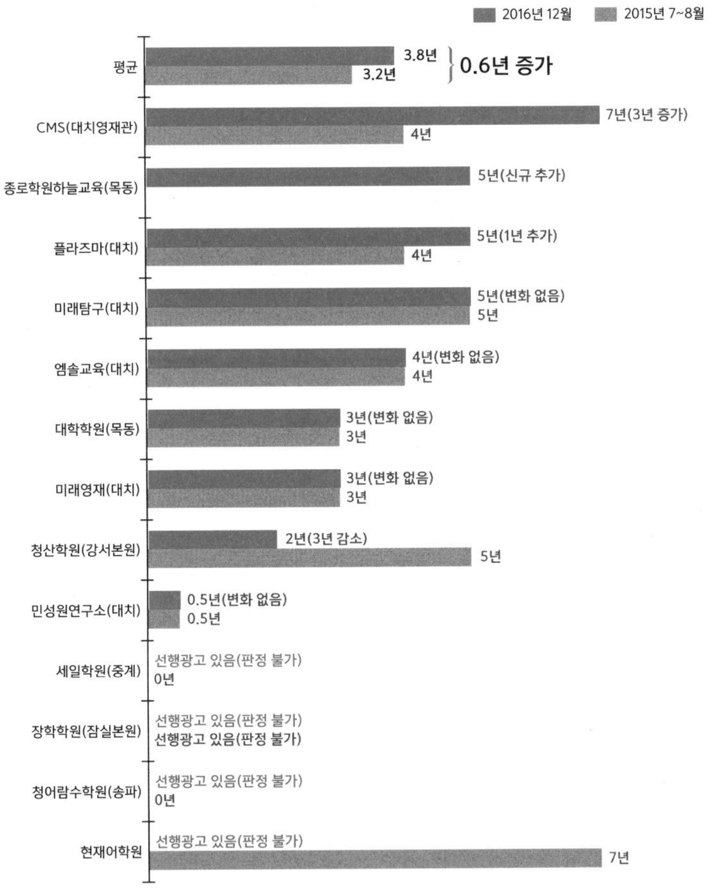

* 홈페이지에서 선행 정도에 대한 문구를 삭제한 학원들은, 선행 정도에 대한 판단을 할 수 없어, 평균 계산에서 제외하였음

치동·목동·중계동 등 이른바 사교육 1번지에 있다는 유명 학원 13곳의 선행 정도를 비교한 결과를 보시죠(〈그림 1-9〉 참조).

보시다시피 2015년 평균이 3.2년, 2016년 평균이 3.8년입니다. 다시 말해 이들 학원의 경우 초등학교 6학년에게 고1짜리 과정을

선행시키는 것이 평균적이라는 얘기죠. 심지어 한 어학원은 7년짜리 선행을 하는 것으로 조사됐어요. 실제로 이 학원은 초등학생들에게 미국 고등학생 수준의 영어를 가르친다고 홍보하고 있었습니다. 초등 과정이 무학년제로 운영되고 있어서 초등학교 1학년짜리가 미국 고등학생 수준의 영어를 배우는 경우도 있다고 해요. 초등학교 1학년이 영어를 얼마나 잘하면 이럴 수 있는 걸까요? 이런 상황을 도대체 어떻게 이해해야 할지 난감하기만 합니다.

또 다른 학원의 프로그램을 보니 초등학교 5학년 때 수Ⅰ 기본, 그러니까 고등학교 1학년 수업 과정을 4개월 만에 마친다고 돼 있었어요. 이게 상식적으로 가능하겠습니까? 그러니 학원들이 이런 프로그램을 한 번만 돌리는 게 아니라 반복해서 돌리는 거예요. 영재고나 과학고를 갈 때 용이하다고 선전하면서요.

그런가 하면 '○○의대반'이라는 프로그램도 있었어요. 이름만 보면 고등학생 대상 프로그램인가 하실 텐데 아닙니다. 예비 중1, 다시 말해 초등학교 6학년을 상대로 한 프로그램이에요. 더 충격적인 건 ○○의대반 입학시험이었어요. 이 학원이 발표한 시험 요강을 보면 중3 수학 과정까지 마친 초등학교 6학년생만이 입학시험을 치를 수 있게 되어 있어요. 이걸 통과해 의대반에 들어가면 수학Ⅰ 기본을 시작으로 수학Ⅱ, 미적분, 기하벡터, 확률과 통계, 고급수학 등 고등 과정 선행을 모두 끝내겠다는 안내도 나와요. 이걸 초등학교 6학년부터 중학교 3학년까지 여러 차례 반복하겠다는 거죠.

이건 말이 안 되는 얘기죠. 한번 들어서는 소화할 수 없는 프로그램들을 비정상적으로 깔아놓고는 이를 정상인 양 둔갑시키는 거니까요. 그런데도 학부모들은 이런 걸 별로 따지지 않고 학원을 골라요. 그저 '공부 잘하는 아이들이 많이 다니는 학원=좋은 학원'이라는 착각에 빠져 이런 프로그램들을 제대로 검토하지 않죠.

제 과거 경험을 들려드리지요. 제가 근무했던 곳이 학부모들에게 인기가 많은 학원이었어요. 통상 만 5세부터 많이들 보내셨죠. 그런데 6세 과정부터는 '표준 진도', '속진 진도'라는 게 있어요. 레벨이 낮은 반은 표준 진도를 나가고, 레벨이 높은 반은 속진 진도를 빠르게 나가면서 양쪽 격차가 점점 벌어져요. 여기에 학부모들이 곧잘 현혹됩니다. '옆집 애는 2단계래. 우리 애는 이제 막 1단계 시작했는데……' 하면서 여기서부터 경쟁이 시작됩니다. 다시 말해 한국에서는 대여섯 살 때부터 옆 사람과 비교당하기 시작하면서 아이가 망가지게 되는 거죠. '옆집 애는 잘한다는데 우리 집 애는 왜 그럴까' 싶으면서 자기 자녀를 이상하게 여기기도 하고요.

사실 표준 진도도 일반적인 학교 진도보다는 앞서 있어요. 그런데도 표준 진도에는 만족을 못 해요. 그러다 보면 초등학교 4학년 때부터 중등 단계에 접어들기 시작해요. 그 결과 초등학교 6학년쯤 되면 중학교 2, 3학년 단계를 마치게 됩니다. 이렇게 학원들이 정기고사 성적이 좋은 애들은 초등학교 때 중등 과정을 마쳐야 한다는 신호를 주고 있어요.

이렇게 중등 과정을 이미 다 마친 상태에서 초등학교를 졸업하고 중학교에 진학한 아이들을 상대로 반 편성 정기고사를 치르는데 그 시험 내용은 당연히 초등학교 때 배운 내용들이죠. 이게 문제예요. '잠 못 드는 초등 부모를 위하여' 2강을 맡을 최수일 선생님(사교육

걱정없는세상 수학사교육포럼 대표)은 늘 강의를 하실 때마다 초등학교 5, 6학년 때가 수학 기본 개념을 다지는 데 굉장히 중요하다고 강조하시죠. 이때 기본 개념을 탄탄히 해놓지 않으면 훗날 누수가 훨씬 커지게 된다고요. 제가 보기에도 그렇습니다. 기본 개념을 다져야 할 때 중등 선행을 하고 있으니 애들이 '수포자'(수학 포기자)가 되지요.

또 한 가지, 저는 학원 반 편성 자체가 레벨별로 돼 있는 것도 문제라고 생각해요. 이 레벨이라는 게, 선행 정도에 따라 달라지게 돼 있어요. 예컨대 우리 아이가 초등학교 3학년인데 선행학습을 전혀 하지 않았다면, 학원 레벨 테스트에서 높은 레벨을 받을까요, 아니면 낮은 레벨을 받을까요? 당연히 낮은 레벨을 받게 되겠죠. 이럴 때 부모님들이 마음속에 품는 욕망은 거의 비슷할 겁니다. '우리 아이는 천재적인 감각이 있는 아이니까 레벨이 가장 낮은 반에서 시작했어도 5학년쯤 되면 가장 높은 레벨에 올라 있을 거야' 하는 꿈을 꾸죠. 그런데 제가 학원에 12년을 있으면서 이런 아이는 다섯 명도 채 보지 못했습니다. 대부분 자기가 시작한 반에서 한두 단계 올라가는 게 끝이에요. 대규모 학원들을 보면 통상 7~8단계로 레벨이 나뉘어 있는데, 1단계로 시작한 아이는 3단계로 끝난다는 얘기죠. 이게 아이들 대부분이 처한 현실입니다.

학원에서는 이런 아이들의 부모에게 이렇게 말합니다. "이번 정기고사에서 아이가 그나마 이전 반 수준을 유지했습니다"라고요. 이런 일이 반복되면 부모들도 나중에는 '이전 반 레벨에서 떨어지지 않은 것만 해도 어디야'라고 자위하게 되죠. 그런가 하면 높은 레벨에 있는 아이 부모에게 "이번에는 정기고사 성적이 좋지 않아서 한 단계 낮은 반으로 가야 할 것 같습니다"라고 했다가는 당장 "그럼 학원 끊겠습니다"라는 답이 돌아옵니다. "이번엔 시험 보던 날 아이 컨디션이 안 좋았던 것뿐인데, 우리 아이가 상위반이 아니라뇨?"라는 식의 억지 반 협박 반으로 최상위반을 유지하려 합니다. 그러니 최상위반에도 어느 정도는 거품이 끼어 있는 셈입니다.

이런 상황 속에서 아이들은 스트레스를 받죠. 높은 반에 있는 아이들은 한 달에 한 번 정기고사를 치를 때마다 레벨이 떨어질까 봐 스트레스 받고, 낮은 반에 있는 아이들은 더 높은 반으로 올라가고 싶은 욕망은 있는데 그게 쉽지 않다 보니 '나는 안 되나 봐' 싶어 좌절감에 빠집니다. 결국 높은 반, 중간 반, 낮은 반 가릴 것 없이 모두가 행복하지 않은 구조입니다. 그런데도 왜 학원에 다니느냐? 결국엔 친구 때문입니다. 이렇게라도 친구를 만나야 하니 쉬는 시간만 되면 학원이 난장판이 되죠. 그걸 보고 학부모들은 또 학원 원장이나 중간 관리자한테 "규율 지도가 왜 이 모양이냐"고 뭐라 하시고요.

학원의 레벨별 반 편성이 이처럼 아이들을 극심한 경쟁과 학업 스트레스로 빠뜨린다는 걸 꼭 기억해주셨으면 합니다. 학습 부진 때문에 아이를 학원에 보내야겠다고 생각하는 부모님이라면 그 학원의 반 편성이 어떤 식으로 돼 있는지 정밀하게 보셔야 합니다. 학원에 진입할 때면 '내 자식을 알라'는 말도 잊지 마세요. 저는 아이 학원을 고를 때 부모에게 가장 필요한 것이 관찰이라고 생각합니다. 내 아이 수준이 어떤지, 감정 상태는 어떤지 이런 걸 제대로 관찰해야 적극적인 해결 방안이 도출됩니다.

레벨 테스트는 불안감 마케팅의 일환입니다. 레벨 테스트를 할 때는 기본적으로 아이들 성적이 낮게 나오게 돼 있어요. 그래야 부모님들이 '내가 그동안 우리 애를 너무 공부를 안 시켜 이 모양이 됐구나. 앞으로는 잘 좀 가르쳐주세요'라며 학원에 아이를 보내게 됩니다. 이렇게 선행 강도가 센 학원들의 경우 진입 장벽을 높게 만듭니다. 아까 말씀드린 의대반이 있는 학원에 초등학교 6학년생이 입학하려면 중3 과정 시험을 치러야 합니다. 그러니 이 학원 입학 시험을 치르기 위한 '새끼 학원'까지 등장하는 거죠. 이들 학원 간에 어떤 연계가 있는지는 모르겠습니다만.

사교육보다 자기주도 학습이 수능에 큰 효과

제가 찍은 사진도 한번 봐주시겠습니까? 이건(다음 쪽 사진) 제가 대치동에 가서 직접 찍은 사진인데요. 한 건물에 초등관, 중등관, 수학 전문학원, 영어 전문학원, 독서실 등이 입주해 있습니다. 건물 하나가 사실상 공장인 셈이죠. 쉽게 말해 건물에서 나가지 말라는 얘기예요. 이런 곳들은 몇 시까지 운영할까요? 상상에 맡길 일이 아니니 말씀드릴게요. 독서실의 경우 새벽 3시까지 영업하고 있습니다. 본래 학원은 밤 10시까지만 영업할 수 있게 돼 있죠. 서울시 조례에 의해서요. 그런데 학원 수업이 끝나면 바로 집에 가느냐 하면 그렇지 않아요. 독서실로 가서 보충학습을 합니다. 그날 본

테스트에서 통과하지 못하면 이걸 다시 보고 채점하면서 반복 학습을 하는 거죠. 그러는 동안 아이는 건물 안에 있는 편의점에서 삼각김밥과 라면으로 끼니를 때우며 사실상 이곳에 감금돼 뺑뺑이를 돕니다.

이게 중·고등학생만의 얘기냐고요? 그렇지 않습니다. 초등학교 저학년만 해도 이렇게까지 심각하지는 않습니다. 그러나 초등학교 고학년에 올라가 영재학교나 과학고를 준비하는 단계가 되면, 그러니까 보통 초등학교 5학년이 되면 이 숨 막히는 공간에 들어가기 시작합니다. 이쯤 되면 '예비 중1'이라 해서 밤 9시까지 수업하고, 9시가 넘으면 독서실로 올라가 11시까지 자습을 하게 하는 거죠. 그러면 아이들은 십중팔구 졸니다. 당연히 그러겠죠. 체력이 안 되니까요. 이걸 부모님들은 모르는 거죠. 대신 학원은 이 시간 무렵 상담 전화를 겁니다. 이 시간이 상담 피크타임이에요. 전화해서는 "어머니, 지금은 중등반 올라온 초창기라 아이가 좀 졸아요. 하지만 한 달 정도 있으면 잘 적응합니다. 걱정 마세요"라고 말해요.

이 공간이 바로 제가 사교육계를 떠나게 된 가장 큰 원인 중 하나입니다. 제가 막상 아이를 낳고 나니 내 아이가 이런 컨베이어 벨트 안에 들어오는 건 도저히 용납 못 하겠더라고요. 제 주변 동료들도 이런 고민을 많이 했어요. 그럼에도 경제적인 문제에서 자유롭지 못하다 보니 과감하게 이를 벗어던지지 못했던 거죠. 그러니 학원을 고르실 때는 건물 안의 구조도 잘 살펴보시기 바랍니다. 편의점 대신 분식점이 있는 건물은 그나마 상황이 나은 편이에요. 물론 그렇다고 해서 아이가 쉬는 시간 10분 안에 분식점에서 김밥이나 라볶이로 끼니를 때우고 다시 올라가 수업을 받아야 하는 상황이 해결되는 건 아닙니다만.

최근 〈조선일보〉에 "초등학생도 '혼밥'을 한다"는 제목의 기사가 실렸더군요. 대치동 학원가의 씁쓸한 양상이랄까요. 학원 시간에 쫓겨 초등학생들이 '혼밥'을 먹는다는 얘기인데, 그나마 아이들이 양질의 혼밥을 먹는다면 다행이겠죠. 하지만 이 기사 사진에도 나왔듯 아이들 대부분이 컵라면 같은 인스턴트식품을 먹고 있죠. 이런 걸 일주일에 대여섯 번 먹으면서 학원 뺑뺑이를 도는 게 아이들의 전형적인 일상이죠. 저는 이런 부분을 우리가 정말 경계해야 한다고 봅니다.

그렇다면 이렇게까지 아이들을 잡으면서 벌이는 과잉 경쟁이 효과를 발휘해야 할 텐데, 문제는 그렇지 못하다는 거죠. 2011년 발표된 한국개발원KDI 정책포럼 자료를 보면요. "사교육 투자의 성적 향상 효과는 투자량이 늘고 학년이 올라갈수록 감소하며, 효과는 단기성을 띠는데, 상위권의 집중 투자를 보고 효과를 과대평가

할 가능성이 높다"고 적시하고 있습니다. 우리가 지금까지 초등학생을 상대로 의대반을 운영하는 등 과도한 선행학습을 시키는 학원들을 살펴보았는데요. 이런 학원들의 경우 전반적으로 투자량이 늘고 학년이 올라갈수록 효과가 감소되는 문제가 발생합니다. 효과가 단기성을 띤다는 건 중간고사·기말고사 같은 때만 일시적 효과가 있다는 얘기예요. 제가 몸 담았던 학원의 경우 기출문제 같은 걸 워낙 다양하게 보유하고 있다 보니 중간고사나 기말고사 때가 되면 통상 여덟 번 정도 반복 학습 시스템을 돌리곤 했어요. 평가문제집·엑기스 문제집 풀기, 최종 서머리를 거쳐 시험 전날 이를 한 번씩 더 보충하는 식으로요. 다른 학원들도 적게 잡아 네다섯 번은 이를 반복하는 것으로 압니다.

이렇게 하다 보면 아이들이 시험 직전까지도 자기 힘으로는 복습을 하지 않아요. 내게 기회가 한 번 더 있을 거라고 생각하기 때문이죠. 그러다 전 과목을 시험 보는 기말고사 때가 되면 다음 날 시험 보는 과목이 뭔지 모르는 아이들도 생겨납니다. 학원에서 다 알아서 해주니까요. 시험 보는 과목이 뭔지 모르는 아이들이 시험 범위는 알까요? 당연히 모릅니다. 학원에서 주는 프린트물로 시험 범위를 확인하는 게 몸에 배었기 때문이죠. 제가 겪은 바로는 이런 아이들이 전체의 60~70%가량이었어요. 이 아이들은 기본적으로 학습 관리 능력이 없어요.

한국개발원 정책포럼 보고서에는 "사교육보다 자기주도 학습의 수능 점수 향상 효과가 더 높은 것으로 분석된다"는 대목도 나옵니다. 이건 아마도 당연한 얘기겠죠. "사교육보다 자기주도 학습 경험이 많을수록 대학 학점, 최종 학력, 취업 후 임금 같은 중장기적 성과도 우월하게 나타난다"라는 대목도 눈에 띄는군요. 초등학교 단계부터 학습을 비롯해 모든 분야에서 자기주도적인 능력을 기르지 않으면 아이는 점차 뭔가를 관리해주는 시스템에 의존하게 되죠. 요즘 명문대에 진학한 대학생들이 학점을 따기 위해 대학교 전공 과목 학원에 다닌다는 뉴스, 다들 보셨을 겁니다. 선행학습으로 대학에 간 아이들한테는 이게 자연스러울 거예요. '내 8할을 학원이 키워줬는데, 학점도 학원에서 키워주겠지'라고 생각하는 거죠. 부모 입장에서는 이렇게 되면 언제까지 사교육비를 쓰게 되는 건가요?

2013년 12월 한국교육개발원KEDI이 발표한 '한국교육종단연구' 논문도 한번 보시죠. 여기 보면 "중학교 단계에서 국어 사교육은 성적과 상관관계가 전혀 없었고, 영어와 수학은 아주 미미한 수준으로 성적을 올리는 것으로 나타났다"라고 나와 있습니다. 사교육에 참여하는 학생들에게 어느 정도 변화가 나타났는지를 1년 동안 추적 연구한 결과가 이거예요. 만약 단과학원에서 영어·수학 과목을 들었다면 과목당 월 평균 학원비가 25만 원이니 월 50만 원씩, 일 년에 600만 원을 쓴 셈이에요. 그런데 이 논문에 따르면 국어 점수는 그대로고 영어는 0.2점, 수학은 0.3점이 오른 거죠. 한마디로 600만 원이 헛돈이 된 셈이에요.

저는 학부모들이 이 점을 간과하시면 안 된다고 봐요. 아이가 학원에 다녀 공부를 잘한다? 그건 학원이 잘 가르쳐 공부를 잘한 게 아니라 아이가 원래 잘해서 그런 거예요. 요즘 나온 책 중에 〈노오

력의 배신〉, 〈우리는 왜 공부할수록 가난해지는가〉 같은 것들이 있죠. 이게 현실입니다. 대학을 졸업해 취업 시장에 나오기까지 교육에 드는 매몰비용은 갈수록 커지는데 이게 경제적으로 환원되지는 않는 거죠. 그래서 사회적 문제가 되고 있는 거고요. 그런데도 사교육 시장에 진입해 선행학습 상품을 지속적으로 구매하는 대열에 들어서게 된다면 이런 사회적 문제를 더 조장하게 되는 겁니다. 우리가 이성적 판단을 해야 하는 가장 큰 이유는 바로 이 때문이라고 봅니다.

학원을 고르는 다섯 가지 기준

그렇다면 이제부터는 '학원 상품 분별 능력 기르기'에 대해 말씀드려볼까 합니다. 과목별로 자세한 내용은 앞으로 있을 2~4강에서 다루게 될 테니 저는 큰 틀에서만 말씀드리겠습니다.

먼저 학원을 고를 때는 가성비를 따져봐야 한다는 말씀을 드리고 싶어요. 사교육 효과도 효과지만 가격 대비 성능도 중요하니까요. 학원비도 책정 구조가 있습니다. 보통은 교육청과 사교육 종사자, 학부모가 교육지원청에 모여 시간당 교습비를 조정하게 됩니다. 그런 만큼 교육지원청별로 학원 교습비 단가가 약간씩 다릅니다. 과목별로도 다르고요. 이렇게 산출된 수강료는 학원법상 학원 건물에 잘 보이게 부착하게 돼 있습니다. 요즘에는 옥외 가격 표시제라고 해서 학원 건물 밖에 이를 걸어놓는 경우도 있습니다. 학부모 입장에서 학원을 고를 때는 이걸 참조해 학원비가 맞는지부터 따져보세요. 만약 과하게 책정됐다고 판단했을 때는 환불도 요구하실 수 있습니다.

학원을 고르는 두 번째 기준은 시간입니다. 초등학교 1~3학년의 경우 저녁 7시, 4~6학년의 경우 8시는 넘기지 말아야겠습니다. 보통 초등학교 아이들의 경우 저녁 9시 내지는 10시경에 재우게 되잖아요. 그런데 아이가 8시에 학원을 마치고 집에 오게 되면 먹이고 소화시키고 씻기느라 금세 시간이 흐를 거예요. 그런 아이가 과연 10시에 잠이 들 수 있을까요? 이건 아이 신체 리듬과 맞지 않는 거죠.

강남 A초등학교 2학년 호진이의 하루 일과표를 보면, 하교한 뒤로는 2시 태권도학원, 4시 영어학원, 7시 수영학원을 도는 식으로 일정이 빽빽하게 짜여 있어요. 귀가해 저녁을 먹고 나면 거의 9시 30분이 됩니다. 그런 뒤 영어학원 숙제를 마치고 잠자리에 들면 10시 반. 그런데 다음 날 7시 반에 기상해야 해요. 초등학교 2학년을 키워보신 분은 알겠지만 이게 아이에게는 체력적으로 부담이 큽니다. 게다가 태권도학원에 수영학원까지, 신체 활동까지 많은 편이니까요. 아이에게 왜 이렇게까지 신체 활동을 시키느냐고 물었더니 초등학교 3학년부터는 수영이 학과목에 들어 있어서라더군요. 그러니 2학년 때 미리 시켜놓는 거라고요.

결국 이를 통해 아이가 얻는 건 뭘까요? 수영 안 배운 아이 앞에서 우쭐대는 것? 저는 이런 걸 볼 때마다 출발선의 공정성에 대해 다시금 생각하게 됩니다. 상도덕을 고려해서도 하지 말아야 할 일이 우리 교육에서는 너무 많이 행해져요. 아무것도 배우지 않고 입학한 아이에 대한 배려가 전혀 없습니다.

그렇다고 미리 배운 아이는 행복할까요? 그것도 아니죠. 얼마 전 한 TV 프로그램에 보니 어떤 아이가 나와 "우리 엄마는 학원 뺑뺑이를 너무 많이 돌려요"라고 호소하던데, 그 아이 엄마는 끝까지 "내가 정상"이라고 우기시더군요. 일과표를 본 호진이 엄마도 마찬가지입니다. 호진이가 "엄마, 나 오늘은 영어학원 안 가면 안 돼?" 하고 조르지만 엄마는 단호합니다. "엄마는 네가 어떤 일을 하든 영어는 꼭 필요하다고 생각해. 그러니 조금만 참자, 알았지?" 하면서요. 지금이야 아이가 어리니까 엄마 말을 듣겠지만, 나이가

〈그림 1-10〉 강남 A초 2학년 호진의 하루

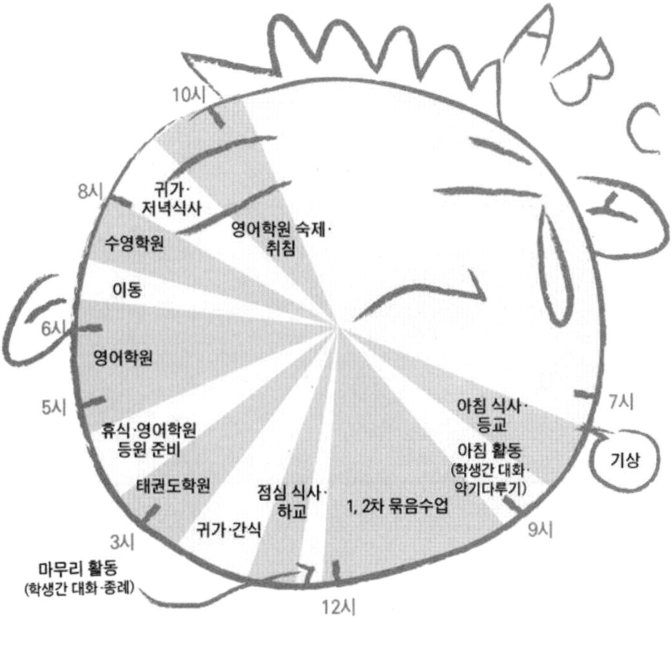

들면 양상이 달라질 거라는 게 문제죠.

중학생이 되면 문제는 더 심각해집니다. 중학생의 경우 대개 밤 10시가 넘어야 학원을 마치고 집에 와서 제대로 된 식사를 하죠. 그렇다면 이런 아이를 보면서 부모님들이 '아이가 이 시간까지 고생이 많았구나'라고 생각하실까요? 그렇지 않습니다. 제 경험에 따르면 학원 상담 전화를 받는 어머니 대부분은 이런 반응을 보이셨어요. "우리 애는 집에 와서 공부를 하나도 안 해요." 그런데 생각해보십시오. 일러야 밤 10시 반 내지 12시가 되어 집에 오는 아이가 어떻게 공부를 하겠습니까? 그냥 자야죠. 그런데도 부모님들은 그렇게 생각하질 않습니다. 그러면서 "이래 가지고야 특목고에 갈 수 있을지 모르겠어요"라고 걱정하시죠. 학원 강사가 "그래도 학원에서는 집중도 잘하고 레벨도 높습니다"라고 말해봐야 "그건 제 눈으로 안 봐서 모르겠고요"라는 식입니다.

저는 부모님들이 이성적 판단을 하셨으면 좋겠어요. 자녀 귀가 시간이 몇 시인지 먼저 따져보고 아이가 추가 학습을 할 수 있는지 없는지 따지셔야죠. 학원에서 강의형 수업을 듣고 왔으니 집에 와서는 그 내용을 복습했으면 좋겠다? 그러면 그런 학원엔 보내지 마셨어야죠. 이게 바로 제가 모순이라고 생각하는 것 중 하나입니다. 학원에 보낼 때는 학교에서 학업 성취도가 안정적으로 나오길 바라는 마음이 가장 클 거예요. 이렇게 학업 성취도가 안정적으로 나오려면 학교 수업을 제대로, 충실히 복습해야 합니다. 그런데 학교 끝나자마자 집에 돌아와 학교 가방을 학원 가방으로 바꿔 메고 학원을 뺑뺑이 도는 식이라면 아이가 언제 학교에서 배운 내용을 복습하나요?

이쯤 되면 답이 나왔죠? 복습할 시간을 확보하려면 학원에 보내지 말아야 하는 겁니다. 아이가 스스로 자기 학습을 관리하는 능력을 초등학교 때 어느 정도라도 길러줘야죠. 그런 의미에서 저는 초등학교 단계에서는 학원에 보내는 것보다 가정에서 복습 지도를 하는 게 훨씬 중요하다고 말씀드립니다. 선행학습은 더 말할 것도 없죠. 초등학교 단계에서는 선행학습이 필요 없고, 또 해서도 안 된다는 점을 세 번째로 강조하고 싶습니다.

맞벌이 부부의 경우 고민이 많으실 겁니다. 저도 좋은 대안이 있으면 소개해드리고 싶은데, 사실 마땅치가 않은 게 현실이죠. 요즘 보면 마을 기업을 통해 돌봄 공동체를 만든다든지 돌봄과 관련된 협동조합을 세우는 사례가 있던데, 아직 보편적이지는 않은 것 같습니다. 맞벌이 가구 비율이 65%에 달하는데도 마음 놓고 아이를 맡길 수 있는 환경이 조성돼 있지 않아요. 그 결과 맞벌이 가정 대부분이 노부모나 친인척, 학원 들을 이용하게 됩니다만, 그나마 학교에 돌봄교실이 잘 갖춰져 있다면 저는 초등학교 저학년 때는 이곳을 이용하는 게 좋지 않을까 생각합니다. 아이가 이동하지 않고 안정적으로 돌봄을 받을 수 있으니까요. "우리 아이가 다니는 학교 돌봄교실은 오후 5시까지밖에 안 해요. 시설도, 환경도 부실하고요"라고 불만을 토로하는 분들도 계세요. 이런 경우는 학부모회나 학교운영위원회에 참여해 교장선생님을 압박해야 하지 않을까요? 돌봄교실을 내실화해달라고 말이죠. 이런 부분은 어느 정도는 학부모운동을 통해 해결해야 할 것 같습니다.

돌봄교실 다음으로는 청소년수련관 프로그램을 이용하시라고 추천하고 싶습니다. 아무래도 경제적으로 어려운 집안의 자녀들이 청소년수련관을 이용할 거라는 선입견 때문인지 아이 보내기를 기피하는 분들도 계시던데, 그렇게 생각하실 필요는 없습니다. 다양한 연구 결과들을 보면 다양성이 제고되는 환경 속에서 아이의 정신도, 사회성도 건강해진다는 게 정설이니까요. 이런 시설들의 경우 대부분 숙제 위주의 보충 지도를 진행해요. 이런저런 신체 활동이나 기초학습 활동도 하고요. 기관별로 차이는 있지만 이들 수련관의 경우 셔틀버스를 운행하면서 하교하는 아이들을 학교에서 수련관으로 실어 나르는 게 일반적이라고 알고 있습니다. 부모님이 퇴근할 때까지 아이들을 돌봐주는 거죠. 보통 초등학교 1~3학년은 오후 6시, 4~6학년은 7시까지 돌봐줍니다. 사교육걱정없는세상이 만든 소책자 〈아깝다 학원비!〉에 보면 초등학교 저학년 아이들의 경우 "아이들이 자연스럽게 책을 읽을 수 있는 환경을 조성해주는 게 중요하다"라고 나와 있는데, 이런 시설들을 잘만 활용하면 좋은 대안이 될 수 있을 것입니다. 한 공간에서 매일 규칙적인 독서 습관과 복습 습관을 들일 수 있으니까요. 이렇게 습관이 잘 다져진 아이들은 초등학교 고학년이 됐을 때 자기주도적으로 학습 시간을 활용하도록 유도할 수 있습니다. 실제 그런 사례들도 있고요.

제가 선행학습의 문제점을 말씀드리면 '그래도 초등학교 들어가기 전에 한글 선행교육 정도는 해야 하는 거 아냐?'라고 생각하시는 부모님들도 계실 텐데요. 사실 이게 많은 부모님들의 고민거리이기는 합니다. '학교 들어가자마자 받아쓰기도 시키고 알림장 쓰기도 시킨다던데', '우리 아이가 혁신학교에 들어간 것도 아닌데 손 놓고 있을 수는 없지' 싶은 거죠.

그런데 혹시 아시나요? 2015 개정 교육 과정에 의해 교육부가 올해부터 한글 강화 교육 정책을 실시하고 있어요. 서울시교육청 또한 안정과 성장을 위한 맞춤 교육 과정을 실시하겠다며 '선행이 필요 없는 학교 교육'을 표방하고 있고요. 특히 초등학교 1, 2학년의 경우 '숙제 없는 학교'를 만들겠다는 게 서울시교육청이 내세운 방침입니다.

제가 올해 딸아이를 초등학교에 입학시켰는데요. 입학식 날, 이런 게 제대로 지켜지고 있는지 확인도 해볼 겸 학교에서 하는 설명을 아주 열심히 들어보았습니다. 그랬더니 서울시교육청에서 하는 얘기를 학교 차원에서도 똑같이 하고 있더라고요. "기초부터 차근차근 교육하다 보면 선행학습이 필요하겠냐. 외국에서도 선행학습은 하지 않는다." 이런 요지의 설명까지 곁들여서요. 그래도 긴장을 놓지 않고 있었습니다. 이걸 실제로 지키려면 알림장이나 받아쓰기를 어떻게 할 것인지 구체적으로 밝히는 게 필요하다고 생각해서였죠. 그래서 교감선생님이 "우리는 받아쓰기를 통한 글자 해독 교육을 지양합니다", "알림장 쓰기는 한글 교육이 완료된 후부터 시작합니다"라고 설명해주셨는데도 제가 손을 번쩍 들고 물었습니다. "글자 해독 교육을 지양한다고 말씀하셨는데, 구체적으로는 언제까지 받아쓰기를 안 하겠다는 건가요?"라고요. 그랬더니 교감선생님이 말씀하시길 "1학기까지는 없습니다" 하시더라고요. 딸아이는 실제로 아직껏 받아쓰기를 하지 않고 있습니다. 알림장은 선생님이 출력해준 것을 공책에 풀로 붙여 가져오고 있어요. 제가 밤마다 여기에 사인하는 재미를 느끼고 있습니다.

아마 모든 학교에서 이렇게 2015 개정 교육 과정이 취지대로 지켜지기만 한다면, 앞으로는 초등학교에 들어가는 아이들이 한글 선행학습을 할 필요가 없어지겠죠. 그간 학부모들이 한글 선행을 하는 가장 큰 이유는 초등학교 들어가자마자 아이들이 받아쓰기 시험을 보고 알림장을 써야 하는 현실 때문이었을 겁니다. 상황이 이러니 우리 아이만 한글을 떼지 못한 채로 학교에 갔다가 옆에 있는 애랑 비교 당하게 될까 봐 또는 울게 될까 봐 불안했던 거죠. 이제는 교육 과정이 바뀌면서 이런 요소가 제거됐습니다. 그러니 초등학교 1학년 자녀가 있는 분들은 입학설명회에서 이런 부분을 확인해주셔야 합니다. 실제로 언론사에 제보된 내용을 들어보니 한 초등학교의 경우 입학설명회에 갔더니 아이의 한글 해독 정도와 알파벳 인지 정도를 수기로 묻더래요. 이런 경우는 학교에 따져야죠. "왜 정책과 실제가 다르냐"고요. 교육 과정이 바뀌고 교육청 지침이 정해진 만큼 지금은 학부모들이 이렇게 얘기할 수 있는 근거가 마련된 상황입니다. 그러니 이런 부분을 적극적으로 활용할 수 있을 것 같습니다.

학원을 고르는 기준 네 번째로는 끊임없이 불안을 조성하는 마케팅을 하는 학원에 더 이상 속지 말자는 말씀을 드리고 싶습니다. 무엇보다 이 부분에서는 부모님들이 이성적 판단을 하셔야 합니다. 과거 사교육 종사자가 이렇게 내부 고발을 하는 것인 만큼 제 얘기를 신뢰하셔도 될 것 같습니다.

학원이 던지는 미끼 중에서 학부모들을 가장 혹하게 만드는 게 아마 입학 테스트일 겁니다. 테스트를 보고 나면 '초등학교 2학년 수학 시험에서 전국 평균이 70점이고, 상위 50%에 드는 아이들은 86점을 맞았다는데, 우리 아이는 45점이네' 하는 식의 양상이 벌어지게 되죠.

그런데 이게 아이의 학습 연령에 맞는 학습지를 테스트하는 게 아닙니다. 단지 입학 테스트에 아이가 선행을 받지 않고는 풀기 어려운 문항들을 섞어놓는 거죠. 그래야 장사가 되니까요. 실제로 이런 테스트를 받고 나면 엄마가 '헉' 하게 됩니다. '내가 그동안 우리 아이 학습을 너무 방치했구나. 지금부터라도 학원에 제대로 보내야겠다'라고 마음먹게 되죠. 이 와중에 학원 측은 이런 말을 슬쩍 흘립니다. "지금 속진 진도 나가는 애들은 4학년 문제를 풀고 있어요"라는 식으로요. 이런 데 흔들리면 안 됩니다. 우리 아이가 지금 학교 교육 과정을 잘 따라가는 수준이면 전혀 불안해하지 않으셔도 돼요. 신뢰하셔도 됩니다.

"우리는 소수정예로 개별 지도를 하고 있어요"라는 멘트를 흘리는 학원들도 많은데요. 학원이 소수를 상대로 개별 지도를 하기는 어렵습니다. 학원이라는 게 속성상 그룹별로 나뉘어 경쟁을 시키게 돼 있어요. 자기보다 높은 그룹으로 올라가려는 욕망을 자극하는 게 학원의 기본 프로그램인 거죠. 그러려면 그룹별로 정해진 진도에 아이를 끼워넣을 수밖에 없습니다. 그런데도 이런 상황에서 개별 지도를 한다? 이성적으로 앞뒤가 맞지 않죠. 개별 지도는 사실상 어렵다, 곧 아이 단계에 꼭 맞는 프로그램이 존재하기란 어렵다는 얘깁니다. 결국 아이가 자기에게 맞는 프로그램을 찾으려면 정해진 그룹에 진입할 수 있어야 할 텐데 여기에 이르기까지 상당 기간 매몰비용이 발생할 수밖에 없죠.

학원을 고르는 기준 다섯 번째로는 아이 연령에 맞는 환경을 찾아야 한다는 점을 강조하고 싶습니다. 특히 저학년 학부모님들은 겉만 보고 "이 학원 괜찮네" 하면서 학원비 카드 결제만 하실 게 아니라 학원 구석구석을 잘 살펴보시기 바랍니다.

제가 다녔던 학원의 경우 화장실이 양변기가 아닌 화변기였습니다. 요즘 가정에서는 찾아보기 힘든 변기죠. 당연히 6~7세 어린아이들은 이런 변기를 사용할 줄 모릅니다. 그런데 학원장이 6~7세 반을 만들자고 결정하면서 결국 이 나잇대 아이들이 우리 학원을 다니게 됐습니다. 그러다 보니 강사들도 수업하다 말고 아이 손 잡고 화장실에 가서 용변 보는 걸 봐주게 됐죠. 이런 상황이 머릿속에 그려지시나요? 결국 학원 입장에서는 아이들의 신체 발달이나 정신 발달을 전혀 고려하지 않은 겁니다. 어찌 보면 당연한 일이기도 합니다. 학원 입장에서 교육적 가치가 중요하겠어요, 상업적 가치가 중요하겠어요? 상업적 가치가 중요할 수밖에 없습니다. 학원은 상당 부분 여기서 자유로울 수 없습니다. 그러니 아이를 학원에 보내실 거라면 교재나 교구 외에도 학원 시설까지 꼼꼼히 고려하시기 바랍니다. 학원 시설에 경영자의 가치관이 녹아들어 있는 경우가 많으니까요.

학원을 고를 때 갖춰야 할 분별 능력에 대해 간략하게 말씀드렸습니다. 기본적으로는 가정에서 복습 위주로 학습을 지도하는 게 중요하겠지만 어쩔 수 없이 학원에 보내야 할 상황이라면 이런 여러 가지 변수들을 고려해 이성적이고 합리적인 판단을 내릴 수 있기 바랍니다.

2강

“지금 아이가 배우는 게 수학 맞나요?”

최수일

수학사교육포럼 대표, 〈착한 수학〉 저자

수학의 개념을 깨치지 못하게 만드는 교육

문제 하나 풀고 시작해볼까요?

48÷2(9+3)은 얼마인가요?

한번 풀어보시죠. 연필은 써도 좋은데, 옆 사람과 상의하시는 건 안 됩니다. 20초쯤 지났지요? 답이 나왔나요? 세 분이 다 풀었다고 손을 들어주셨네요. (다시 5초쯤 지난 뒤 청중을 둘러보며) 이젠 모두 문제를 다 푸신 모양이네요. 혹시 이 문제에 대해 '나는 할 말이 있다' 하는 분 계신가요?

아무도 없나요? 이렇게 반응이 없는 건 다들 문제를 풀고 답을 냈기 때문일 겁니다. 그런데 이 문제는 사실 답을 낼 수가 없는 문제입니다. 우리 교육 환경에서는 어떤 문제가 주어지면 무조건 답을 내야 한다고 생각하죠. 특히 수학 문제는 더 그렇습니다. 그 결과 이처럼 애매한 문제를 놓고도 답만 구하려 듭니다.

제가 보니 이 문제 답을 '2'라고 적은 분들이 계시던데요. 그건 아마 '48÷2×(9+3)'처럼 괄호 앞에 곱셈 부호가 있고, 곱셈을 먼저 해야 한다고 지레짐작한 결과일 겁니다. 그런데 그런 수학은 없습니다. 숫자와 괄호 사이에 곱셈이 있을지 없을지 모르며, 곱셈부터 계산해야 한다는 것도 명백하지 않습니다. 중학교에 올라가면 숫자와 문자, 문자와 문자 사이에 있는 곱셈 부호를 생략하는 걸 배우게 되죠. 하지만 숫자와 숫자 사이 곱셈 부호는 절대 생략할 수 없으며, 계산 순서는 앞에서부터 해야 합니다. 이걸 착각하고 자기 마음대로 문제를 해석해 답을 구해버리는 거죠.

똑같은 문제를 외국 아이들한테도 물어봤는데요. 이 아이들은 손을 들고 "이게 뭐예요?"라고 묻더랍니다. 이와 비교하면 한국 교육에는 정답에 대한 강박증 같은 게 있는 셈이죠.

다음 문제도 한번 볼까요?

4a−3a=1

이 문제 답이 왜 '1'이냐고 물으면 아이는 아마 이렇게 대답할 겁니다. "a에서 a를 빼니까 a는 없어졌고요. 나머지 4에서 3을 뺐더니 1이 나왔어요"라고요. 그런데 아시다시피 이 문제 답은 1이 아니라 a죠. 제가 이 문제 정답을 제대로 맞힌 중학생 수백 명에게도 물어보았습니다. 왜 a냐고요. 그럼 대부분의 아이들이 "그냥 그렇게 하면 답이 나와요"라고 대답합니다. 조금 더 집요하게 질문하면 "분배법칙을 썼어요"라고 대답하는 아이들도 있습니다. 그러면 제가 또 물어요. "왜 분배법칙을 썼니?"라고요. 그쯤 되면 아이들이 입을 다뭅니다. "이럴 때는 분배법칙을 쓰는 거라고 배웠어요"라고 할 뿐입니다.

$4a-3a=(4-3)a$. 이것이 바로 우리가 배운 분배법칙이죠. $(4-3)a=1a$. 이때 1은 생략할 수 있으니까 답이 a가 된 거고요. 다시 말해 $4a-3a=(4-3)a=1a=a$. 이런 과정을 거쳐 a라는 답이 나온 거예요.

문제는 이겁니다. 법칙은 공식이에요. 공식에는 이유가 있죠. 공식 이전에는 반드시 원개념, 전개념이 있다는 얘깁니다. 법칙이나 공식은 이걸 응용한 거죠. 그렇다면 원개념이 뭔지를 알아야 할 텐데, 제가 만난 중학생 중 이걸 정확히 설명한 아이가 거의 없었다는 얘깁니다. 이게 뭘 의미하는지는 강의 후반부에 다시 한 번 종합적으로 설명드릴게요.

이번에는 어느 교육대학원 석사논문에 실린 사례를 한번 보겠습니다. 우리나라 중학교 1학년 교실에서 실제 벌어진 문답을 옮긴 것입니다.

교사 7 다음에 오는 수는 뭐지?

학생 8이에요.

교사 7에서 8을 얻으려면 어떻게 해야 할까?

학생 7에다가 1을 더하지요.

교사 잘했다. (학생을 격려해주고 나서) 어떤 정수를 x라고 하면 x 다음에 오는 정수는 어떻게 쓸 수 있을까? x보다 하나 더 많은 정수를 어떻게 표현하면 될까?

학생 (주저하지 않고) 그것은 □예요.

여기서 □에 들어갈 답이 뭘까요? 어른들이라면 아마도 '$x+1$'이라고 쉽게 답하실 겁니다. 교사도 이런 답을 유도하기 위해 7 다음은 8이고, 7에서 8을 얻으려면 1을 더하면 된다는 결정적 힌트까지 학생들에게 친절하게 흘려줬죠. 그런데 학생들이 내놓은 답은 'y'

가 대부분이었다고 합니다. 교사가 준 힌트에 상관없이 'x 다음은 y'라고 자신 있게 답한 거죠. 제가 중학교 1학년 교실을 예로 든 것은, 초등학교 때 적당히 공부했다가는 중학교 가서 대부분 이런 상황에 처한다는 걸 보여드리기 위해서예요.

교육학에서는 이를 '토파즈 효과'라고 합니다. 바람직하지 않은 수업의 전형이죠. 교사로서는 안타까운 마음에 100중 99를 가르쳐주고 나머지 하나만 아이에게 해보라고 시킨 건데, 아이는 이걸 해내지 못합니다. 왜냐고요? 처음부터 아이가 스스로의 사고로 깨쳤어야 하는 걸 교사가 친절하게 다 가르쳐주었기 때문이죠. 혹자는 이걸 '암죽식 수업'이라 비꼬기도 합니다. 암죽을 누가 먹나요? 소화 잘 못시키는 환자들이 먹죠. 그렇듯 아이가 혹시나 학습 내용을 소화하지 못할까 봐 환자나 먹어야 할 암죽을 아이에게 일일이 떠먹이고 있으니까 엉뚱하게 'y'라는 답이 나온다는 겁니다. 처음에 'x'부터 아이가 직접 놓게 했어야죠. 이걸 자기가 놓지 않는 한 그 다음에 오는 수도 찾을 수가 없습니다. 'x+1'이라는 것은 결국 자기 사고에서 나와야 해요. 그런데 지금 학교나 가정에서의 교육은 암죽식이 너무 많습니다.

초등 수학 주요 개념:
연산, 분수, 나눗셈, 넓이와 부피, 비와 비율

이런 식의 교육이 뭐가 문제인지는 앞으로 좀 더 자세히 설명하기로 하고, 일단은 자녀를 키우는 부모님들이 성장 단계마다 부딪치는 고민들에 대해 짚어보겠습니다. 먼저 영유아 단계부터 볼까요?

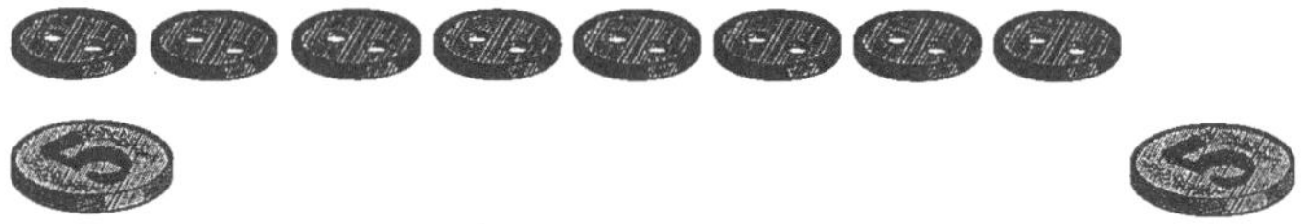

네다섯 살짜리에게 위 그림처럼 놓인 단추 8개와 5원짜리 동전 2개를 보여주고 '어떤 게 더 많을까?'라고 물어보면, 아이들은 아래쪽 동전이 더 많다고 응답합니다. 아래 있는 5원짜리 동전이 더 넓게 퍼져 있으니까요. 이 나잇대 아이들은 폭과 개수라는 개념이 아직 발달하지 않은 상태입니다. 만 원짜리 한 장보다는 천 원짜리 두 장이 더 많은 줄 아는 게 이 나잇대 아이들이기도 하죠.

그런데 이런 아이들에게 숫자를 학습으로 가르치면 어떻게 될까요? 2013년에 〈경향신문〉이 '영유아 병드는 사교육' 시리즈를 연재하면서 "아이들, 호기심이 사라졌다"는 기사를 게재한 일이 있어요. 그 이유 중 하나로 꼽은 것이 네 살 때부터 영어·수학·한자 등을 학습하는 것이었습니다. 수학책에는 인간이 없어요. 삶이 담겨 있지 않죠. 국어도 마찬가지입니다. 아이에게 한글을 가르치게 되면 그림을 보면서 이를 상상력으로 연결시키는 통합 능력을 잃게 된다고 하죠. 이렇게 과목별로 '칸막이 교육'을 하는 것이야말로 아이의 창의성과 상상력을 가로막는다는 게 이 기사에 인용된 전문가들의 지적이었습니다.

2016년에 제가 있는 수학사교육포럼에서 소책자 〈웃어라, 수포자!〉 내의 유아 편 구성을 진행한 일이 있는데요. 당시 발표된 것 중 초등학교 1학년이 됐을 때 어떤 유치원 출신 아이가 학업 성취도가 가장 좋은지 조사한 자료가 있었습니다. 그 조사에 따르면, 사립 유치원을 나온 아이들의 학업 성취도가 국공립 유치원을 나온 아이들만 못했어요. 다양한 학습 환경에 더 많이 노출된 아이들의 학업 성취도가 더 문제가 있는 걸로 나온 거죠.

저는 유치원 다니는 아이 부모님들로부터 "우리 아이 수학을 어떻게 가르쳐야 하나요?"라는 질문을 받을 때가 가장 괴로워요. 그 아이들이 어떻게 수학을 합니까? 제발 그런 건 묻지 않으셨으면 좋겠어요. 제가 곧 '유아 수학사전'을 낼 생각입니다만, '영유아 단계에서는 수학을 하지 말라'는 게 책의 핵심 메시지입니다. 대신 그 나이에는 숫자 감각만 키워주시면 돼요. '하나, 둘, 셋, 넷' 하고 개수 세는 것 정도만 가르쳐주시면 되고요. 대신, '1'이라는 숫자는 가급적 쓰지 않도록 해야 합니다. '1'을 억지로 쓰게 하는 순간부터 아이의 수학 교육은 망하기 시작합니다. 유치원까지는 부모가 충분히 상호작용을 해주고, 아이가 엄마를 따라다니게 하는 게 최고의 교육이라고 저는 생각합니다. 여덟 살에 학교에 입학해서야 '1'을 쓰게 된 아이라면 처음엔 물론 힘들어 할 겁니다. 그렇다고 해서 아이가 뒤떨어지지는 않을 거라는 믿음, 그날그날 배운 것만 잘 복습해도 학습을 따라가는 데 어려움은 없을 거라는 믿음, 이런 걸 부모들이 가져야 할 것 같습니다.

초등학교에 들어가면 여러 차례 고비가 있을 것입니다. 그중 최대 고비는 연산입니다. 우리 교육 환경에서는 연산이 갈수록 힘들어지고 있는데요. 연산이야말로 정말 중요한 내용입니다. 다만 부모님들이 한 가지 착각하는 게 있는 듯해요. 연산은 빨리 하는 게 중요한 게 아니라 하나를 풀어도 정확히 하는 게 중요합니다.

초등학교 1~2학년 때 덧셈과 곱셈을 배우게 되는데요. 이게 단순히 더하고 곱하고의 차원이 아닙니다. 덧셈과 곱셈 간에는 엄청난 사고의 차이가 있습니다. 사고에서 엄청난 점프가 일어나는 거죠. 이를테면 곱셈을 배우기 전까지만 해도 아이는 대형마트에 진열돼 있는 물통 개수를 일일이 세어봅니다. 그러다 곱셈을 배우게 되면 "물통이 4개씩 8줄로 놓여 있으니까 '4×8=32' 해서 전부 32통이겠구나"라고 계산해낼 수 있겠죠. 이 사이의 간극은 엄청난 겁니다. 초등학교 2학년 때 아이를 대형마트에서 하루 종일 놀게 하면 이런 식으로 구구단을 익힐 수 있을 겁니다.

그런데 우리는 그전에 구구단을 외우는 일부터 시작하죠. 그러다 보니 이런 일도 벌어집니다. 제가 5학년 아이들을 대상으로 하는 도형 수업을 컨설팅하다 겪은 일인데요. 정팔각형의 전체 길이를 구하는 문제였는데, 당시 문제집에는 그중 한 변에만 길이가 '6cm'라고 표기돼 있었어요. 그랬더니 한 아이가 손을 들고 "선생님, 나머지 일곱 개 변에는 왜 표시가 안 돼 있어요?"라고 묻는 거예요. 정팔각형이라면 8개의 변의 길이와 각의 크기가 모두 같다는 기본적인 인지가 안 돼 있는 거죠. 선생님이 정팔각형에 대해 설명을 해줬더니 이 아이가 나머지 7개의 변에 전부 '6cm'라고 써요. 그러고는 '6+6+6+…' 하면서 이걸 다 더하는 거예요. 수업 시간엔 그걸 지켜보다 수업이 끝나고 제가 물었어요. "6 곱하기 8은?" 하고요. 곧바로 "48"이 튀어나왔죠. 이 아이의 경우 구구단은 외우고 있지만 곱셈 개념이 없는 겁니다. 그러다 보니 결정적인 순간에 곱셈을 못 써먹고 있는 거죠. 이건 책에 나온 문제를 잘 푸는 것과는 다른 문제입니다. 일상생활에서 필요한 순간에 써먹질 못하고 답답한 삶을 사는 거죠. 어찌 보면 덧셈 인간과 곱셈 인간은 이처럼 차원이 다른 삶을 사는 겁니다.

연산은 정확한 사고에 기반을 둬야 합니다. 시간을 재서 아이를 압박하는 식이어서는 안 됩니다. 중학교 때부터는 빠른 연산이 의미가 없어요. 중학교 이후 아이가 주어진 시간 내에 수학 문제를 못 푸는 것은 개념이 없어서이지 연산의 문제가 아닙니다. 다만 초등학교 1~4학년 때는 연산 비중이 50%나 되는 만큼 연산이 더디면 곤란한 일들이 생길 겁니다. 그래도 아이가 단순하고 지루한 연산 문제를 빨리 풀지 못하더라도 아이가 좋아하지 않는 한 속도 내서 푸는 훈련은 가급적 피해야 합니다. '속도를 요하는 연산 시험에서 고득점은 포기하자' 하셔도 됩니다. 대신 정확성을 기하는 것으로 넘어가야 해요. 아이가 연산을 개념 있게 하면 속도도 금방 빨라집니다. 연산 속도는 개념의 힘으로 커버해야지 연산 훈련으로 커버하면 안 됩니다. 물론 저도 계산하는 일이 직업이니만큼 빠르게 연산하는 훈련을 하기는 합니다. 훈련하면 확실히 나아지죠. 그렇지만 이건 제가 필요해서 하는 것이지 누가 억지로 시켜서 하는 게 아닙니다. 게다가 연산 훈련은 하면 할수록 사고를 안 하게 돼요. 결국 연산 훈련을 하다 보면 사고하지 않는 인간이 되는 셈이죠. 그래서 저도 훈련하다 자꾸 멈추거나, 일부러 훈련을 천천히 하곤 합니다. 그래야 두뇌가 훨씬 활력 있어지니까요.

저학년을 지나 3학년에 접어들면 두 번째로 맞닥뜨리는 고비가 분수와 나눗셈입니다. 어떤 분이 최수일의 수학교육연구소 네이버 카페에 이런 글을 올리셨습니다. "우리 아이가 분수랑 나눗셈이 같은 거냐고 물어요. 그런데 제가 답을 못했습니다." 사실 3학년 교과서 어디를 봐도 분수와 나눗셈이 같다는 말은 없습니다. 그런데 아이는 왜 이게 같다고 생각했을까요? 그 이유는 잠시 후 알아볼게요.

다음으로 초등학교 5학년이 되면 넓이와 부피 개념이 나옵니다. 이걸 잘못 공부하면 아주 질 낮은 공부를 하게 됩니다. 무슨 말이냐면, 초등학교 5학년짜리가 넓이를 구한다면서 밤새 가로와 세로를 곱하는 연산만 하고 있어요. 이건 초등학교 2, 3학년 수준에서나 할 공부죠. 넓이와 부피는 계산만 하라는 게 아닙니다. 일단은 넓이와 부피라는 게 뭔지를 알아야죠. 그걸 모르면 고등학교에 가서 적분을 할 수가 없습니다. 적분은 곧 넓이와 부피를 구하는 거나 마찬가지니까요. 이걸 곱셈만으로 하지는 않지만 넓이 개념이 있어야 적분도 할 수 있는 겁니다.

초등학교 6학년이 되면 비와 비율 개념을 배웁니다. 이때 배우는 비와 비율은 이후 중학교와 고등학교 전반을 지배합니다. 다시 말해 초등학교 5학년과 6학년 때 넓이, 부피, 비, 비율 등 정말 중요한 개념을 배우게 되는 거죠. 그런데 지금 5, 6학년 자녀를 둔 부모님들의 경우 어떤가요? 일단 마음이 몹시 바쁩니다. 옆집 엄마 말로는 중학생이 되고 나면 성적이 30점씩 떨어진다니 지금부터라도 서둘러야겠다 싶어 아이 가방 속에 중학교 책을 막 집어넣습니다.

이렇게 되면 아이가 초5 공부를 열심히 할까요, 아니면 중1 공부를 열심히 할까요? 당연히 후자입니다. 거기에 돈을 쏟아붓고 있기 때문이죠. 엄마 또한 "학원 가서 열심히 하라"며 중학교 공부를 강조합니다.

그런데 이 시기에 넓이와 부피, 비와 비율 개념이 제대로 형성되지 않으면 그 뒤 공부는 다 날려버리는 겁니다. 저는 극단적으로 이렇게 말합니다. "5~6학년 때는 절대로 선행시키지 마세요. 꼭 중고등학교 선행학습을 시키고 싶다면 차라리 3~4학년 때 시키세요." 3~4학년 때 나오는 개념은 그나마 별 볼일이 적습니다. 그런데 5~6학년 때 학교 수업에 대한 복습을 소홀히 하면서 학교에서 돌아오자마자 학원을 돌며 중1 공부를 한다? 이건 밑 빠진 독에 물 붓는 거나 마찬가지입니다. 중학교 이후 아무리 새로운 걸 부어봐야 쌓이지 않아요. 기초 개념이 형성돼 있지 않으니까요.

연산 학습지의 유혹에 빠지지 말자

다시 연산에서부터 문제를 차근차근 짚어보겠습니다. 각 가정을 방문하면서 연산 학습지 내용을 지도하는 분들을 흔히 영업사원이라 하죠. 이 세계에 한번 진입하고 나면 빠져나오기가 정말 힘듭니다. "아이를 왜 그렇게 놔두느냐"며 그분들이 엄마를 막 비난하니까요. 그러니 아예 여기 발을 들이지 마세요. 연산 훈련이 꼭 필요하다고 판단되시면 에듀넷이나 EBS를 활용하시면 됩니다. 두 곳

모두 내용이 아주 잘돼 있어요.

제가 지금 아이들이 학습하는 연산 훈련이 문제라고 생각하는 건 다음과 같은 이유 때문입니다. '213-97=□'라는 문제가 있다 쳐요. 또 하나는 '전교생이 213명인 학교에서 학생들을 전부 강당으로 모이게 했더니 여학생이 97명이었습니다. 그렇다면 남학생은 몇 명일까요?'라는 문제가 있습니다. 이 경우 아이들이 앞 문제를 잘 풀까요, 뒤 문제를 잘 풀까요? 당연히 앞 문제입니다. 사실 뒤 문제를 푸는 아이라면 앞 문제를 못 풀 이유가 없겠죠.

성인에게는 이들 문제가 거의 같은 수준으로 인식됩니다. 큰 어려움 없이 문제를 해결할 수 있죠. 하지만 초등학교 3학년짜리에게는 이들 문제가 하늘과 땅 차이로 다가옵니다. 우리가 아이들에게 연산을 가르치는 건 64쪽 문제와 같은 상황에서 문제를 해결하는 능력을 길러주기 위해서죠. 빨리빨리 계산할 수 있다고 해서 아이들이 이런 문제를 풀 능력이 생기는 건 아닙니다.

64쪽의 왼쪽 사진은 몇 년 전 초등학교 2학년 교과서에 나온 문제이고, 오른쪽 사진은 어떤 아이의 풀이입니다.

제가 수업을 참여 관찰하고 있는데, 한 아이가 첫 문제 아래 이렇게 썼어요. '35-18=17'. 이 아이는 연산을 아주 잘하는 아이예요. 연산에서 배운 절차와 방법대로 뺄셈을 정확하게 잘해냈어요. 문제는 '오늘 동물원에 온 사람은 어린이 35명과 어른 18명입니다. 동물원에 온 사람은 모두 몇 명입니까?'라는 질문에 아이가 '35-18'이라는 식을 세웠고, '동물원에 온 어린이는 어른보다 몇 명 더 많습니까?'라는 질문에 '35+18'이라는 식을 세운 거예요. 책에 나

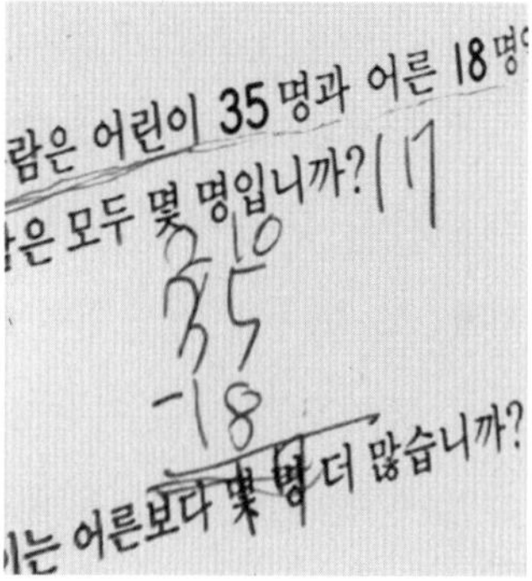

온 문장 자체를 이해하지 못한 거죠. 그러니 연산은 아무 맥락 없이 그냥 가르쳐서는 안 됩니다. 가르쳐봐야 제대로 쓸 수가 없어요. 연산 연습을 아무리 시켜봐야 문장 이해력이 부족하면 문제를 해결할 수 없죠.

그런가 하면 65쪽 그림 같은 문제집도 있어요. 혹시 보셨나요? 저는 이런 것을 '돌발' 연산학습 교재라고 하는데요. 덧셈을 시키다 말고 갑자기 뺄셈, 곱셈을 막 섞어 시키는 방식으로 돼 있습니다.

아이가 이런 식으로 이거 하다, 저거 하는 식으로 문제를 풀다 보면 사고가 확 바뀌게 돼 있어요. 그런데 우리나라의 일반적인 연산 학습지는 하나가 나오면 그걸로 다 도배를 하는 식으로 돼 있습니다. 똑같은 일을 지루하게 단순 반복하게끔 되어 있는 거죠.

이렇게 되면 머리가 자동화됩니다. 사고思考가 일어나지 않게 돼요. 예를 들어 운전면허를 처음 딴 사람은 매사에 조심하며 운전을

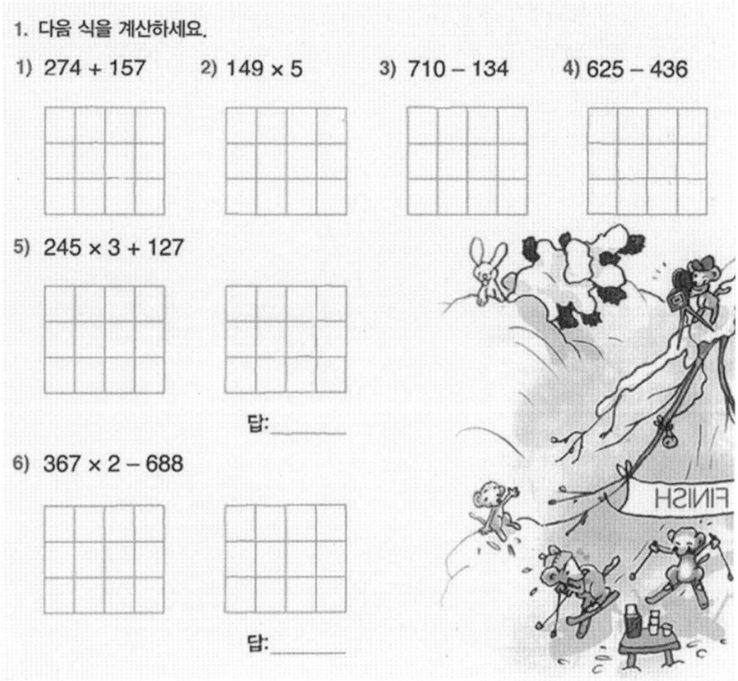
1. 다음 식을 계산하세요.

1) 274 + 157　2) 149 × 5　3) 710 − 134　4) 625 − 436

5) 245 × 3 + 127

답:

6) 367 × 2 − 688

답:

출처: <핀란드 초등 수학교과서>, 솔빛길

하죠. 반면 운전에 숙달된 사람은 거의 무의식 상태에서도 운전을 합니다. 머리를 쓰지 않는 거죠. 이렇게 자동화되면 사고가 일어나질 않습니다. 그냥 무의식중에 따라 하게 되는 거죠.

운전은 습관에 따라 해도 되지만, 수학은 하나하나 머리를 회전시키면서 사고를 해야 합니다. 똑같은 작업을 단순하고 지루하게 반복하는 식의 연산 학습은 머리를 나쁘게 할 뿐입니다. 한마디로 시간낭비입니다. 더욱이 이로 인해 아이들은 수학을 아주 지루한 과목, 쓸데없는 과목으로 여기게 됩니다. 이래서야 연산 훈련이 아이에게 득이 될 게 없겠죠. 딱 한 가지, 학교 시험 성적은 그런대로 잘 나올 겁니다. 대신 한 달만 지나면 시험을 위해 공부했던 것들은 머릿속에 더 이상 남아 있지 않을 거예요.

자, 이런 문제는 어떤가요?

> 3명이 풍선 21개를 나눠 가지면 한 명이 몇 개를 가집니까?

문제를 다 푸셨나요? 그렇다면 다음 문제도 한번 보시죠.

> 3명이 풍선 21개를 똑같이 나눠 가지면 한 명이 몇 개를 가집니까?

차이를 이해하셨나요? 얼핏 봐서는 같은 문제로 보이죠? 여기서 아래 문제의 답은 당연히 7개입니다. 반면 위의 문제는 답이 몇 개일까요? 말할 수가 없죠. 답은 1개일 수도, 7개일 수도 있습니다. 그냥 나눴다는 거지 똑같이 나눈 것은 아니니까요. 그런데도 아이들은 '나눈다'는 말만 나오면 무조건 큰 수를 작은 수로 나누려 듭니다. '이 문제 답은 21÷3=7이야'라는 식으로 자동 계산을 하는 거죠. 이게 다 연산 학습지 영향입니다.

'똑같이'라는 말이 빠져 있으면 나눗셈이 아닙니다. 그런데 이렇게 중요한 개념이 연산 훈련을 하는 순간 사라져요. 그저 나눗셈만 무한반복하는 거죠. 방금 드린 문제에서 앞쪽 문제는 나눗셈이 아니라 분배에 대해 묻고 있습니다. 분배에서는 21개 풍선을 3명에게 7개씩 나눠줄 수도 있고, 1명에게 다 몰아줄 수도 있죠. 분배

개념은 결코 쉽지 않습니다. 대한민국에서 분배 문제를 잘 풀 수 있는 학생은 전체의 10%가 안 돼요. 그런 문제를 연산 훈련하듯 '21÷3' 해버리면 안 되는 거죠.

'똑같이'란 말이 들어간다고 다 같은 나눗셈인 것도 아닙니다. '20명이 10개의 빵을 똑같이 나누면 1명이 몇 개를 갖게 되나?'와 같은 문제를 받아 든 순간 아이들은 너나없이 '20÷10'을 하고 있죠. 답은 '10÷20' 곧 한 사람에 반 개씩인데도 말입니다. 이렇게 나눗셈 하나만 예로 들어도 머리 쓸 게 한두 가지가 아닙니다. 결국 중요한 것은 맥락인데, 이건 연산 훈련으로 얻어지는 게 아닙니다. 아주 차분한 주의력과 개념에 대한 이해력이 있어야 주어진 맥락 속에서 문제를 해결할 수 있죠.

6학년에 나오는 농도 문제도 하나 예로 들어볼까요?

농도가 6%인 소금물 100g과 농도가 8%인 소금물 100g을 더하면 소금물의 농도는?

성인들은 이 문제를 받아 든 순간 상식적으로 답을 구합니다. 그런데 농도, 즉 비율 개념이 없는 아이들은 거개가 '14%'라고 답합니다. 그냥 6과 8을 더해버린 거죠. 중학생이라고 크게 다르지 않습니다. "A병에는 주스 3순갈에 물 4잔을 넣고, B병에는 주스 8순갈에 물 10잔을 넣었다. 그러면 어느 쪽 주스가 더 진할까?"와 같은 문제를 내어주면 놀랍도록 헤맵니다. 주스 3순갈에 물 4잔이면 농도가 75%이고, 주스 8순갈에 물 10잔이면 농도가 80%라는 계산이 안 되는 거죠. 한마디로 비율 개념이 없는 겁니다. 이건 결국 이 아이들이 초등학교 5, 6학년 때 배우는 비와 비율 개념을 제대로 익히지 못했다는 겁니다.

마침 중학교 얘기가 나왔으니 중학 수학에 대해 좀 자세하게 말씀드릴게요. 여기까지 내다봐야 수학 교육의 큰 흐름을 알 수 있으니까요. 일단 초등 수학은 직관적입니다. 논리적인 설명이 부족해요. 그런데 중학 수학은 아주 엄격합니다. 중학교의 경우 수학을 전공한 선생님들이 수학을 가르치게 돼 있죠. 그렇다 보니 차이가 꽤 큽니다. 당장 교과서부터 달라요. 중학교 수학 책은 첫 장부터 논리 투성이입니다. 한 자도 틀린 것이 없어요. 반면 초등학교 수학 책은 중학교 교사 눈으로 볼 때는 이상한 구석이 많죠. 저는 양자 사이에 접합점이 있어야 한다고 생각합니다. 초등 수학이 중등 수학처럼 너무 엄격하고 딱딱하기만 해도 안 되겠지만 너무 직관적이고 엉성해도 안 됩니다. 처음에는 직관적으로 접근하더라도 마지막 결론은 논리적으로 끝나야 해요.

이걸 초등학교 때부터 훈련하지 않으면 아이들이 중학교에 가서 딴 세상에 온 것처럼 느끼게 됩니다. 프랑스의 교육심리학자 안 시에티가 학생 심리상담을 하면서 쓴 책 〈수학, 내 친애하는 공포여〉를 읽으면 아이들의 눈에는 "우리 수학 선생님은 화장실도 안 가는 사람" 정도로 인식된다는 것을 느낄 수 있어요. 한마디로 인간도 아니라는 거죠. 이런 현상이 한국에서는 더 심각하게 나타납니다. 초등학교 때 여유 있게 공부하던 아이들이 중학교에 진학하면 "중학교 수학 너무 싫어", "선생님이 찔러도 피 한 방울 안 나오게 생겼어" 하게 되는 거죠. 현재로서는 초등 수학과 중등 수학 간의 이 같은 격차를 학생들이 메워야만 해요.

이를테면 초등학교의 경우 약수를 가르칠 때 이런 식으로 하죠. "6을 1로 나눠봐. 나눠지지? 그다음에 2나 3으로는? 그래, 맞아. 나눌 수 있어. 그런데 4나 5로는 6을 나눌 수 없지? 그러니까 6을 나눌 수 있는 1, 2, 3, 6이 6의 약수가 되는 거야. 끝!" 중학교 수학에서는 이런 식으로 한두 개 예시를 드는 식이어서는 큰일 납니다. 모든 수에 적용할 수 있는 100% 일반화된 설명을 해야 합니다. 초등학교 때 이런 식의 예시에 익숙해진 아이들은 "원주율이 뭐니?"라고 물으면 다같이 "3.14요"라고 대답합니다. 원주율의 뜻이 뭔지 설명해보라는데, 원주율의 한 부분인 3.14만 얘기하는 거죠. 다시 잘 생각해보라고 한 번 더 질문을 던지면 '파이(π)?'라는 답 정도가 더 나올 뿐입니다.

수학에 전칭명제全稱命題라는 게 있죠. 모든 것이 통틀어 맞으면 '참'이고, 거기서 하나라도 맞지 않으면 '거짓'입니다. 여기서 예외는 없어요. 예외가 있을 때는 '이럴 때만 ~한다'라고 반드시 한정사를 쓰게 돼 있습니다. 안 되는 것에 대해서는 반드시 반대되는 예(반례)를 조사해서 아니라고 얘기해줘야 하고요. 이처럼 전칭명제, 한정사, 반례라는 3가지 논리를 중학교 1학년 때 명확하게 가르쳐야 하는데, 우리 어른들조차 이걸 잘 모릅니다. 그렇죠?

그렇다 보니 중학교에 진학하면 평균 점수가 떨어집니다. 초등학교 선생님들은 수학을 특별한 교과로 보지 않는 만큼 '국어가 80점이면 수학도 80점' 하는 식으로 점수 분포를 만드는 경향이 있으시더라고요. 그런데 중학교 선생님은 수학 평균을 그냥 50점으로 만들어버립니다. 그 바람에 중학생이 된 아이들의 절반가량이 초등학교 때는 한 번도 받아본 적 없는 50점 이하 점수를 받게 되는 거죠. 성취평가제가 시행되고 있는 요즘은 평균이 올랐다고 해요.

부모님들께선 이때를 각오해야 합니다. 사교육 없이 아이들을 교육시키던 부모님들도 이때 많이들 무너집니다. 그러고선 결국 사교육을 찾아가게 되는 거죠. 학원에 아이를 보낸 부모님들은 뭔가 찜찜합니다. 아이들 점수는 분명 오르는데, 공부 방법이 점차 이상해져서죠. 아이가 개념에 대한 답변은 거부하고, 답 풀이 같은 것만 외우려 듭니다. 이건 어쩌면 당연합니다. 학원은 기본적으로 점수를 올려야 하는 만큼 답 풀이 외우기부터 시키는 거죠. 중간·기말고사 성적을 올리려면 외우는 것 외엔 답이 없으니까요.

저는 이때 부모님들이 "50점 맞아도 괜찮아" 하는 자세를 가져야 한다고 봅니다. 시험을 포기하더라도 아이가 문제를 외우기보다 개념을 이해해 풀게 해야죠. 아이의 학습 습관을 점수와 바꿀 수는 없는 겁니다. 아마 초등학교 때부터 개념을 제대로 키운 아이라면 중학교에 가서도 80점은 맞을 거예요. 개념 있는 80점은 개념 없는 100점보다 훨씬 훌륭한 겁니다. 이런 아이들은 고등학교에 가서 자기 힘으로 100점을 맞을 수 있어요. 그러나 학원의 힘으로 100점을 맞았던 아이들은 자칫하면 수포자로 전락하기 십상입니다. 개념이 없으면 버틸 수 없는 게 고교 수학이니까요.

중학교 1학년 수학에서 새로 나오는 게 음수陰數입니다. 초등학교 때는 양수陽數만 취급했죠. 그런데 음수가 나오기 시작하면서 여러 가지 연산이 복잡해집니다. 초등학교 때 연산을 공부하면서 겪었던 혼란을 다시 겪게 되는 거죠. 그런 만큼 중학교에 진학하면 음수를 어떻게 극복할 것인가 하는 문제가 새롭게 닥칠 겁니다.

음수 다음으로 극복해야 할 것이 문자 x입니다. 아이들이 x 다음에 $x+1$ 대신 y가 온다고 답한 것도 문자에 대한 인식이 정립돼 있지 않아서입니다. "응용문제를 풀 때는 구하는 수를 x로 둔다"라고 책에는 쓰여 있지만, 아이들은 혼자서 x를 사용하기 어렵습니다. 자기 스스로 x를 만들어 사용한 경험이 부족하기 때문이지요.

'$5x+6=36$'이라는 방정식을 예로 들어보죠. 아시다시피 여기서 x는 6입니다. 이걸 구하자고 문자 x를 배우는 거죠. 초등학교 때라면 x 대신 □가 나왔을 겁니다. '5×□+6=36' 이런 식으로요. 그러면 아이들이 □를 구하려고 1에서부터 차례로 숫자를 대입한다거나 이걸 거꾸로 계산하는 등 머리를 쓰겠죠. 그 과정에서 여러 가지 예상과 확인guess-and-check 전략을 쓰는 거예요. 반면 □ 대신 x를 쓰는 순간 아이들은 머리를 쓰지 않습니다. '$5x=36-6$' '$5x=30$' '$x=6$'. 이렇게 자동으로 답이 도출되는 거죠. 일종의 기계가 된다 할까요? 그래서 저는 x를 함부로 쓰면 안 된다고 주장합니다. x를 쓰는 순간 아이들이 기계가 되고, 기계가 되는 순간 아이들은 수학과 멀어지니까요. 하지만 현실에서는 이게 시험문제에 나오니 안 할 수가 없는 거죠.

역수의 경우도 초등학교 때는 '어떤 수에 역수를 곱하면 1이 된다'고 배우지만 중학교에 가면 '$n\times\frac{1}{n}=1$'처럼 문자로 표시하게 됩니다. '$y = ax^2 + bx + c$' 같은 함수도 아이들 눈에는 너무 복잡해 보이죠. 수학자들은 여기서 x와 y의 값 구하는 데만 관심이 있을 텐데, 아이들은 x, y와 a, b, c를 구분하지 못하는 겁니다. 이렇게 각 문자의 역할이 다른데, 이걸 하나로 보는 순간 중학교 수학은 끝나게 됩니다. 어떻게 해볼 방법이 없으니까요.

'삼각형의 넓이는 밑변×높이×$\frac{1}{2}$이다', '어떤 수에 역수를 곱하면 1이 된다' 같은 건 초등학교 수학에도 나오는 내용입니다. 중학교에서는 이를 단지 문자와 수식으로 바꿨을 뿐이죠. 현재 바뀌고 있는 초등학교 수학 교과서에서는 문자가 완전히 사라질 것입니다만, 저는 문자와 식을 너무 일찍부터 사용하면 그게 바로 잘못된 조기 교육이라고 생각합니다. 문자를 쓰는 순간 사람이 기계화되니까요. 문자를 많이 보고 빨리 볼수록, 곧 문자에 빨리 노출될수록 아이의 사고는 기계화될 수밖에 없습니다. 그런데 요즘 선행학습을 하는 5, 6학년 아이들은 일찍부터 중학교의 x를 접하게 되죠. 물론 5, 6학년이라도 사고력이 완벽하게 갖춰져 있다면 문제가 없을 겁니다. 반면 사고력도 갖춰져 있지 않은 아이가 문자 x부터 접하게 되면 거기서 사고력은 끝난다는 게 제 생각입니다. 사고력 대신 계산력만 늘어나는 셈이죠.

반면 초등 연산 등의 개념을 학습할 때 문자식을 사용한 일반화 과정 학습이 필요하다는 주장도 있어요. 초등학교 과정일지라도 '어떤 수에 0을 더해도 그 수는 변하지 않는다'고만 가르칠 게 아니라 '$a+0=a$'라는 대수식까지는 다루게 해야 한다는 거죠. 저도 이 주장에 전적으로 동의합니다. 여기서 a는 x와는 다릅니다. 곧

'$5x+6=36$'이라고 문자 x를 쓸 때는 x의 값을 구하려는 게 목적이겠지만, '$a+0=a$'에서 a를 쓰는 것은 답을 구하려는 게 아니라 숫자를 문자로 표현한 것뿐입니다. '두 개의 수를 더할 때 그 순서를 바꿔도 합은 변하지 않는다'라는 말을 '$a+b=b+a$' 정도로는 표현할 수 있어야죠. 개인적으로 문자를 함부로 사용해서는 안 되겠지만 초등 단계에서 이 정도까지는 할 수 있어야 한다고 봅니다.

개념 없이 수학 문제 풀면 망한다

오늘 제가 본론 삼아 강조하고 싶은 얘기는 수학에서 개념이 얼마나 중요한가입니다. "개념이 중요하다"는 말을 교단에서 30년 가까이 해왔지만 돌이켜보면 저 또한 저 말이 무슨 의미인지 제대로 모르고 떠들어왔던 것 같습니다. 제가 개념 문제를 본격적으로 고민한 건 시민단체에서 만난 학부모들이 토로하는 자녀 학습 고민을 접하면서부터였어요. 그러다 4년 전 마침내 답을 찾은 거죠. 개념이라는 것은 적당히 공부하는 게 아니라 충분히 이해해야 한다는 것을요. 문제를 푸는 것은 그다음이어야 합니다. 다시 말해 개념 없이 수학 문제를 풀어서는 안 된다는 거죠.

사교육걱정없는세상 회원 자녀들과 함께했던 수업 얘기를 좀 해볼까요? 제가 2014년에 4주짜리 수학 강좌를 진행했는데요. 강좌 후 오프라인 모임이 계속 이어져서 아이들의 학습 상태를 이해할 기회가 있었어요. 아이들이 문제를 틀릴 때마다 상처를 받더라고요. 공부를 많이 할수록 상처가 쌓여요. 점점 못 푸는 문제가 많아지니까요. 공부를 안 하는 아이들은 오히려 상처가 없습니다.

가만 보니 초등학교 때부터 공부를 많이 시킬수록 깊어지던 상처가 터져 나오는 게 중 1~2 때인 것 같아요. 내면으로 부정적인 인식이 커가던 중 문제집은 점점 쌓여가고 못 푸는 문제가 많아지다 보니 '내 인생은 도대체 뭔가', '이런 쓸모없는 수학을 내가 왜 해야 하는가' 싶어지면서 화가 나는 거죠. "너 초등학교 때는 날마다 수학 100점 맞았다며?" 하고 물어보면 이 아이들은 더 화를 내요. "100점은 무슨 100점요. 저는 초등학교 때부터 수학이 싫었어요" 하면서요.

그 메커니즘이 뭔지, 요즘 뇌과학 연구들이 다 밝혀내고 있죠. 시카고 대학 리언스 교수 팀이 수학에 대해 부정적인 인식을 가진 아이들의 뇌를 MRI로 촬영해본 결과 이 아이들은 수학 시험을 보는 상상을 하는 것만으로도 뇌의 통증 회로가 활성화됐다고 합니다. 곧 수학 문제 푸는 걸 떠올리는 것만으로도 통증을 느낀 거죠. 한번 못 푼 문제는 계속해서 풀 수 없게 된다는 것 또한 제가 발견한 놀라운 연구 결과 중 하나입니다.

실제로 제가 겪어본 아이들이 그랬어요. 아이들이 가져온 문제집 중 틀렸다고 별표 친 문제를 한 달 뒤 다시 풀게 하면 다들 약속이나 한 듯 또 그 문제를 틀려요. 시험 때까지는 달달 외운 결과 그 문제를 풀었지만, 이게 자기 것이 아니었기 때문에 시험을 치름과 동시에 기억에서 사라진 겁니다.

그러니 함부로 문제를 풀어서는 안 됩니다. 문제를 풀 때는 반드시 그 문제를 풀 수 있는 능력을 갖춘 다음 문제 풀이에 임해야 합니다. 그렇다면 문제를 풀 수 있는 능력이란 게 뭘까요? 그건 바로 문제를 풀기 위한 준비, 곧 개념을 정확히 아는 것입니다. 그러니 초등학생에게 "문제 풀어!"라고 하시기 전에 "너 그걸 풀 준비가 돼 있니?"라고 물으셔야 해요. 약수 문제를 풀기 전에 "약수가 뭐지?"라고 물어보세요. 아이가 거기에 답을 하면 "그렇구나! 그런데 그건 왜 그러는데?"라고 다시 한 번 물어보세요. 이렇게 질문이 꼬리에 꼬리를 물고 이어질 때 아이가 계속 답을 할 수 있다면 개념 있는 아이라는 뜻입니다. "몰라!" 해버리면 아직 개념이 없는 거죠. 이런 아이에게 문제를 풀게 하면 안 됩니다.

개념 공부는 한이 없어요. 복습이 중요한 것도 이 때문입니다. 예습이나 선행으로 개념이 쌓이는 게 아닙니다. 그날 학교에서 배운 걸 복습해 충분히 소화할 때 개념이 쌓이고, 이를 바탕으로 문제를 못 풀 가능성이 줄어들게 됩니다. 문제를 못 풀 가능성이 줄면 당연히 상처를 받을 가능성도 줄어들게 되겠죠.

그렇다면 꼬리에 꼬리를 무는 질문을 어디까지 할 것인가. 아이 입에서 '1'이라는 답이 나올 정도면 '아, 이 아이가 끝까지 갔구나'라고 알 수 있어요. 1을 제외한 모든 수는 1로부터 만들어진 것입니다. 1은 수학에서 신神 같은 존재예요. 수학의 시작점 곧 최초에 존재하는 게 1입니다. 곱셈을 하다가도 1로 가고, 나눗셈을 하다가도 1로 갈 수 있는 힘, 이게 있다면 아이는 충분히 개념을 이해한 겁니다. 그런 다음에는 부모가 문제를 풀지 말라고 해도 아이가 스스로 풀고 싶어 해요. 자기가 아는 것이 충만해서죠. 반면 아는 게 불충분하면 문제를 풀라는 엄마 말이 부담으로 느껴질 뿐입니다.

제가 한 달 전에 〈지금 가르치는 게 수학 맞습니까?〉라는 책을 냈어요. 이 책이 독자로 삼으려 한 건 누구일까요? 교사, 학부모, 학생 모두입니다. 사실 선생님들은 기분 나쁠지도 몰라요. '지금 당신이 가르치는 게 수학 맞느냐, 헛것을 가르치고 있는 건 아니냐?' 라고 묻는 것으로 받아들일 수 있으니까요. 부모님 입장에서도 '지금 내가 가르치는 게 수학 맞아?' 하며 다시금 생각해보실 수 있겠죠. 학생들도 마찬가지입니다. '지금 내가 공부하는 게 수학 맞아?' 라고 스스로 물어볼 수 있으면 좋겠어요.

바로 이런 고민을 해결할 길이 없어 제가 2004년부터 3년간 학교를 떠나 휴직했었습니다. 수학 교사로서의 정체성에 혼란이 왔어요. 그전까지 제 머릿속에는 온통 수학 문제밖에 없었습니다. 어떤 문제가 주어지면 '이 문제를 최대한 빨리 풀어 아이들 앞에 멋지게 보여야지'라고 생각했었죠. 그런데 이 모든 게 나의 일장춘몽일 뿐 아이들의 실력이 되지는 않는다는 걸 어느 순간 깨달았습니다. 그러고 나니 '어떻게 하면 아이들이 수학을 잘 이해하게 할 수 있을까?', '어떻게 하면 수학이 아이들 것이 될까?' 하는 고민이 깊어졌어요.

앞으로의 세상은 뭘 외운다고 되는 게 아니라는 사실을 우리 모두 알고 있죠. 외우는 건 기계나 하는 거지 사람이 할 일이 아닙니다. 사람은 개념이 있어야 하고, 개념을 응용할 줄 알아야 합니다. 나아가 이걸 기반으로 새로운 것을 만들어낼 수 있게끔 개념을 연결시킬 수 있어야 하죠. 이런 추론 능력은 수학을 통해 가장 잘 키워질 수 있습니다. 그런데 우리는 오로지 결과와 답밖에 없는 공식 암기 학습을 하면서 수학을 잘한다고 착각하고 있어요. 이런 식으로 공부해서는 수학을 좋아하는 아이가 나올 수 없습니다. 반면 개념 학습을 하는 아이는 당장에는 점수가 나오지 않을지라도 수학을 잘할 수밖에 없어요. 자기도 모르게 지적 성취감이 생기면서 머리가 탄탄해지니까요.

제가 만난 중학생들의 경우도 자기 능력으로 푼 문제에 대해서는 "제가 했어요"라면서 막 떠들어요. 아주 간단해 보일지라도 자기 손으로 개념을 만들어내고 연결했다는 게 뿌듯한 겁니다. 이렇게 개념 공부를 하면서 성취감을 느낀 아이들은 문제집을 풀지 말라고 해도 자기가 막 찾아서 풀어요. 아이가 이렇게 변할 수도 있어요.

로버트 애슬럭Robert Ashlock은 자신이 쓴 〈초등수학 교수법〉이란 책에서 이런 말을 했어요. "수학 개념을 충분히 이해하기 전에 문제를 풀게 되면 자동적으로 그 학습 방법은 절차적 학습 방법(공식 암기 학습)이 될 것이며, 이렇게 절차적인 학습은 이후에 이어지는 의미 있는 학습, 즉 개념적인 학습(개념 학습)을 방해할 가능성이 높다"라고요. 제가 이 책을 접하고부터는 수학 문제를 수없이 풀다 보면 수학 실력이 자연히 향상된다는 말에 정확하게 반론을 제기할 수 있게 됐어요. 공식 공부가 이후에 개념 형성을 방해한다고요.

우리나라 현실에 비춰본다면 선행학습이 바로 이런 문제를 야기합니다. 선행학습 단계에서는 개념을 충분히 이해할 수가 없습니다. 중학생도 이해하기 어려운 문제를 초등학교 5, 6학년이 공부해야 하니까요. 이 아이들은 개념을 제대로 이해하지 못한 상태에서 '3a-2a라는 문제를 풀 때는 분배법칙을 쓰면 된다'는 식으로 법칙이나 공식 쓰는 법을 익히게 됩니다. 그러고 나면 다시 중학교 교실에서 이 문제를 배울 때 아이들이 개념을 이해하려 들지 않아요. '이미 돈 들여 배운 문제를 왜 또 저렇게 어렵게 배워야 해' 하면서 수업에 집중하질 않는 거죠.

문제 푸는 기계를 만들 셈인가

영국의 심리학자 리처드 스켐프Richard R. Skemp 가 쓴 〈수학 학습 심리학〉이라는 책에도 똑같은 얘기가 나옵니다. 교사가 직사각형의 넓이 개념을 설명했지만 이를 잘 이해하지 못한 아이는 '(가로)×(세로)'라는 공식만 외워 문제를 풀어요. 그러고는 교사가 "왜 직사각형 넓이는 (가로)×(세로)로 구하니?"라고 물으면 "선생님, 전 넓이 문제 다 풀었는데요"라고 대답해요. 집에서도 마찬가지예요. 아이가 집에 갔더니 엄마가 학습지를 내밀어요. 거기에 모양도 다양한 각종 직사각형의 넓이를 구하는 문제가 50개 나와 있고, 아이가 그 문제를 다 풀었다 칩시다. 아이는 그날 무슨 공부를 한 거죠? 그냥 구구단 공부를 한 거예요. 초등학교 5학년짜리가 밤새 2학년 수준 공부를 한 거죠. 가로에 세로를 곱하면 왜 직사각형 넓이가 나오는지 이해시키는 게 5학년짜리 공부인데 말이에요. 개념이 있는 아이라면 직사각형 넓이를 구하는 문제를 보면서 '5cm×

7cm=35cm^2'를 떠올릴 게 아니라 저걸 왜 저렇게 곱해야 하는지를 계속 생각해야 합니다. 언제까지? 고3때까지 계속 그래야 해요. 적분을 배울 때까지 이 개념이 살아 있어야 합니다. 적분을 배울 때는 넓이를 구한다고 가로, 세로를 곱하지 않죠. 대신 넓이 개념이 살아 있는 아이는 이로써 교사가 이끄는 대로 새로운 세계로 접어들게 됩니다.

이처럼 초등학교 때 배운 개념은 중·고등학교 때 다 쓰이게 돼 있습니다. 하찮아 보이는 구구단은 물론이고, 비, 비율, 넓이 같은 개념도 마찬가지입니다. 이를테면 비율 개념은 미분으로 연결되죠. 하지만 아이들은 미분을 비율이라 생각하지 않습니다. 초등학교 6학년 때 비율에 대해 제대로 공부하지 않은 데다 중학교 과정 내내 비율 개념이 계속 나왔는데도 미분은 미분일 뿐 이를 비율 개념과 연결시킬 줄 몰라요. 그저 공식으로만 외우려 들죠. 그러면서 교사가 이를 지적하고 들면 짜증부터 냅니다. '문제만 잘 풀면 되지 왜 자꾸 개념을 물어?' 싶은 거죠.

얼마 전 EBS 〈다큐프라임〉을 보다 보니 아이들의 뇌를 스캔한 영상이 나오더군요.

80쪽의 사진 중 위쪽은 스마트폰 등 디지털 기기에 과도하게 노출된 아이의 뇌를 스캔한 것이고, 그 아래는 정상적인 아이의 뇌를 찍은 거라고 합니다. 차이가 느껴지시나요? 한마디로 회로에 차이가 있죠. 정상적인 뇌는 회로가 서로 활발하게 연결돼 있습니다. 반면 디지털 기기에 과도하게 노출된 뇌는 회로가 많이 지워져 있습니다. 디지털 기기가 뇌 발달에 악영향을 끼친 거죠. 그런 의미에서

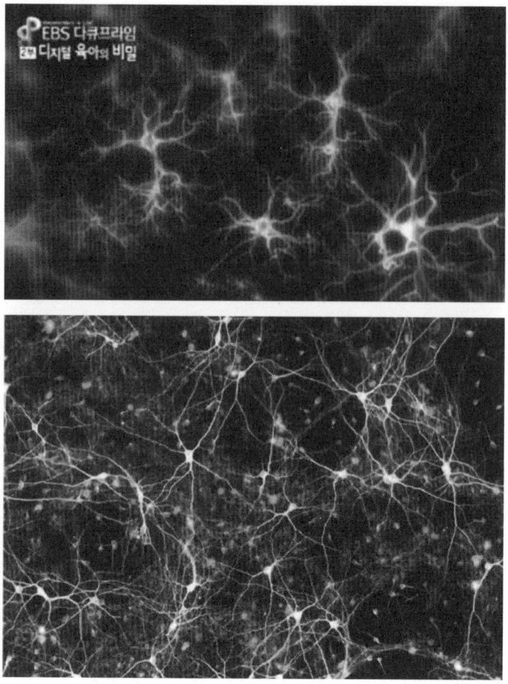

출처 EBS

저는 무분별하고 어설픈 스마트 교실에는 반대합니다. 빨리빨리 정답을 찾아가는 게 중요하지 않죠. 그건 사람이 할 일이 아닙니다. 기계가 할 일을 사람이 할 필요가 없죠.

수학에서도 똑같은 현상이 벌어지고 있습니다. 이를테면 초등학교 3학년 때 분수를 배우죠. 이때 분수에 대해 가장 중요한 핵심적 개념, 곧 1차적 개념을 배우게 됩니다. 초등 수학 교과서는 거의 모든 구성이 한 개념당 양면 구성으로 되어 있는데, 왼쪽 페이지에서는 개념적인 설명을 하고, 오른쪽 페이지에서는 그렇게 익힌 개념을 공식, 성질 등을 이용해 연습시키는 방식으로 구성돼 있죠. 저는 오른쪽 부분이 너무 강조될 필요는 없다고 생각합니다. 분수의 개념을 익혀 스스로 문제를 만들어내다 보면 자연스럽게 공식을 도출하게 돼 있어요. 이걸 자꾸 연습하다 보면 구구단처럼 그 공식을 외우게 될 수도 있겠죠. 하지만 처음부터 공식을 외우려 해서는 안 된다는 것입니다.

그런데 놀라운 건, 요즘에는 수학 교사조차 수업 시간에 이런 방식으로 개념을 주변과 연결시켜 설명하려는 엄두를 내지 못한다는 거예요. 저도 학교에 있을 때 마찬가지였습니다. 왜 그랬을까요? 우리 대학입시가 그저 문제를 푸는 데 초점이 맞춰져 있어서죠. 문제만 잘 풀면 좋은 대학에 가게 돼 있는 구조니까요.

개념의 연결성에 대한 설명이 부족하다는 것은 우리 교과서의 큰 약점입니다. 이를테면 분수를 배운 아이들은 그다음에 분수의 크기 비교에 대해 배우게 됩니다. 그런데 앞서 배운 것과 뒤에 배운 것이 어떻게 연결되는지를 몰라요. 그래도 문제가 없습니다. 이걸 묻는 시험문제가 없으니까요. 백 점 맞는 데 지장이 없는 거죠.

분수의 크기 비교 다음에는 또 무엇을 배울까요? 분수의 덧셈과 뺄셈을 배웁니다. 분수를 더하고 뺄 때는 원리가 있죠. 교과서에서도 그 원리를 개념적으로 잘 설명하고 있습니다. 그런데 이 같은 개념에 따라 문제를 풀려고 했다가는 날이 새고 말죠. 그렇다 보니 빨리 푸는 방법을 가르친다며 "$\frac{2}{7}+\frac{3}{7}=\square$? 이렇게 분수의 덧셈에서 분모가 같을 때는 분자끼리 더하면 돼. 분모는 건드리면 안 돼"라고 가르치게 되는 겁니다. 문제는 분수의 곱셈과 나눗셈이 나오면서죠. 이때가 되면 선생님은 "분수를 곱할 때는 분모는 분모끼리, 분자는 분자끼리 곱해야 해"라고 설명합니다. 그런가 하면 분수로 나눌 때는 아예 나누는 분수의 분모와 분자를 뒤집어 곱하라고 설명하죠. 이쯤 되면 아이에게는 폭력입니다. '덧셈과 뺄셈을 할 때까지만 해도 분모는 절대로 건드려서는 안 된다더니 이젠 뒤집어서 곱하라고?' 싫어지면서 머릿속이 뒤죽박죽이 되니까요. 원칙이 달라지려면 명백한 이유가 있어야 하는데, 아이 입장에서는 머릿속에 쓰레기보다 더한 짐이 쌓일 뿐입니다. 이 짐이 계속 쌓이다 보면 결국에는 쓰러지고 마는 거죠.

디지털 기기에 과도하게 노출된 아이의 뇌와 개념 없이 수학 문제를 푸는 아이의 뇌는 거의 다르지 않습니다. 회로가 거의 연결돼 있지 않죠. 그러니 생각하는 힘이 없습니다. 우리나라 시험 제도가 결과 중심에서 과정 중심 평가로 바뀐다면 생각하는 힘이 없는 이런 아이들은 다 빵점을 맞게 될 겁니다. 지금 백점을 맞고 있다 하더라도요.

그렇다면 분수란 뭘까요? 교과서를 보면 이렇게 나옵니다.

> 전체를 똑같이 2로 나눈 것 중의 1을 $\frac{1}{2}$이라 쓰고 2분의 1이라고 읽습니다.

'똑같이'라는 표현에 주목해주세요. 분수는 똑같이 나눌 때만 쓰는 것이라는 개념을 고등학교 때까지 기억해야 합니다. 그래야 확률 문제를 풀 수 있어요. 오늘 강의 중에도 '똑같이'라는 표현이 또 한 번 나왔었죠? 어디서 나왔는지 기억하시나요? 네, 맞습니다. 나눗셈에서 나왔죠. '귤 8개를 봉지 2개에 똑같이 나누면?' 이런 게 바로 나눗셈입니다. 분수나 나눗셈이나 똑같이 나눌 때 쓰는 거죠. 그러니 "분수와 나눗셈이 같은 거예요?"라고 물었다는 그 초등학생은 나름 개념적인 고민을 한 셈입니다. 다만 엄마가 아이의 질문에 답할 능력이 없었던 거죠.

확률도 마찬가지입니다. 주사위 한 개를 던졌을 때 짝수의 눈이 나올 확률은 $\frac{3}{6}$이죠. 여기까지는 아이들 거개가 맞는 답을 말합니다. 그런데 "왜 $\frac{3}{6}$이야?"라고 물으면 "주사위 눈이 6개인데, 그중 짝수가 3개잖아요"라고 답하는 경우가 대부분입니다. 이건 빵점짜리 답변이죠. 말씀드린 대로 $\frac{3}{6}$은 전체를 똑같이 6으로 나눈 것 중 3을 의미하는 것입니다. 그러니 정육면체 주사위가 아니라면 이런 답이 성립하지 않았겠죠.

교과서에 나오는 확률의 정의는 다음과 같습니다.

확률

어떤 실험이나 관찰에서 각 경우가 일어날 가능성이 같다고 할 때, 일어나는 모든 경우의 수를 n, 어떤 사건 A가 일어나는 경우의 수를 a라고 하면 사건 A가 일어날 확률 p는 다음과 같다.

$$p = \frac{(\text{사건 A가 일어나는 경우의 수})}{(\text{일어나는 모든 경우의 수})} = \frac{a}{n}$$

여기서도 '같다'는 말이 나오죠? 결국 확률은 분수인 겁니다. 분모가 똑같을 때, 다시 말해 모든 경우가 똑같을 때 쓰는 게 확률인 거죠.

$\frac{5}{7}-\frac{3}{7}=\frac{2}{7}$라는 등식을 설명할 때 '분모가 같을 때는 분자끼리 빼버리면 돼'라고 하는 대신 이를 개념적으로 설명하기 위해서는 다음과 같이 단위분수의 개념을 이용해야 합니다.

개념적 설명: 단위분수의 개념을 이용

단위분수 $\frac{1}{7}$이 5개 있는 $\frac{5}{7}$에서 $\frac{1}{7}$이 3개 있는 $\frac{3}{7}$을 빼면 $\frac{1}{7}$이 2개 남으므로 결과는 $\frac{2}{7}$가 된다.

이와 같이 단위분수 개념을 이용하면 중학교에 들어가 '$5x-3x=2x$'인 이유도 일관성 있게 설명할 수 있습니다.

- $5x=5\times x$ 이므로 곱셈의 개념인 똑같은 수를 반복 더하는 덧셈을 이용
- x가 5개 있는 $5x$에서 x가 3개 있는 $3x$를 빼면 x가 2개 남기 때문에 그 결과는 $2x$

중3에서 $5\sqrt{2}-3\sqrt{2}$라는 무리수 문제를 풀 때도 마찬가지입니다. 아이들은 이런 문제가 나왔을 때 $\sqrt{2}$를 하나의 문자처럼 취급해 '$5a-3a=(5-3)a$'를 풀 때처럼 분배법칙을 쓰면 된다는 교사의 설명을 듣고 혼란에 빠집니다. 어떤 아이는 "$\sqrt{2}$는 무리수인데 왜 문자처럼 취급해요?"라는 의미 있는 질문을 제기하기도 하죠. 그러나 이 또한 다음과 같이 단위분수로 설명할 수 있습니다.

$5\sqrt{2}$는 $\sqrt{2}$가 5개, $3\sqrt{2}$는 $\sqrt{2}$가 3개 있는 것이므로

$5\sqrt{2}-3\sqrt{2}=2\sqrt{2}$

마치 $\sqrt{2}$를 문자로 취급한다!

곧 초등학교 3학년 때 분수에 대한 개념이 서지 않으면 연산에서 계속 문제가 생기고, 이게 중학교까지 영향을 미친다는 얘기입니다. 일관성이 유지돼야 초·중·고 연산이 하나로 통일돼요. 그러니 초등 연산은 철저하게 개념적이어야 하는 겁니다. 점수 내는 용도로 훈련을 할 게 아니라요.

개념 학습은 어떻게 해야 할까

그렇다면 개념 학습을 어떻게 할 것인가? 저는 3단계 개념 학습이 필요하다는 얘기를 주로 하고 다닙니다. 핵심적인 정의를 제대로 정확히 이해하는 게 일차적인 개념 학습이라면 바깥에 있는 부수적인 공식들과 정의를 연결 짓는 게 이차적인 개념 학습이요, 이전에 배웠던 개념들과 새로 배운 개념을 연결시키는 게 삼차적인 개념 학습이라는 의미에서죠. 개념 학습을 하려면 이렇게 어제 배운 것, 한 달 전에 배운 것, 일 년 전에 배운 것을 끊임없이 복습하면서 이를 연결시킬 수 있어야 합니다. 아이들 스스로 자기 주도적으로요.

이때 필요한 것이 수학사전입니다. 사전은 지나가고 나서 필요하

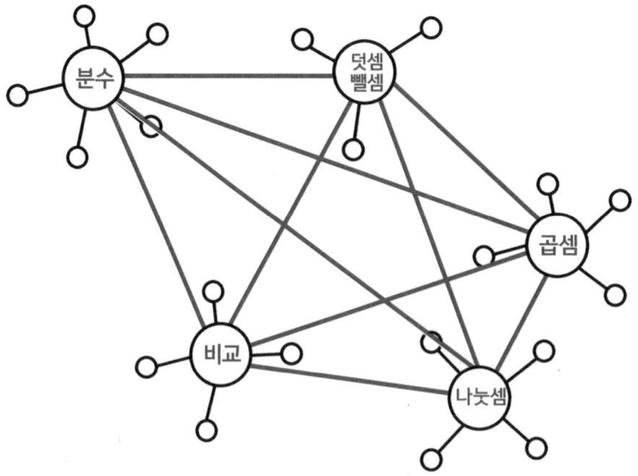

죠. 초등학교 수학사전은 초등 저학년보다는 초등 고학년이나 중학생에게 필요한 것입니다. 이전에 초등학교 때 배운 개념이 완벽하지 않은 만큼 이걸 연결 지을 때마다 사전을 찾아봐야 하니까요. 마찬가지로 고등학생은 초등수학사전과 중학수학사전이 필요합니다. 고등학교 과정은 사전이 따로 필요 없어요. 지금 보고 있는 책에 모든 설명이 다 돼 있으니까요.

개념 학습을 할 때 방법적으로는 반드시 표현 학습을 해야 합니다. 개념을 이해했는지 이해하지 못했는지 확인하려면 그날그날 복습 시간에 반드시 배운 것을 표현하게끔 시키십시오. 표현을 해봐야만 자기가 아는지 모르는지 알 수 있습니다. 이를 한자로 지분知分이라 하죠. "내가 이건 설명할 수 있어" 싶다면 자기가 배운 걸 이해한 겁니다. 설명할 수 없다면 공부를 더 해야죠. 이렇게 표현 학습을 하려면 부모님들이 곁에서 도와주셔야 합니다. 2016년에 〈중앙일보〉가 수능에서 만점을 맞은 학생을 인터뷰했어요. 인터뷰에서 그 학생이 "나는 어떤 문제를 명쾌하게 설명할 수 있어야만 다음 문제로 넘어갔다"고 말하는 대목이 있습니다. 흥미롭지 않습니까? 문제를 풀었을 때가 아니라 남에게 명쾌하게 설명해낼 수 있을 때 다음 단계로 넘어갔다는 게 말이죠.

이 학생은 "문제집 한 권을 최소한 5~6차례씩 반복해 풀었다"라고도 했는데요. 저도 "수학 문제집을 어떻게 풀어야 하나요?"라는 질문을 많이 받습니다. 이에 대한 제 대답은 문제집 일곱 권을 한 번씩 푸는 것보다 문제집 한 권을 일곱 번에 걸쳐 반복해 푸는 게 낫다는 것입니다. 문제집 난이도는 전체 문제의 70% 정도를 스스로의 힘으로 풀 수 있는 정도가 좋을 듯합니다. 문제집 한 권을 일곱 번씩 풀다 보면 문제를 다 외워버리지 않겠느냐고 걱정할 분들도 있겠는데, 제 말은 그런 식으로 외워서 일곱 번을 풀라는 얘기가 아닙니다. 두 번째부터는 문제 푸는 방식이 달라져야 해요. 곧 그전에 틀린 문제는 다시 풀어봐야 하겠지만, 맞혔던 문제는 그냥 넘어갈 게 아니라 다른 방식으로 풀어보라는 겁니다. 이렇게 다른 풀이를 찾다 보면 계속해서 다른 사고를 하게 되죠. 그러다 보면 개념적인 확장을 이루게 됩니다. 연결시키는 힘이 강해지면서 다양한 측면을 바라볼 수 있게 되는 거죠.

"제가 수학을 잘 못하는데, 아이가 자꾸 뭔가를 물어봐요"라고 고민하는 부모님들도 계시던데, 그 문제는 걱정하실 필요가 없습니다. 부모는 어설프게 아는 것보다는 오히려 모르는 게 낫습니다. 내가 알면 아이 얘기를 들어주기보다 자꾸 가르치려 들어요. 몰라야 아이 얘기를 듣습니다. 〈무지한 스승〉이라는 책에 보면 무지한 사람이 오히려 잘 가르친다는 말도 있어요. 엄마가 수학을 모를수록 좋습니다. 이렇게 모른다는 입장을 관철하면 아이가 '엄마는 믿을 수가 없겠구나'라고 인식하면서 스스로 문제를 해결하려는 독립심과 책임감을 키울 수 있어요.

중요한 것은, 이 과정에서 부모가 지지와 격려를 잃지 않아야 한다는 것입니다. '얘는 수학 머리가 아닌가 봐' 하면서 지레 아이 능력을 낮춰 보거나 '나를 닮아서 그러나?' 하면서 죄책감을 가질 필요가 없습니다. '우리 아이가 언젠가는 수학을 잘할 수 있다'라는 믿음을 가지세요. 단, 전제는 반드시 복습을 해야 한다는 것입니다. 초등학생이라면 하루에 교과서 2쪽 정도는 충분히 복습할 수 있습니다. 그것도 일주일 내내 복습하라는 게 아닙니다. 일주일 중 사흘은 놀아도 됩니다. 나머지 나흘만이라도 복습하는 습관을 길러주라는 겁니다. 수학 수업은 일주일에 4시간씩이니까요.

그러니 아이가 학교에서 돌아오면 그날 배운 수학을 복습시키세요. 아이가 엄마한테 배운 내용을 설명하려면 오늘 배운 걸 그전에 배운 것과 연결시켜야 합니다. 그 인과관계를 매일 정리하게끔 하는 거죠. 아이가 설명을 잘 못한다고 화를 내지는 마세요. 그러면 아이는 학교에서 집에 돌아오는 길에 오늘 배운 내용을 달달 외우기 시작합니다. 이런 식으로 외운 것은 자기 실력이 되지 않아요. 시간이 지나면 다 날아가버립니다. 그러니 아이가 설명을 잘 못하더라도 기다려주어야 합니다. "오늘 배운 게 뭐니?", "왜 그런 거야?"라고 꾸준히 물어보면서요.

복습은 학원을 다니면서 병행하기 어렵습니다. 학원에 보내더라고 그날 학교에서 배운 것을 충분하게 복습하는 것이 먼저 이루어져야 합니다. 복습만 제대로 하면 학원 다니는 아이보다 우리 아이가 훨씬 잘할 수 있다는 자신감을 가지셔도 됩니다. '우리 아이는 학원을 안 다녀 불안해' 이런 생각은 품는 것조차 금물입니다. 부모의 생각은 아이에게 그대로 전달되기 때문이죠. 부모가 먼저 확신을 가지면 아이를 자신감 있게 만들 수 있고, 생각하는 아이로 만들 수 있습니다. 이런 역할을 하는 게 부모라고 생각합니다.

3강

영어, 조기 교육보다 적기 교육이다

김승현
영어사교육포럼 부대표, 영어 교사

아이가 아니라 부모를 위해서 하는 영어 조기 교육

주최 측에서 처음에 제 강의 제목을 '초등 영어 완전 정복-영어 이젠 이렇게 하세요'라고 붙여놓은 걸 보고 잠시 웃었습니다. 오늘 제 얘기를 다 듣고 나서 '아, 영어를 이렇게 하면 되겠구나' 하고 완전 정복이 될지, 아니면 여전히 많은 고민이 남을지 모르겠습니다만 어쨌거나 강의를 시작해보겠습니다.

저는 올해로 20년차 고등학교 영어 교사입니다. 지난 2010년부터 2012년까지는 학교를 휴직하고 사교육걱정없는세상 영어사교육포럼에서 부대표를 맡아 일했어요. 지금은 복직한 지 4년이 지났습니다. 영어사교육포럼 부대표를 하는 동안 영어 사교육 문제에 대해 집중적으로 고민할 수 있었지요. 오늘 그 얘기들도 함께 나눌 수 있을 것 같습니다.

〈수학이 대학을 결정하고 영어가 평생을 결정한다〉, 〈엄마는 전략가〉, 〈아이는 99% 엄마의 노력으로 완성된다〉…… 이런 책들을 혹시 보신 적이 있나요? 나온 지 꽤 오래된 책들입니다. 그런데도 여전히 책 리뷰가 인터넷 카페 등에 올라오고 있더라고요. 오늘날 사교육의 프레임을 단적으로 잘 보여주는 책들이라고나 할까요? 이 책들의 제목을 합치면 이런 결론이 나올 것 같습니다. 수학이 대학을 좌우하고 영어가 평생을 좌우하는데, 이걸 결정하는 건 궁극적으로 엄마다……. 결국 아이가 중요한 게 아니라 부모가 어떻게 하느냐에 따라 아이 미래가 달려 있다는 얘깁니다. 실제로 돈이 많다고 사교육 걱정이 없어지는 건 아니죠. 여전히 정보 격차의 문제가 남아 있으니까요.

영어 하면 많은 학부모님들이 이런 고민을 떠올리실 겁니다. '어릴 때 시작하면 아이가 영어를 우리말처럼 받아들이지 않을까?' 조기 영어 교육에서는 엄마 역할이 가장 중요하다는 게 우리 사회의 지배적인 신화 중 하나죠. 그런가 하면 '돈만 있으면 영어유치원, 영어학원, 영어연수 등 뭐든 다 보내고 싶다'고 생각하시는 분들도 계실 겁니다. 다만 현실이 따라주질 못하다 보니 부모로서 미안함, 아쉬움, 고민 들이 있는 거겠죠. '영어는 초등학교, 중학교 때 끝내놓는 게 유리해'라는 생각도 많이들 하시는 것 같습니다. 사교육 과열 지구에 사는 학부모님이나 영어 교육에 관심이 많은 학부모님일수록 특히나 그러시죠. 초등학교 때 중3 수준 영어까지 마치고, 중학교 때 고3 수준 영어까지 마친 다음, 고등학교 때는 수능 준비에만 올인해야 한다는 식입니다.

개인적인 생각으로는, 이런 모든 고민보다 학부모님들을 강력하게 지배하는 것은 불안감인 것 같습니다. '옆집 아이는 이렇게 하고 있다는데 우리 아이는?' 하면서 막연한 불안감에 휘둘리고 있는 거죠. 그렇게 보자면 이런 강의를 듣고 정보를 정확하게 파악하는 것도 중요하지만 내가 어느 동네에 살고 누구와 어울리느냐가 사교육에 영향력을 발휘하는 핵심 요소가 아닐까라는 생각도 듭니다. 어떤 옆집을 만나느냐가 중요하다고나 할까요.

영어를 '유창하게' 구사한다?

제가 오늘 제 개인기에 기대 영어 교육 얘기를 하려는 건 아닙니다. 그럴 만큼 제가 유명인사도 아니고요(웃음). 그럼에도 나름 자신 있게 영어 교육에 대해 말씀드릴 수 있는 건, 이게 저 혼자 고민한 게 아니라 전문가들과 함께 영어사교육포럼을 운영하면서 5년여간 집중적으로 연구한 주제이기 때문이에요. 토론회도 수십 차례 했습니다. 영어사교육포럼에서 주최한 토론회·간담회 등에 뇌과학자로 유명한 서유헌 서울대 의대 교수, 이찬승 전 능률교육 대표, 어도현 고려대 영어교육과 교수 등 전문가 26인이 참여하셨어요. 이분들과 함께 한 강의·토론 내용을 모아 〈아깝다! 영어 헛고생〉이라는 소책자를 내고, 〈굿바이 영어 사교육〉이라는 단행본을 만들기도 했지요.

포럼에 참여한 서울대 영어교육과 이병민 교수님께서 〈당신의 영어는 왜 실패하는가〉라는 책을 쓰셨는데요. 그분이 말씀하기를 "영어 사교육과 관련해서는 그 어떤 학회보다 더 많은 자료를 갖고 있는 곳이 사교육걱정없는세상"이라고 하셨습니다. 그러니 제 개인적인 지명도가 떨어질지라도 안심하고 오늘 강의를 들으셔도 될 것 같습니다(청중 웃음). 지난 5년간 우리 포럼이 쌓아온 경험과 자료를 바탕으로 말씀드리는 내용이니까요.

그러면 본격적인 강의를 시작하기에 앞서 동영상을 하나 보여드리겠습니다. 이 영상을 보여드리는 이유는 '한국에서 영어를 공부한다는 게 어떤 의미인가?'를 함께 생각해보기 위해서입니다.

영어 교육에 대해 논하려면 이 문제가 가장 중요하다고 저는 생각합니다. 흔히 "글로벌 시대인데 영어는 유창하게 할 줄 알아야 한다"는 말씀들을 하시는데요. 과연 이런 말씀을 하는 분들은 영어를 '유창하게' 잘한다는 게 어떤 의미라고 생각하시는 걸까요?

제가 보여드리는 것은 얼굴을 가린 한국인 중년 남자가 영어로 연설하는 걸 한국인 패널과 외국인 패널들에게 들려준 뒤 이를 평가하게 한 실험을 찍은 EBS 다큐멘터리 영상입니다. 일단 보실까요? (3분 가까이 동영상 보여준 뒤) 이 남자 연설을 듣고 난 한국인 패널들의 반응은 한결같이 부정적입니다. "발음이 너무 촌스럽다", "TV에 나올 실력은 아닌 것 같다"라고 평하죠. 이 패널들은 당신의 아이가 이런 영어를 구사하면 어떻겠느냐는 질문을 받고 나서는 다들 도리질을 합니다. "우리 아이는 저런 영어 말고 유창한 영어를 구사했으면 좋겠다"는 거죠. 연설을 다 듣고 난 뒤 한국인 패널들이 이 연설에 매긴 점수는 100점 만점에 40~60점 수준이었습니다.

반면 외국인 패널들의 반응은 정반대죠. "연설을 한 남자가 매우 높은 수준의 단어를 구사했다", "문장 구조도 좋았고, 의사도 잘 전달했다"라는 호평이 이어집니다. 외국인 패널들이 이 연설에 매긴 점수는 무려 90점대 후반이었죠. 다큐멘터리 제작진은 그제야 연설을 한 남자의 정체를 밝힙니다. 그 남자는 바로 반기문 전 유엔 사무총장. 그가 2006년에 했던 유엔 사무총장 수락 연설은 '21세기의 명연설' 중 하나로 꼽힌 바 있습니다. 그중 일부 대목을 발췌해 패널들에게 들려줬던 것입니다.

이 영상에 사실 제가 하고 싶은 말이 집약돼 있는 것 같습니다. "우리 아이가 영어를 유창하게 구사했으면 좋겠다"는 한국인 패널들과 달리 외국인 패널은 "당신이 생각하기에 영어를 잘한다는 건 무엇이냐?"는 질문에 이렇게 답합니다. "대화 능력과 의사 전달 능력이 중요하다. 그들의 영어가 유창한지는 보너스일 뿐이다"라고요. 그러니 영어를 '유창하게' 잘한다는 것에 대해 우리가 오해를 하고 있는 것은 아닌지 의심해보는 것에서부터 오늘 우리의 논의를 출발시켰으면 합니다.

한국의 영어 환경에서는 조기 교육보다 적기 교육이 중요해

이를 위해서는 먼저 우리나라 영어 환경에 대해 이해할 필요가 있습니다. 언어 환경에 대해 지금부터 드리는 이야기는 서울대 이병민 교수님이 영어사교육포럼에서 주최한 강의에서 소개한 내용에 바탕을 두고 있습니다. 언어학자인 힐텐스템Hyltenstem과 아브라한손Abrahansson에 따르면 "언어를 배우는 환경에 특별한 문제가 없고, 충분한 입력input이 제공된다면 누구나 6~7세 정도가 되면 자연스럽게 언어를 습득할 수 있다"고 합니다. 물론 재능에 따른 차이는 있을 것입니다. 예·체능에 뛰어난 아이들이 있는 것처럼 언어적 감각이 뛰어난 아이들도 있으니까요. 그렇지만 기본적으로 언어는 재능이라기보다 '충분한 입력'에 의해 습득된다는 게 이들의 주장입니다. 한국에서 서울대 나온 석·박사보다 미국에 있는 거지가 영어 실력이 더 뛰어나다는 열등감 섞인 우스개가 등장하는 것도 이 때문이죠. 우리나라의 영어 교육 환경과 관련해 기억해야 할 중요한 첫 번째 포인트가 바로 이것입니다.

상황이 이렇다 보니 부모들이 매달려보는 게 '그래도 어릴 때 시키면 모국어처럼 받아들이지 않을까?' 하는 기대입니다. 이른바 이중 언어 환경에 관심을 갖는 거죠. 그런데 '충분한 입력'을 어른들이 너무 우습게 생각하시는 것 같습니다. 갓난아이가 어떻게 언어를 습득하는지 그 과정을 관찰하기 위해 3년 동안 자기 집에 비디오를 설치해 24시간 촬영하고, 그렇게 얻어진 대용량 데이터를 MIT(매사추세츠 공과대학) 연구실에 보내 분석한 과학자가 있습니다. 그가 소개한 영상을 보면 아이가 '가가' '가가' 하고 중얼거리는 데서 시작해 '구가' '와덜'을 거쳐 '워터water'라는 단어를 완벽하게 발음하기까지 수많은 시간과 시행착오를 거쳤음을 볼 수 있습니다. '워터'라는 발음을 하기까지 영어에 단순히 노출되는 것만으로는 부족하죠. 부모와의 관계, 주변 환경이 미치는 영향과의 상호작용 속에서 아이에게 언어가 끊임없이 입력되었기에 결국에는 아이 입에서 '워터'가 튀어나온 겁니다. 성인이 되어 고급 영어를 사용하게 되는 단계도 마찬가지예요. 단순한 노출뿐 아니라 관계와 경험이 있기에 언어가 성숙돼가는 겁니다. 그러니 '충분한 입력'이라는 말을 단순하게 받아들일 일은 아닌 것 같습니다. 이건 아이가 노력하고 안 하고의 차원을 넘어선 문제인 거죠.

'입력input=흡수intake'라는 등식이 성립하지 않는다는 것도 기억해야 합니다. 우리나라의 경우 영어가 입력되는 절대량도 적지만, 이것이 곧바로 흡수로 이어지는 것도 아닙니다. 언 발에 오줌 누기랄까요? 어린아이나 어른이나 절실한 내적 동기가 없이는 외국어를 내 것으로 만들기가 쉽지 않죠. 일상생활에서 영어를 접하기 힘든 우리나라 같은 환경에서는 영어를 접할 때 그냥 흘려듣지 않고 집중력을 발휘하는 사람이 영어를 잘하게 돼 있습니다. 이를테면 이전에 만났던 상대가 어떤 말을 했는지 잘 기억해두었다가 다음번에 적절히 활용하는 식으로요.

권혜경 한국사이버대 실용영어학부 외래학과 교수는 이런 식의 집중력은 어느 정도 성장한 학생이나 성인이 의식적으로 노력할 때 더 잘 발휘될 수 있다고 말합니다. 제 경우도 군복무를 마치고 어학연수를 떠났어요. 그때는 졸업할 날도 얼마 안 남은 데다 돈을 보내주는 부모님한테도 미안한 마음이 들어 정말 열심히 영어 공부를 했죠. 밥 먹으러 가거나 술집에 가서도 유럽 아이들이 하는 얘기를 귀담아들어 두었다가 집에 와서 이를 적어놓은 뒤 다음 날 실생활에서 다시 써먹어보곤 했습니다. 그랬더니 불과 1~2개월 만에 영어가 많이 늘었다는 얘기를 들었어요. 반면 대학교 1~2학년 때 부모가 권해 어학연수를 온 아이들은 영어를 다 흘려듣더라고요. 내적 동기가 약하다 보니 시간이 지나도 영어가 크게 늘지 않았던 거죠.

우리가 처한 영어 교육 환경의 특수성을 이해하기 위해 두 번째로 반 라이어Van Lier라는 언어학자가 한 얘기를 들려드릴게요. 그는 "학교에서 수업의 형태로 언어 학습이 이뤄지는 경우, 그것이 하루 한 번이나 또는 그 이상 빈번하게 이뤄진다 하더라도 그 수업이 학생들이 외국어를 배우고 사용하는 유일한 경우라면 실질적으로 언어 발달은 거의 이루어지지 않거나 매우 느리게, 천천히 일어난다"라고 말합니다. 그는 또 "언어 발달은 수업 중during lessons보다 수업 간between lessons에 일어나는 특성이 있다"라고 강조하기도 했습니다.

이게 무슨 말이냐면, 수업이 좋고 나쁘고가 중요한 변수가 아니라는 거예요. 꽤 준수한 방법으로 가르치더라도 결과가 이렇다는 건 우리에게 시사하는 바가 큽니다. 우리나라의 경우 그간 공교육 강화 정책을 펴면서 수업 간between lessons보다는 수업 중during lessons에 초점을 맞춘 영어 교육 정책을 펴왔습니다. 초등학교 영어 수업시수를 1시간 늘린다든가 교사가 영어로 진행하는 수업을 강조한다든가 하는 식으로 말이죠. 물론 이런 것들이 나빴다는 건 아닙니다. 다만 공교육을 강화하는 방향이 어긋나 있었다는 거죠.

서울대 영어교육과 이병민 교수의 2008년 논문을 보면 초등학교 3학년부터 고등학교 3학년까지 영어 수업시수가 952차시입니다. 이게 오래된 연구이고 그사이 초등학교 영어 수업이 주당 1시간씩 늘었으니까 수업시수가 더 늘기는 했겠죠. 그래 봐야 연간 34시간 정도가 확대됐을 뿐입니다. 그렇다고 한국의 영어 수업시수가 결코 적은 건 아녜요. 유럽 8개국과 비교해보면 한국의 영어 수업시수는 유럽 최장 수준인 스페인, 핀란드와 맞먹습니다. 덴마크, 독일, 노르웨이 등은 우리보다 영어 수업시수가 적어요.

그런데 다들 상식적으로 아시겠지만, 한국이나 일본은 평상시

영어 환경 유형	특징	해당 나라
모국어 환경	영어가 모국어이므로 매일 생활에서 영어를 사용함.	미국, 영국
ESL 환경(English as a Second Language)	모국어는 아니지만 영어를 제2언어로 사용함. 일상생활에서 영어 사용 기회가 많음.	필리핀, 인도
EFL 환경(English as a Foreign Language)	일상생활에서 영어 사용 기회가 적음.	한국, 일본

일상생활에서 영어를 접할 기회가 거의 없는 EFLEnglish as a Foreign Language 환경에 속한 국가군입니다. 영어를 모국어로 사용하거나, ESLEnglish as a Second Language 환경 곧 영어를 모국어로 사용하지는 않더라도 제2언어로 영어를 사용하는 나라와는 사정이 다르지요. 영국이나 미국의 식민 지배를 받았던 아프리카 국가 사람들을 보면 야자수 흙길을 맨발로 걸어 다니면서도 영어 하나는 유창하게 구사하잖아요(웃음). 필리핀이나 인도도 제2언어로 영어를 사용하는 만큼 일상생활에서 영어를 사용할 일이 많고요.

하지만 한국의 영어 환경은 다릅니다. 이걸 이해하는 게 첫 단추가 돼야 할 것 같아요. 자기 아이를 교육시키든 영어 공교육 정책을 수립하든 한국의 이 같은 영어 교육 환경을 이해하지 못하면 사교육 정보 프레임에 계속 흔들릴 수밖에 없습니다. 그러다 보면 돈은 돈대로 들어가고, 아이는 아이대로 고생하는데 남는 건 별로 없는 악순환이 계속될 수도 있죠. 실제로 우리나라 사교육비 지출 추이를 보면 초등학교 저학년 때까지는 단연 영어 비중이 높아요. 그 뒤 영어와 수학 간 격차가 점차 줄어들다 중학교 2~3학년쯤 되면 수학 비중이 영어를 앞지르게 됩니다. 시간이 지나면서 자연스럽게 영어 교육의 한계를 깨닫고 포기하는 지점들이 생기는 거죠.

이와 관련해서는 좀 더 자세하게 말씀드려볼게요. 먼저 '영어는 무조건 일찍 시작하는 게 좋다'는 믿음에 대해 따져봅시다. 한 영어 전문학원에서 10여 년간 교수부장을 하셨던 김채현 선생님은 이렇게 말합니다.

"다섯 살짜리가 2년에 걸쳐 습득한 영어 수준을 초등학교 1학년은 6개월 정도면 달성한다. 실제로 영어학원에서 보면 다섯 살부터 영어를 배운 아이나 초등학교 1학년 때부터 배운 아이나 몇 년이 지나면 같은 레벨에서 만나는 경우가 허다하다. 이런 걸 볼 때 참 허탈하다."

다시 말해 초등학교 1학년 때 6개월 걸려 배운 것을 초등학교 3학년 아이는 두 달 만에 할 수 있다는 거예요. 만약 발등에 불이 떨어진 성인이라면 같은 내용을 당연히 더 빠른 시일 내에 익힐 수 있겠죠.

저는 얼마 전 들은 '엄마표 영어'를 하는 분들의 얘기도 인상적이었어요. 그분들 말로는, 아이가 초등학교 2~3학년쯤 되면 '언제까지 영어를 이렇게 해야 하나' 하는 생각이 든대요. 만 4세부터 엄마표 영어를 시켜온 집이라면 이때쯤 5~6년이 지나 있겠죠. 아이가 배 속 태아일 때부터 엄마표 영어를 했다면 10년 가까운 세월이 지나 있을 거고요. 그러니 이즈음이 되면 '영어 말고도 할 일이 태산 같은데, 언제까지 이래야 하나' 싶어 엄마나 아이나 지쳐버리고 만다는 겁니다. 이때부터가 진짜 공부를 시작할 시점인데 말이죠.

그러니 저는 이렇게 말씀드리고 싶습니다. 영유아 시기에는 영어 교육을 안 하셔도 된다고요. 거기에 드는 돈과 에너지를 다른 데 쓰는 게 부모에게도, 아이에게도 훨씬 좋을 겁니다.

우리나라 같은 영어 환경에서는 '조기 교육'이 아닌 '적기 교육'을 해야 한다는 게 영어사교육포럼이 내린 결론입니다. 영어를 무조건 일찍 시작하는 게 중요한 게 아니라 모국어가 어느 정도 됐을 때, 이해력이 어느 정도 발달하고 동기 부여도 어느 정도 됐을 때 영어 교육을 시작하는 게 좋다는 거죠. 현재 우리나라에서는 초등학교 3학년 때 영어 교육을 시작하고 있는데요. 전문가들은 이 정도면 적절한 시기라고 보고 있습니다. 한편으로는 초등학교 1학년 때부터 영어 공부를 시작하는 게 좋다고 주장하는 전문가들도 있지만요. 영어사교육포럼이 몇 년째 적기 교육을 주장했더니 조금씩 변화하는 것들도 보입니다. 영어 학습지로 유명한 한 사교육 업체도 요즘에는 "영어는 조기 교육이 아니라 적기 교육입니다"라고 광고하고 있더라고요(청중 웃음).

'잘 훈련된 영어 구사자'가 되는 데 전문학원과 해외 캠프는 필요 없다

한국의 영어 교육 환경이 그렇게 불리하다면 영어 전문학원에 열심히 다녀보면 어떻겠느냐고 묻는 분들도 계십니다. 실제로 영어 학습 1만 시간을 채워주겠다고 광고하는 무시무시한 학원들도 있죠. 그런데 아래 대화를 한번 볼까요?

준희 선생님, 저는 영어를 1년이나 배웠는데 왜 이렇게 영어를 못하지요?

교사 너 일주일에 영어를 몇 시간이나 공부하지?

준희 음, 학원에서 일주일에 80분씩 세 번요.

교사 그게 총 몇 분인지 계산해봐.

준희 일주일에 240분이네요.

교사 한 달이면 960분이지. 시간으로 따지면 한 달에 16시간이야. 1년이면 192시간이고. 이걸 날짜로 따지면 며칠이나 될까?

준희 192시간을 24시간으로 나누면…… 애개, 8일밖에 안 되네요.

교사 그렇지. 일 년을 배운 것 같지만 실제로는 영어를 8일밖에 사용하지 않은 거야. 그것도 80분 동안 딴 짓 안 하고 오로지 영어로만 떠들었을 때가 그렇지. 실제 일 년 동안 영어로 말한 시간은 많아야 4~5일 정도밖에 안 될걸?

부모가 여유가 많다면야 학원에 아이를 맡겨놓을 수도 있겠죠. 문제는 그것도 답이 아니라는 겁니다. 물론 주변에 보면 학원을 다니면서 영어를 잘하는 아이들도 있어요. 그런데 이 아이들의 경우 학원을 다녀서라기보다 '수업 간between lessons'으로 표현되는 그 외 시간에 엄청나게 공부를 했을 가능성이 높습니다. 실제로 제 주변에도 영어 구사력이 뛰어난 고등학생이 있습니다. 해외에 나가본 경험이 없는데도 수준 높은 영어를 구사하더군요. 알고 보니 이

학생의 경우 어려서부터 꾸준히 영어 사교육을 받은 것은 물론 집에서도 '엄마표 영어'를 강도 높게, 꾸준히 해왔다고 하더라고요. 이걸 견뎌내기가 참 쉽지 않은데, 놀랍게도 간혹 이걸 해내는 아이들이 있습니다. 표정들을 보니, 부러우신가요?(청중 웃음) 말씀드렸다시피 이건 아이 개인뿐 아니라 부모 역할도 컸던 경우입니다. 괜히 착각하셔서 이런 사례를 일반화하실 일이 아닙니다.

어릴 적부터 이른바 영어 전문학원에 다닌 아이들을 보면 영어를 꽤 잘하는 것처럼 보이죠. 우리 애는 영어로 말 한 마디 못 하는데, 이 아이들은 유창한 영어 발음을 구사하는구나 싶어 불안한 마음이 드는 분들도 계실 겁니다. 하지만 언어라는 건 결국 그 사람의 인지 수준 내지 경험과 사고의 깊이를 벗어날 수 없는 겁니다. 초등학교 4~5학년짜리 아이들이 하는 영어라는 게 빤하죠. 이 아이들이 대학생 수준의 영어를 구사할 수는 없는 겁니다. 언어에는 그 사람의 생각과 경험이 담기는 거니까요.

그런 측면에서는 아이들이 더 통찰력이 있는 것 같습니다. 우리 아이가 초등학교 4학년일 때 제가 물었습니다. "너희 반에 영어 잘하는 애 있니?"라고요. 그랬더니 아이 대답이 없다는 거예요. 그래서 또 물었죠. "그래도 학원 다닌 애들이 있을 거 아냐? 걔들은 영어를 잘하지 않아?" 그러자 아이가 이렇게 대답했어요. "아빠, 초등학교 4학년 영어가 거기서 거기지 뭐"(청중 폭소). 아이는 어쩌면 저보다 훨씬 더 정확하게 현실을 파악하고 있었던 거예요. 깊은 생각이 있어서 한 얘기는 아니겠지만 직관적으로 말예요.

이른바 영어 전문학원의 상술에 대해서도 다시금 생각해보시길 바랍니다. EBS에서 〈학교란 무엇인가〉라는 다큐 시리즈를 방영한 일이 있는데요. 거기 보면 미국에서 초등학교를 졸업하고, 중학교 때 영재반에서 우수 학생으로 있다 귀국한 한 학생이 강남의 모 어학원에서 레벨 테스트를 받는 장면이 나옵니다. 어학원에 가기 전 서울대 이병민 교수는 이 학생의 영어 실력이 상위 1% 이내 수준에 든다고 진단한 바 있습니다. 그런데 어학원에서의 평가 결과는 어떻게 나왔을까요? 90점 만점에 54점이었습니다. 이곳 학원장은 아이에게 강행군을 권합니다. 자기네 학원 아이들은 하루에 단어를 700~800개씩 외우는데, 그 정도는 해줘야 연·고대를 갈 수 있다면서요.

이건 조금 극단적인 사례이긴 합니다만, 영어 전문학원 대부분이 크게 다르지는 않은 것 같습니다. 영어 전문학원이라 해도 영어 실력이 쉽게 올라가는 모습을 보여주기는 어렵거든요. 학교에 비해 공부를 많이 시킨다고는 하지만 학원이라고 뾰족한 수가 있는 것은 아닙니다. 그렇다 보니 단어 외우는 숫자 등을 강조할 수밖에 없는 거죠. 초등학생을 대상으로 CNN 듣기 프로그램을 진행하는 학원도 있고요. 상식적으로 생각해 초등학생이 집에서 KBS나 JTBC 뉴스를 주로 시청한다면 좀 이상한 거 아닌가요?(청중 웃음) 이 아이들이 세계정세에 관심을 가져야 할 이유는 없죠. 그런데도 아이들한테 이런 이상한 일을 시키는 겁니다. 그러니 영어학원을 고를 때는 잘 따져보세요. 수학학원 고를 때도 마찬가지입니다만, 아이의 레벨 테스트부터 시작하는 학원은 일단 의심해봐야 합니다. 레벨 테스트 성적을 놓고 "어머니, 큰일 났네요. 아이를 왜 이렇게 놔두셨어요" 하는 학원들 말이에요.

'그렇다면 해외 캠프 같은 데를 다녀오는 건 어떨까요?'라고 묻는 분들도 계실 텐데요. 해외 영어 캠프 및 조기 유학 프로그램을 수년째 운영해온 엄태현 씨는 영어사교육포럼 토론회에서 이렇게 증언한 바 있습니다.

"여름방학 동안 해외 캠프에 참여하는 가장 큰 이유는 현지의 영어 전용 환경에 노출된 가운데 영어만 공부하면서 말하기, 듣기 위주의 영어 실력을 자연스럽게 늘리려고 하는 경우가 대부분입니다.

하지만 캠프 내용을 들여다보면, 개별적인 활동이 전혀 허락될 수 없는 어린이 입장에서 영어로 의사소통을 할 수 있는 대상은 캠프 내에서 만나는 원어민이 전부이며, 국내 업체에서 주관하는 캠프의 경우에는 원어민 선생님이 거의 유일합니다. 특히 한국 아이들끼리 반 편성이 되어 운영되고 생활하다 보면 캠프 내에서 규칙적으로 영어만 사용할 것을 정해놓았다 하더라도 자연스럽게 한국어로 의사소통을 하게 되죠."

곧 미국이나 필리핀 거리에 풀어놓기에는 위험하다 싶으니, 아이들을 통제된 상황에서만 움직이게끔 만드는 건데요. 이렇게 되면 우리나라에서 원어민 캠프를 가는 거나 해외 캠프를 가는 거나 차이가 없겠죠. 그런 만큼 해외에 단기 캠프 보내는 건 전혀 추천하고 싶지 않습니다. 이런 캠프들의 경우 가격도 무척 비싸던데, 그냥 부담을 내려놓으셔도 될 것 같아요. 2년씩 길게 유학 보낼 게 아니라면 방학 동안 2~3주 가는 캠프는 굳이 보내실 필요가 없다는 얘기입니다.

지금까지 제가 말씀드린 건 우리가 마주해야 할 분명한 현실입니다. 반 라이어Van Lier는 "다른 언어를 배운다는 것은 지속적인 노력이 축적된 결과이며, 오랜 시간을 지속해 언어를 사용하고 듣고 말하는 과정이 따라야만 일정 수준 이상의 언어 능력을 배울 수 있다"라고 말합니다. 이병민 교수님도 그런 말씀을 하시더군요. 영어과 교수인 자신도 지금껏 매일 한 시간씩 영어 공부를 해오고 있다고요. 그렇다면 영어를 한번에 확 끝내버린다거나 초등학교 6학년까지 중3 수준 영어를 마치겠다는 식으로 접근할 게 아니라 보다 현실적인 단기·중기·장기 목표를 세울 필요가 있을 것 같습니다.

"냉정하게 말해 영어 사용국에서 태어나고 자라지 않은 우리에게 가장 합리적인 목표는 원어민이 되는 것이 아니라 '잘 훈련된 영어 구사자'가 되는 것"이라고 홍현주 박사는 말합니다(〈부모를 위한 초등 6년 영어 관리법〉). 그런가 하면 이병민 교수는 "잘 훈련된 영어 구사자는 영어를 시작한 시기와 관계없이 본인의 노력에 의해 어느 정도 도달 가능하다"라고 말합니다. 이렇게 생각을 정리하고 나면 마음이 조금은 편안해질 수 있을 것 같습니다.

제가 오늘 강의를 위해 4년 전 영어사교육포럼을 하면서 만났던 학부모들과도 통화를 해보았는데요. 사실 통화가 된 다섯 분 중 한 분을 빼고는 자녀 영어 교육에 성공했다고 볼 수는 없었습니다. 그럼에도 이분들이 거의 다 여유 있게 지내고 계셨어요. 아이의 영어 실력이 당장 늘지 않는 것에 대해 크게 걱정하지 않는다고 하시면서요.

영어는 시작한 시기나 방법보다 동기, 의식적인 노력, 그리고 무엇보다 꾸준함이 중요하다는 걸 우리 모두 이분들처럼 기억할 필요가 있을 것 같습니다. 단, 일정 기간 집중하는 시기는 필요하겠죠. 통상 일 년에 5천 시간씩, 영어에 2~3년간 집중하는 기간을 거치면 영어 실력이 크게 향상된다고 합니다. 아마 이것이 바로 영어 교육의 적기가 되겠죠. 이 시기가 언제일지는 콕 짚어 말씀드리기가 어렵습니다. 사람마다 다를 테니까요. 다만 제가 생각하기에 일반적인 아이들이라면 그 시기가 대학교 입학 이후가 될 가능성이 높을 듯합니다. 외교관이나 동시통역사를 꿈꾸는 아이들이라면 모를까, 평범한 아이들이라면 이때쯤이나 되어야 동기부여가 되는 게 상식적이고 합리적이라는 거죠.

〈아깝다! 영어 헛고생〉 소책자를 만들면서 제가 장인철 선생님(캐나다 토론토대 영어교육 박사과정)께 "영어 공부를 어떻게 하셨어요?"라고 여쭤본 일이 있어요. 그랬더니 "제 영어는 한 마디로 상황 대응형"이라며 이렇게 답변하셨어요.

"사실 제 주위에 비슷한 공부를 하는 유학생보다 제가 영어를 잘하지는 못해요. 캐나다에 와서 종종 외국인들이 제 말을 못 알아듣기에 발음 교정 수업을 찾아가서 듣기도 했어요. 수업 시간에 주도적으로 참가하기가 힘들어 학술적 영어회화 수업도 듣고 있고요. 그래도 수업 시간에 무슨 말을 하는지 종종 못 알아듣기도 하고 원어민보다 글을 쓰는 데 오랜 시간이 걸리기도 합니다. 하지만 그만큼의 고생과 수고는 제가 감당해야 할 몫이라고 생각합니다. 물론 어렸을 때 더 좋은 영어 교육을 받아서 지금 영어를 더 잘한다면 좋았겠지만 저는 그 시간에 다른 경험을 했을 터이고 그것이 지금의 저를 있게 한 중요한 바탕이 된다고 믿어요.

재미있는 것은 종종 영어를 배우는 비원어민으로서의 경험이 지금 제가 공부하는 영어교육학에 중요한 통찰을 제공해주기도 한다는 것입니다. 박사과정 원서를 넣을 때 자기소개서와 학업계획서를 썼는데 제 삶에서 느꼈던 것을 통찰력 있게 향후 학업 계획과 연결시켜 쓴 것이 조금 신선했나 봐요. 너무나 자연스럽게 영어를 배운 사람들은 알지 못하는 부분이죠. 저같이 경상도 영어를 사용하는 사람이 학비를 받으면서 외국에서 영어교육을 공부하는 것이 참 신기해요. 저도 영어 때문에 스트레스를 참 많이 받았고 지금도 받고 있지만, 바꿔 생각하면 어쩌면 저의 이 영어 실력이 지금 저에게 요구되는 그 이상도 이하도 아닌 바로 그만큼의 실력이 아닐까 합니다.

그리고 현재 영어권 국가에서 유학 생활을 하는 상황이라 저에게 전과 다른 영어 공부의 또 다른 과제들이 주어졌고, 이 일들을 거치고 나면 또 영어 실력이 향상되어 있겠죠. 그래서 늘 그랬지만 저의 영어 공부는 상황이 닥치면 (혹은 다가올 상황이 예상되면) 거기에 저를 믿고 맡기는 것입니다. 제 주위에 제가 이용할 수 있는 자원들이 무엇이 있는지 보고 이용하는 것이죠.

제가 지금 제일 경계하는 것은 나와 다른 사람들과의 비교 혹은 그것으로 오는 상실감일 뿐입니다. 바로 대학교 입학 당시 제가 느꼈고, 그래서 영어를 멀리하게 했던 것이죠. 오늘도 저는 경상도 영어로 원어민 동료와 교수님에게 주절주절합니다. 저의 생각과 진심을 알아주는 것은 어쩌면 이제 듣는 이의 몫입니다."

저는 이분의 이런 태도가 참 인상적이었어요. 제가 어학연수를 할 때 룸메이트였던 스페인 친구는 영어가 초급 단계였는데도 전화가 걸려오면 거리낌 없이 그 전화를 받곤 했어요. 다른 한국인 친구들은 절대로 걸려온 전화를 받지 않으려 하는데도 말이에요. 이 스페인 친구는 상대 얘기 중 못 알아듣는 대목이 나오면 자기가 오히려 화를 내며 전화를 끊었어요. '내가 못 알아들으니 네가 천천히 말해야지' 하는 식이었던 거죠. 조금 다른 얘기이기는 합니다만, 언어를 공부할 때는 이런 태도도 필요할 때가 있다는 생각이 듭니다.

영어 교육의 목표가 고작 일상회화 습득인가?

지금부터는 영어 교육과 관련된 몇 가지 이슈에 대해 정리해볼까 합니다. 먼저 '학습이냐, 습득이냐' 하는 고전적인 논쟁부터 짚어보겠습니다. 흔히 어린아이가 말을 배울 때 '듣기 → 말하기 → 읽기 → 쓰기' 순서로 모국어를 터득한다고 하죠. 그런 만큼 외국어 또한 이런 방식으로 배우게 하는 게 바람직하지 않느냐는 분들이 계십니다. 그런데 결론부터 말하자면 그렇지 않습니다. 언어 환경이 다르면 학습법도 달라져야 하니까요. 영어학원 강사였던 김채현 선생님은 이렇게 말합니다.

"어린아이가 우리말을 배울 때 '듣기 → 말하기 → 읽기 → 쓰기' 순서로 터득하는 만큼 외국어도 이 순서대로 배우게 하는 것이 바람직하지 않느냐는 주장이 있다. 그 예로 외국으로 이민 간 아이들을 든다. 하지만 그 아이들과 한국에서 영어를 배우는 아이들은 교육 환경이 다르다. 또한 우리말 습득 순서와 외국어 학습의 순서가 꼭 같아야 하는 것은 아니라는 점을 강조하고 싶다. 미국에 있는 아이들은 '영어의 울타리' 안에서 시간을 보내는 데 반해 한국에 있는 아이들은 '한국어의 울타리' 안에서 시간을 보낸다는 점을 기억해야 한다."

실제로 모국어는 '습득', 외국어는 '학습'의 요소로 파악해야 한다는 것이 전문가들의 지적입니다. 그렇다면 어떤 방식으로 학습을 하라는 걸까요? 일단 문법 공부는 할 필요가 있습니다. 문법은 규칙이니까요. 특히 고급 영어로 갈수록 문법 공부가 필요합니다. 일상에서 대화를 나누는 정도라면 문법이 크게 중요하지 않겠지만 공부를 하거나 학술대회에 나가야 하는 경우라면 문법이 중요하죠.

그런가 하면 홍현주 박사는 "우리처럼 영어를 외국어로 접하는 학습자들은 언어의 규칙을 배우고 반복해서 연습하는 것이 그 언어를 익히는 가장 경제적인 방법이다. 그렇지 않으면 수많은 언어 자료를 접해서 두뇌 스스로가 저절로 규칙을 인지하게끔 해야 하는데 이렇게 하면 시간이 훨씬 더 걸린다. 게다가 현실적으로 한국에서는 각종 시험을 통해 영어 실력을 입증해야 하는데 시험문제의 단골손님인 문법을 공부하지 않는다는 것은 어리석은 짓이다"라고 지적합니다. 곧 우리나라 같은 환경에서는 3인칭 단수에 's'가 붙는다는 걸 아이가 절로 터득할 때까지 기다릴 이유가 없다는 거죠. 과거형엔 '~ ed'가 붙는다는 것 또한 그냥 가르쳐주시면 됩니다. 굳이 참을 필요 없이 얘기해주시면 돼요.

영어는 조기 교육이 아니라 적기 교육이 필요하다는 점도 다시 한 번 강조할까 합니다. 중학생들을 상대로 조사해보면 영어유치원을 나온 아이와 나오지 않은 아이들의 차이가 거의 없더라고 한 교사는 말합니다. 영어유치원 나온 아이보다 성실하게, 꾸준히 영어 공부를 한 아이가 외부 대회에 나가 오히려 상을 타오더라면서요. 사실 중학교 이후 영어를 잘하는 아이들은 한마디로 공부를 잘하는 아이들일 확률이 높습니다. 내적 동기가 강하고 집중력을 발휘하는 아이들이 결국 다른 과목처럼 영어도 잘하게 되는 거죠.

조기 영어 교육의 문제점 중 하나는 이 같은 내적 동기를 약화시킬 우려가 있다는 것입니다. 아이가 별 필요를 느끼지 못할 때 영어를 접하게 되면 이를 타율적으로 공부하게 될 확률이 높아집니다. 초등학교는 기본적인 학습 역량이나 습관, 태도가 만들어지는 시기죠. 그런데 억지로 하는 영어 공부 때문에 이런 중요한 습관이 무너진다면? 자칫하면 부모와의 관계마저 틀어지기 십상입니다. 얼마 전 텔레비전에서 아직 초등학교도 입학하지 않은 것으로 보이는 아이가 꾸벅꾸벅 졸면서 영어 숙제를 하는 모습을 본 적이 있는데요. 아이는 징징거리면서 엄마에게 이렇게 같은 말을 되풀이합니다. "내가 잘 수도 없고 공부를 해야 되나? 내가 잘 수도 없고…… 짜증이 나 죽겠다." 이쯤 되면 아동 학대 수준이라는 얘기가 나올 지경이었는데요. 정도 차이가 있긴 하지만 사실은 이런 상황이 우리 사회 곳곳에서 벌어지고 있죠. 영어 공부를 억지로 시키다 정작 중요한 것을 놓치고 있는 것은 아닌지, 부모님들이 스스로를 돌아볼 수 있으면 좋겠습니다.

두 번째로는 '의사소통 중심의 실용영어 교육'이라는 게 과연 무슨 의미인지에 대해 짚어보고 싶습니다. 우리가 흔히 '의사소통 능력' 하면 '일상적인 회화 구사 능력'을 떠올리는데요. 저는 '의사소통 능력=일상적인 회화 구사 능력'으로 인식되면서 정책 또한 그런 방향으로 가고 있는 것에 대해 근본적인 질문을 던져볼 필요가 있다고 생각합니다. 영어회화 책에 등장하는, 다양한 상황에서의 영어회화 표현 정도를 익히는 게 학교 영어 교육의 진정한 목표여야 하는가에 대해서요. 개인의 삶의 질이나 국가경쟁력 차원에서 봤을 때 그 정도 수준의 영어회화 능력을 갖게 된다는 게 어떤 의미가 있는지에 대해서도 저는 묻고 싶습니다. 예를 들어 이런 식의 실용영어 교육이 성공을 거둬 전 국민이 외국 레스토랑에서 영어로 유창하게 주문을 할 수 있게 됐다 쳐요. 그러면 그 개인이 더 행복해지나요? 아니면 국가경쟁력이 더 올라가나요?

저는 결국 우리 사회가 영어 교육에 대한 철학을 제대로 갖지 못한 거라 봅니다. 이찬승 전 능률교육 대표는 "개인적으로 생활영어를 의미하는 회화를 지나치게 강조하는 영어 교육에 대해 반대한다. 이는 나중에 심각한 문제를 낳을 것이 분명하기 때문이다"라고 말합니다. 왜냐하면 지식 기반 사회를 살아가려면 영어 독해 능력이 더 중요해질 것이기 때문이죠. 우리 내부에 영어 독해나 문법에 대한 반감이 있기는 합니다만, 이는 여전히 영어에서 굉장히 중요하고도 의미 있는 능력입니다. 인터넷에 떠다니는 수많은 지식과 하루에도 수없이 쏟아지는 영어책을 곧바로 읽을 수 없다면 국가는 물론 개인도 경쟁력을 잃을 수밖에 없다는 것이 이찬승 대표의 지적입니다.

경험의 폭과 깊이 차원에서도 그래요. 한국에서 사는 한 우리가 외국인과 대화할 기회는 그리 많지 않죠. 오히려 특정 개인이 영어 공부를 통해 새로운 경험과 즐거움을 맛본다면 그것은 문학 작품 등 문자로 된 정보와 글을 통해서일 가능성이 높다고 봅니다. 그런 만큼 의사소통 능력을 일상회화 능력으로만 보는 시각에서는 벗어나야죠. 저는 개인적으로 독해 능력을 갖춰 다양한 좋은 글을 읽을 수 있게끔 하는 것이 영어 교육의 목표가 돼야 한다고 생각합니다. 지금 학교에서 독해용으로 배우는 별 의미 없는 짧은 글 말고, 좋은 글을 폭넓게 읽는 경험을 통해 자신의 삶이 확장되고 풍요해지는 경험을 할 수 있을 테니까요. 이를 통해 교양이 쌓일 수 있게끔 기본 역량과 태도를 갖추는 게 중요하다는 거죠.

한마디로 '어떻게 말할 것인가how to say'보다 '무엇을 말할 것인가what to say'가 중요하다는 게 제가 오늘 말하고 싶은 핵심입니다. 앞서 반기문 전 유엔 사무총장 동영상을 보여드렸습니다만, 같은 연설을 보고 한국인과 외국인의 반응이 달랐잖아요. 한국인들은 "우리 아이가 저보다는 영어를 유창하게 했으면 좋겠다"라고 하고, 미국인이나 영국인은 연설자가 "아주 훌륭한 고급 영어를 구사한다"는 반응을 보였죠. 그러면서 외국인 패널들이 또 이런 얘길 해요. 유창함은 보너스일 뿐, 중요한 것은 대화를 유지해 나가는 능력이자 자기의 의미를 전달할 수 있는 능력이라고요.

상식적으로 한번 생각해봅시다. 우리 모두 한국어를 유창하게 구사하죠. 그렇지만 마음에 안 드는 사람과는 1분 이상 대화를 지속하기 어려울 거예요. 영어도 마찬가지라는 겁니다. 영어를 쓰는 사람이 "오, 쟤는 영어가 유창하네" 싶어 상대와 대화를 지속하는 것은 아니라는 거죠. 그게 아니라 상대와 계속 대화를 이어가는 건 그 사람에게 인간적인 매력이 있어서라거나 내가 얻고픈 전문적인 역량이 있어서일 가능성이 높습니다.

유창함이라는 것도 어쩌면 우리끼리의 기준일 수 있어요. 제 지인 중에 영어를 아주 잘하는 젊은 친구가 있는데, 이 친구가 미국에서 인턴 생활을 마칠 즈음 회사 사람들이랑 맥주 한 잔 하면서 물었대요. "내 영어 어때?"라고요. 그 친구는 아마도 내심 기대하는 바가 있었겠죠. 그런데 외국인 동료들이 이렇게 말하더라는 거예요. "외국인이 하는 영어가 거기서 거기지." 이게 현실이라는 겁니다. 그러니 네이티브가 되거나 동시통역사가 되는 게 목표가 아닌 이상 영어를 공부할 때 어디에 더 집중할 것인지를 따져봐야 한다는 거죠.

영어책 읽기가 말하기 교육보다 중요하다

'어떻게 말할 것인가'보다 '무엇을 말할 것인가'가 더 중요하다는 데 동의하신다면 일단은 머릿속에 문화적인 이해나 배경 지식을 쌓는 것이 필수임을 이해하실 겁니다. 초등학교에서 배우는 영어는 궁극적으로 성인이 되었을 때를 준비하는 예비 단계입니다. 공연히 어려운 단어를 외웠다가 제대로 써먹지 않아 잊어버리게 되는 것보다는 그 시간에 좋은 책을 한 권이라도 더 읽고 좋은 전시회를 한 번이라도 더 가보는 게 영어 공부를 위해서도 도움이 될 것입니다.

영어책 독서만을 얘기하는 게 아닙니다. 영어 독서로 얻은 지식이 물이라면 한글 독서로 얻은 지식은 돌입니다. 무슨 얘기냐고요? 영어 교육을 얘기할 때 즐겨 드는 비유가 있습니다. "컵이 두 개가 있는데 하나는 비어 있고, 다른 하나에는 커다란 돌이 들어 있습니다. 이 두 컵에 물을 부으면 어느 쪽이 먼저 넘칠까요?"라는 비유입니다. 답은 당연히 후자겠죠. 돌이 들어 있는 쪽이 더 빨리 넘칠 겁니다. 폭넓은 한글 독서로 이뤄진 배경 지식이 있으면 영어책을 읽고 이해하는 속도도 훨씬 빠를 것이라는 얘깁니다. 실제로 초등학교 저학년의 경우 한글 독서 습관이 잘 배어 있는 아이에게 영어 동화책을 건네주면 이 또한 수월하게 읽어내는 것을 볼 수 있습니다. 한글 독서 습관이 배어 있지 않은 아이는 영어 독서도 힘들어하지요.

그렇다고 싫다는 아이를 억지로 앉혀놓고 괴롭히라는 얘기는 아닙니다. 저는 저 자신이 책을 별로 읽지 않고 컸지만 나름 잘살고 있다고 생각해서인지 독서를 지나치게 강조하는 분위기에 대해서는 약간의 의심과 반감이 있습니다. 요즘 보면 독서가 취미라고 답하는 아이들이 너무 많잖아요. 이것도 자연스럽지는 않죠. 굳이 독서만이 아니라 뒹굴거나 이른바 '멍 때리는' 시간도 아이의 성장에 꼭 필요하다고 저는 생각합니다. 이런 시간들을 통해 아이가 상황에 흔들리지 않는 자기만의 힘을 키워갈 수 있으니까요.

6~7세 아이들을 영어유치원에 보내는 것에 대해서도 저는 부모님들이 다시 생각해보셨으면 좋겠습니다. 소아정신과 전문의인 서천석 선생님이 이런 글을 쓰신 적이 있어요.

여섯 살, 일곱 살은 아이들에게 어떠한 시간일까? 인생의 이 대목에 아이들은 어떤 시간을 통과하여 무엇을 이뤄내야 하는가? 부모들은 이런 생각을 한번이라도 하고 아이를 영어유치원에 보냈을까?
분명 부모는 자신이 계획하는 아이의 미래와 현재의 과제에 대한 생각을 하느라 지금 아이에게 필요한 것이 무엇인지는 건너뛰었을 것이다. 아이를 바라보지만 부모는 아이를 보지 못했다. 아이에게 투사된 자기 자신의 마음만 보았다.
조금 친절하게 설명해보자. 유치원에 다닐 나이의 아이들은 무엇을 이뤄야 하나?
아이들은 활발한 언어활동을 통해 주변을 파악하고, 사회적 관계를 맺어야 한다. 이 무렵의 아이들은 처음으로 말을 제대로 가지고 놀게 된다. 구체적 사물로 이뤄진 세계는 아이의 머릿속에서 언어로 재구성된다. 아이들은 말과 말 사이의 연관성을 이해하면서 추상단계로 나아간다. 이 무렵의 아이들에게 말을 빼앗는 것은 마치 어린 새의 날개를 부러뜨리는 것과도 같다.
적지 않은 부모들이 지금 우리 아이는 영어를 빨리 배워야 한다고 조급해한다. 서양 속담에 '공짜 점심은 없다'는 말이 있다. 영어유치원에 다니면 아마도 영어유치원에 다니지 않는 것보다는 분명 영어교육에 도움을 받을 것이다. 그렇다면 그 점심 식사의 대가는 무엇일까? 그저 비싼 수업료가 전부일까? 이 시간에 영어를 배우기 위해 아이가 배우지 못하는 다른 것은 없을까? 그것이 영어에 비해 값어치 없는 것일까? 부모가 아이를 영어유치원에 보내기 전에 먼저 고민해야 할 부분은 바로 그것이다.

아이는 유치원에서 한국어를 충분히 사용하면서 언어 세계를 확장한다. 한국어를 충분히 사용하지 않는다면?

'세계는 언어로 표현되는 만큼 존재한다'는 언어학자의 말을 굳이 인용하지 않더라도 충분한 언어 확장이 이뤄지지 않으면 아이의 인지 수준은 그만큼 정체될 수 있다. 물론 필요한 말 정도 할 수준은 될 것이다. 그 정도야 네 살이면 할 수 있으니. 하지만 감정을 표현하고 조절하는 것, 사회적 관계를 맺고 미묘한 분위기를 느끼는 것, 구체적 사물을 연역하고 조직화하여 추상적 사고를 발전시키는 것은 어렵다.

다행스러운 점은 역설적으로 아이들이 영어유치원에 머물면서도 끊임없이 한국어로 사고하고, 한국어로 친구들과 이야기를 나눈다는 것이다. 만약 부모들이 바라듯 유치원에서 정말로 우리말을 못 쓰게 한다면 어떨까? 아이들의 문제는 분명 좀 더 극적으로 나타날 것이다. 그나마 아이들이 부모를 도와주고 있는 셈이다. 유치원에 다닐 나이의 아이들은 유치원에 다녀야 한다. '영어유치원'이라고 불리지만 결코 유치원이 될 수는 없는 '영어학원'은 그 학원들이 아이에게 주는 만큼, 아니 그 이상만큼 아이들에게서 무언가를 빼앗을 수 있다.

7~8세는 아이들이 '아름답다' 같은 추상적 어휘를 공부하는 시기라고 합니다. 그런데 영어유치원에 다니는 아이들은 한국어를 충분히 사용할 수 없다 보니 언어 수준이 떨어지게 된다는 거죠. 실제로 공동 육아에 다니는 아이들과 영어유치원에 다니는 아이들의 언어 창의력, 도형 창의력 등을 비교 연구한 논문이 있는데요. 논문에 따르면 공동 육아에 다니는 아이들의 지수가 더 높게 나왔다고 합니다. 이 논문 연구자에 따르면 실험 결과도 결과였지만, 이 실험에 응하는 아이들의 태도가 너무 다르더래요. 공동 육아에 다니는 아이들은 검사지를 그림 그리듯 갖고 놀다 휙 던지고 나가 놀기도 하는데, 영어유치원에 다니는 아이들은 제자리에 딱 앉아서 시험보듯 검사지를 풀더라는 거예요. 결과가 잘 나와야 한다는 스트레스를 받으면서요.

서천석 선생님이 인용하신 "세계는 언어로 표현되는 만큼 존재한다"는 말이 저는 참 멋지던데요. 이분이 이런 말씀도 하셨어요. 영어유치원에 다니는 아이들이 이렇게까지 스트레스를 받으면서도 잘 크는 이유는 우리말로 생각하고 옆에 있는 친구와도 우리말로 떠들기 때문이라고요. 그 덕분에 부모님들이 아이들을 괴롭히는 것에 비하면 아이들이 훨씬 잘 자라고 있다는 거죠.

제가 호주에서 해외 캠프 온 한국 아이들을 우연히 만난 일이 있는데, 그때도 비슷한 경험을 했어요. 그 캠프를 인솔하던 원어민 선생님에 따르면 캠프에 온 아이들 거개가 수업 시간마다 한국 아이들은 한국 아이들끼리, 중국 아이들은 중국 아이들끼리, 일본 아이들은 일본 아이들끼리 모여 앉는대요. 쉬는 시간에도 매점 같은 곳에 한국 아이들끼리 우르르 몰려다니면서 떠들고요. 아마 아이를 캠프에 보낸 부모님들은 아이가 영어를 24시간 접할 거라 착각하셨겠죠. 그런 생각을 하면 아이들이 철없어 보이기도 했는데, 나중에 서천석 선생님 말씀을 듣고 생각을 고쳐먹었어요. '아, 덕분에 아이들이 잘 자랄 수 있는 거구나' 하고요.

그렇다면 영어가 모국어가 아닌 한국과 같은 환경에서 영어를 잘할 수 있는 최선의 방법은 무엇일까요? "모국어 환경이 아닌 상황에서 가장 효과적인 언어 습득 방법은 실제와 비슷한 상황을 최대한 많이 만드는 것"이라고 전문가들은 말합니다. 이를 위해서는 원어민을 최대한 많이 만나는 게 좋겠죠. 그런데 한국에서 사는 이상 이 방법에는 한계가 있습니다. 그렇다면 방법이 없는 걸까요? 크라센Krashen이라는 세계적인 언어습득이론 학자는 이렇게 말합니다. "한국과 같은 아시아 국가들은 초등학교 때부터 회화를 가르치려 하지 말고 영어도서관을 지어 많은 책을 읽을 수 있도록 하라. 그러면 이후에 회화도 손쉽게 배울 수 있다"고요. 심지어 그는 이 방법이 최선의 길이 아니라 유일한 길이라고까지 얘기합니다.

왜 그랬을까요? 일단 우리말 동화책을 떠올려보시면 알겠지만, 동화책 자체가 살아 있는 동사들로 채워져 있죠. 영어 동화책도 마찬가지입니다. 실제로 유수의 다큐멘터리를 여러 편 연출한 이정태 선생이라는 분이 계시는데, 미국에서 15년 가까이 살아 신문·잡지나 전공 서적을 읽는 데는 아무런 불편이 없던 분입니다. 그런데 이분이 어느 날 자료 수집차 도서관에 갔다가 영어 동화책들을 접하고는 심장이 멎는 전율을 느꼈다는 거예요. '살아 있는 영어가 여기에 있었구나' 싶어서요. "영어 동화책에 나오는 동사들은 하나같이 살아 있었다. 살아 있는 영어를 배우기 위해 대한민국 사람들이 꼭 영어 동화책을 읽었으면 좋겠다"라고 그는 말합니다. 이분의 말마따나 영어 동화책은 실용 영어의 보고죠. 실용 영어에 대한 가장 좋은 노출 통로이기도 합니다. 동화를 듣고 크게 따라 읽기만 해도 기초적인 영어 연습을 할 수 있죠.

저는 영어 독서야말로 공교육이 나설 수 있는 영역이라고 생각합니다. 영어도서관 같은 인프라만 잘 갖춰져 있다고 될 일이 아니에요. 자꾸 엄마표 영어 얘기 하면서 엄마들이나 사교육에 영어 교육을 떠맡길 게 아니라 학교가 나서 우리말 독서 교육을 하듯 아이들에게 영어 독서를 시키자는 게 제 주장입니다. 수업 시간 외 일상적인 시간에도 영어책을 가까이 접하고 읽을 수 있게끔 말이죠. 아예 공교육의 패러다임이 이쪽으로 바뀌어야 한다는 게 제 생각인데, 교육청에서 이를 참조만 하고 만 것이 아쉽습니다.

영어 다독多讀이라는 게 여기저기서 발췌한 어려운 단문들을 분석하고 번역하는 게 아닙니다. 혹시 여러분 중에서 영어로 된 책을 한 권이라도 재미있게 읽어보신 분이 계신가요? (청중 침묵) 아마도 없을 겁니다. 10년 동안 영어 교육을 받았는데도 영어로 된 흥미 있는 글을 스스로 찾아 읽어본 경험을 가져본 사람이 거의 없다니, 저는 우리나라 영어 교육의 실패가 여기에서 단적으로 드러난다고 봅니다.

초등학생 영어 공부는 어떻게 해야 할까?

강의를 마치면서 실용적인 영어 공부 팁을 궁금해할 분들을 위해 초등학생의 시기별 영어 공부법 얘기를 해볼까 합니다. "이런 얘길 듣고 나면 더 불안해요" 하는 분들도 계시던데, 이렇게 하면 좋고 못해도 큰일이 나지는 않는다는 전제하에서 말씀드리는 겁니다. 그러니 불안해하실 필요 없습니다.

먼저 영유아 시기. 이때는 굳이 영어 교육을 할 필요가 없다고 이미 충분히 말씀드렸습니다. 그렇다면 언제 영어 교육을 시작해야 할까요? 이상적으로는 초등학교 3학년 때 시작하는 게 가장 좋다고 말씀드리고 싶습니다만 우리나라 상황이 그렇게 만만하지가 않죠. 구구단을 안 떼고 초등학교에 들어가면 바보가 되듯, 영어를 전혀 모른 채 3학년이 된다는 건 일종의 결기를 필요로 하는 일인 듯합니다. 만약 그런 결기를 내기 어렵다면 초등학교 1~2학년 때부터 조금씩 영어를 시키면 될 것 같습니다.

일주일에 세 번, 30분가량 하는 건 아이를 크게 괴롭히지 않을 거예요. 처음에는 아이가 스트레스 받지 않게 동요를 따라 부르며 영어를 배우는 방법 등을 써보는 게 좋죠. 부모님이 영어 동화책을 읽어주시는 방법도 있을 테고요. 알파벳이나 파닉스 기초 등은 어린이집에서도 대부분 가르치는 만큼 그냥 맡겨두셔도 좋을 듯합니다. 간혹 "EBS 파닉스 프로그램이 좋다던데, 그걸 제가 아이와 함께하면 어떨까요?"라고 묻는 어머니들도 계시던데, 개인적으로 권장하고 싶은 방법은 아닙니다. 아이와의 관계가 자칫 힘들어질 수도 있으니까요. 물론 개인 차는 있을 테니 거기 맞추시면 될 테고요. 사교육 과열 지구가 아니라면 이 정도만으로도 어렵지 않게 영어에 적응할 수 있을 겁니다.

초등학교 고학년이 되면 영어 공부 시간을 하루 30분~1시간으로 늘려 잡으면서 쉬운 영어 동화책을 읽고 따라 해보게 하면 좋을 듯합니다. 요즘에는 온라인 동화 프로그램도 좋은 것들이 많이 나와 있으니, 여기서 한두 편을 골라 따라 해보게 하면 좋겠죠. 이걸 부모 앞에서 설명하고 쓰게 하면 더 좋겠고요. 이것 자체가 좋은 말하기, 글쓰기 훈련의 기초가 될 테니까요.

중요한 것은 이걸 꾸준히 하는 겁니다. 초등학교 3~4학년 때부터 영어책 읽는 훈련이 꾸준히 된 아이들은 중학교에 가 〈해리포터〉 시리즈를 어렵지 않게 읽기도 하더라고요. 초등학교건 중학교건 영어 교과서는 참 재미가 없습니다. 많이 지루하죠. 그런 만큼 진짜 영어를 다양하게 접하도록 해줄 필요가 있을 것 같습니다. 학교나 공공기관에서 운영하는 영어 원어민 프로그램도 적극적으로 이용하면 좋겠습니다. 물론 원어민을 만난다고 영어가 쑥쑥 늘지는 않겠지만 체험의 기회를 준다는 데 충분한 의의가 있을 것입니다.

이 과정에서 '앞으로' 나아가려고만 할 게 아니라 '옆으로' 펼쳐주는 공부를 권장할 필요가 있다는 말씀도 드리고 싶습니다. 우리는 영어건, 수학이건 앞으로 나아가려고만 하잖아요. 실제로 학년이 올라갈수록 시간도 부족하고요. 그렇지만 저는 학교 영어 교육과정을 기준 삼아 옆으로 펼쳐주는 방식의 공부가 아이의 영어 실력 향상에 더 도움이 된다고 봅니다. 학원을 다니더라도 선행학습 위주의 학원보다는 저학년 때 다니던 흥미와 체험 위주의 학원을 계속 다니는 게 좋을 거라고 저는 생각해요.

중학교에 올라가면 더 시간이 없어질 겁니다. 영어 공부 또한 내신 중심으로 넘어가게 되죠. 그런 만큼 초등학교 때 영어 공부 습관을 잡아주는 게 중요합니다. 이때 좋은 태도가 형성된 아이들은 중학교에 가서도 공부를 잘할 가능성이 높죠. 교육 과정과 수평적으로 연계된 책 읽기도 가능하고요. 아이가 휴가지에 가서도 자발적으로 영어책을 손에 쥐고 읽을 정도면 완전히 성공했다고 보셔도 될 겁니다.

다만 이러려면 부모님들이 함께 하셔야 합니다. 부모가 함께 책을 고르면서 읽어주기도 하고, 사운드를 틀어주기도 하셔야죠. 이게 아이들에게 말로만 지시해서는 잘 되지가 않습니다. 이게 당연히 쉽지 않다 보니 처음에는 큰마음 먹고 영어 독서를 실천하지만 흐지부지되는 경우가 많습니다. 우리 집도 그래요. 저도 공사가 다망한 사람이다 보니 아이를 세세하게 챙겨주기가 어렵더라고요. 그래서 저는 아이 영어 교육에서 실패를 선택한 사람이라고 스스로를 소개하고 다닙니다(웃음). 저나 아이에게 주어진 시간이란 한정돼 있는 만큼 그중 하고 싶은 것, 해야 할 것을 먼저 해야 한다는 게 평소 제 생각이거든요. 그렇다 보니 영어는 우선순위가 뒤로 밀리더라고요. 물론 제가 게으른 탓도 있겠습니다만, 이렇게 선택을 하고 나니 불만도 없고 크게 걱정도 되지 않아요.

저는 백석중학교 사례도 눈에 띄던데요. 이 학교의 경우 방과 후 영어 심화반에서 챕터북을 꾸준히 읽어왔다고 합니다. 이 책들은 미국 초등학교 1~2학년 수준에 맞춰 나온 거라 중학생이 읽기에 아주 만만하죠. 한 권 분량이 15쪽 안팎이고, 1쪽에 나와 있는 문장 개수도 많아야 4개를 넘지 않습니다. 그런데 이런 책을 꾸준히 읽은 결과 아이들의 중간·기말고사 영어 성적 평균이 90점을 훌쩍 넘었다고 해요. 쉬운 영어 원서를 읽는 게 아이들의 말문을 틔우는 데는 가장 효과적이라는 거죠. 여러분도 아마 기억하실 겁니다. 영어회화 시간에 맨 먼저 배우는 게 "Are you a girl?", "Are you a boy?" 같은 문장이잖아요. 그런데 실생활에서 누가 이런 질문을 하겠어요. 남의 성 정체성을 함부로 물어볼 수도 없는 거잖아요. 그러니 영어 말문을 틔우는 데는 이런 회화 문장보다 영어 원서를 읽는 편이 훨씬 낫습니다.

고등학교에 가면 공부하는 데만도 너무 바쁘죠. 스펙 쌓느라고 바쁘고요. 그렇다 보니 영어책을 펴볼 시간이 거의 없을 텐데, 중학교 때까지 읽는 습관이 잘돼 있는 아이들은 아무래도 수능에서 강세를 보이는 경향이 있습니다. 읽는 속도나 듣는 속도가 모두 빠르니까요. 학교 내신은 좀 별개 문제입니다만, 오늘날 수능 영어 시험이 절대평가로 바뀐 만큼 내신 영어 시험 또한 조만간 절대평가로 바뀌어야 할 거라고 봐요. 물론 쉽지는 않겠지만요. 궁극적으로는 영어를 공부하고 평가하는 방식이 바뀌어야겠죠. 학문적인 영어 공부를 하려는 아이들과 실용적인 영어 공부를 하려는 아이들을 구분해 교육시키고, 평가도 달리 할 수 있다면 가장 좋을 것 같습니다만, 아직은 갈 길이 멀죠.

현실적으로 고등학교에 가면 영어 난도가 정말 빠르게 상승합니다. 중1 때만 해도 미국 초등학교 1학년 수준의 영어를 배우던 아이들이 고3이 되면 미국 고등학교 11~12학년 수준의 영어를 공부해야 하니까요. 반면 학교에서 영어를 배우는 시간은 매우 제한적이죠. 나머지는 아이들이 온전히 스스로 공부해서 그 시간을 채우라는 식이다 보니, 그전처럼 읽기를 강조하기는 어려울 겁니다. 그래도 학교에서 이를 권장할 수는 있겠죠. 경기도에 있는 한 고등학교 영어 선생님은 수업을 시작하고 10~15분 동안 학생들이 읽은 영어책을 간단히 기록하게 하신대요. 이렇게 쓴 내용을 학생부 종합전형을 위한 기록으로도 활용하시고요.

올바른 영어 교육을 위하여

오늘 제가 한 얘기들이 우울하게 들릴 수도 있겠습니다만, 그래도 우리가 노력할 때 교육 정책 또한 바뀔 수 있다는 걸 기억해주시면 좋겠습니다. 돌이켜보면 교육 정책이 결정적으로 변화하는 지점마다 사교육걱정없는세상이 있었죠. 2010년 외국어고등학교 입시가 바뀐 것이 대표적인 예입니다. 당시 외고 입시에서 영어 듣기 시험 등이 폐지되면서 TEPS 응시자 수가 확 줄어들었죠. 대학의 영어 특기자 전형이 대폭 축소된 것도 우리 같은 단체의 문제 제기 덕이었습니다. 물론 우리가 일상 속에서 실천할 수 있는 것들은 매우 미약하죠. 그걸 인정합니다. 그렇지만 서천석 선생님은 이렇게 말합니다.

"우울하게 들릴지 모르지만 우리가 아이를 바꿀 수 있는 정도는 제한적이다. 하지만 무거운 짐을 지고 가는 사람은 옆에서 작은 짐만 덜어서 들어줘도 훨씬 발걸음이 가벼운 법이다. 세상과 부딪쳐 힘들게 살아갈 아이를 자신의 능력과 여건 속에서 도울 수 있는 길을 찾아야 한다. 우리의 노력이 모든 것을 바꿀 수는 없지만 아이에게는 큰 힘이 될 수 있다.

그리고 그것이 우리에게는 최선이며 억겁의 인연으로 만난 아이에게 아무 대가 없이 주는 선물이다. 너무 큰 꿈은 오히려 나를 괴롭히고 아이를 괴롭힌다. 내가 지금 아이를 위해 무언가 노력하고 있다면 자신을 격려하자. 그래, 나는 오늘 우리 아이에게 좋은 선물을 주고 있다고."

제가 고등학교에서 상담을 하다 보면 많은 학부모님들을 만나게 되는데요. "우리 아이는 속이 편해 보여요"라고 말씀하시는 부모님들이 있습니다. 그런데 그렇지가 않아요. 공부하지 않는 아이라도 속이 편하지는 않습니다. 비록 수업 시간마다 엎어져 자고 있을지라도 나름 스트레스를 받고 자기 미래에 대해 불안해해요. 이럴 때 부모님이 그 불안을 증폭시킬 게 아니라 안심시키는 역할을 하셔야 할 것 같습니다. 부모님이 아이에게 큰 힘이 되어주실 수 있습니다. 그러려면 '영어를 어떻게 공부할 것인가' 같은 방법론을 고민하는 것보다 '내가 어떻게 중심을 잡을 것인가' 자문하는 것이 더 중요한 전제가 되어야 할 것입니다. 부디 영어로 관계가 나빠지는 일 없이 아이에게 좋은 선물을 주는 부모가 되시길 바랍니다.

4강

초등 독서 완전 정복

백화현

독서운동가, 전 국어 교사

초등학생 자녀의 독서 교육

안녕하세요? 저는 오늘 '초등학생 아이 어떻게 독서로 이끌까'라는 주제로 이야기를 하려 합니다. 얘기를 시작하기에 앞서 지금의 초등학생 아이가 처음부터 초등학생이었던 것도 아니고, 언제까지나 초등학생으로 머무는 것도 아니라는 점을 먼저 상기해야 할 것 같습니다. 아이도 한 사람의 인간이죠. 따라서 초등교육을 말하기에 앞서 인간은 무엇인지에 대한 질문이 있어야 하고, 그에 대한 고민이 따라야 할 것 같습니다. 그런 만큼 오늘 강의 앞부분에서는 인간과 독서라는 전반적인 문제를 먼저 다루고, 뒷부분에서 초등학생 아이 독서 교육은 어떻게 해야 하나 하는 문제를 다루려고 합니다.

크게는 다섯 파트로 나눠서 이야기를 진행할 텐데요. 처음에는 '왜 독서를 해야 하는지'를 짚고 넘어가려 합니다. 이어 독서의 방향과 독서의 철학에 대한 얘기를 할 생각이고요. 다음으로는 제가 그동안 방문했던 미국, 캐나다, 영국, 프랑스, 독일, 노르웨이, 핀란드, 스웨덴 등 독서 선진국 탐방 사례를 말씀드리려 합니다. 이런 나라들은 어떻게 독서 교육을 하고 있고 독서 환경을 마련했는지 살펴보도록 하겠습니다. 네 번째로는 '그렇다면 우리 아이 독서 교육은 어떻게 해야 하는지'에 대해 이야기해볼까 합니다. 마지막 파트에서는 독서 및 독후 활동을 어떻게 해야 할지에 대해 제 생각을 말씀드리도록 하겠습니다. 독서라는 말 속에서는 책을 읽는 행위

뿐 아니라 생각하고 쓰고 토론하는 행위가 모두 포함되는 것이고, 이를 통해 비로소 독서가 완전해지는 거니까요.

존재의 뿌리를 튼튼하게 해주는 독서

그렇다면 '왜 독서를 해야 하는지'에 대해서부터 얘기를 시작해 볼까요? 저는 평소에도 일방적인 강의가 아닌 학생 중심의 참여형 수업을 좋아합니다. 듣기만 하는 것이 아니라 실제로 참여했을 때 배움이 일어난다고 생각하니까요. 그런 의미에서 오늘 오신 분들에게 질문을 드리도록 하겠습니다. 왜 독서일까요?

"다른 사람의 생각을 이해할 수 있으니까요."
"나의 생각을 잘 표현하기 위해서입니다."
"지식을 체험할 수 있어요."
"책은 인류의 지식이 축적된 자료집입니다."
"마음의 양식?"
"재미있으니까요."
"간접 경험을 할 수 있습니다."

지식, 재미, 경험…… 다양한 답변이 나왔네요. 모두 맞습니다. 정답은 없어요. '왜 독서를 해야 하는가'라는 질문에 대부분의 사람들이 지금 여러분처럼 답하세요. 잘못된 건 없어요. '나는 이래서 독서한다'라는 생각을 하고 있으면 되는 겁니다.

그러나 저는 '독서만이 살길이다', '독서 문제는 개인의 문제가 아니라 국가의 문제다', '선택의 문제가 아니라 필수다'라고 생각하는 사람이지요. 그런 저의 답은 여러분과 조금 다를 수 있다고 생각합니다. 저는 왜 독서를 해야 한다고 생각할까요? 제 대답은 '독서는 존재의 뿌리를 튼튼하게 해주기 때문이다'입니다. 저는 항상 첫 번째 이유로 이것을 듭니다. 책을 읽고 글을 쓰고 토론을 하면 자신이 누군인지 알게 됩니다. 우리나라 사람들은 돈, 명예, 지위를 향해 너무나 앞만 보고 달려가고 있죠. 그중에서도 특히 돈을 향해 질주하는 사람들이 많습니다. 그런데 그렇게 앞만 보고 정신없이 달려가는 사람에게는 자신을 찬찬히 들여다볼 여유가 없어요.

어른들만이 아니라 아이들도 그렇습니다. 아이들이 아직 어린데도 학원을 아홉 개씩 다녀요. 그리고 중·고등학생이 되면 학교와 학원을 반복하면서 하루 종일 공부에 매여 있어요. 이 아이들이 '나는 누구인가'라는 질문을 과연 얼마나 하고 살까요? 나는 왜 사는지, 나는 무엇을 해야 하는지, 이 세상은 무엇인지, 이 세상에서 내가 해야 할 역할은 무엇인지…… 이런 질문들을 진지하게 할 여유가 과연 있을까요? 나와 너는 어떤 관계에 있는지, 나와 자연은, 나와 인류는 어떤 관계에 있는지, 이런 것들에 대한 존재론적인 성찰이 깊이 있게 이루어질 수 있느냐는 거죠. 우리나라에서는 이런 질문들을 거의 하지 않습니다. 독서도 부족한 상황이고요. 그러다 보니 사람들이 존재의 뿌리가 굉장히 약하다는 생각을 많이 하게 됩니다.

우리는 왜 책을 읽을까요? 그냥 다들 책을 읽으면 좋다고 하니까? 흔히 내 생각이라고 착각하지만, 이게 내가 고민해서 얻은 생각이 아니라 남들이 생각하는 것을 주워들은 경우가 많아요. 우리가 진짜 진지하게 고민해야 할 문제들은 무엇일까요? 왜 학원에 가야 하고, 또 어떤 사람들은 학원에 가는 것을 반대하는 걸까요? 학교는 꼭 가야 하는 걸까요? 의무교육은 중학교까지인데, 고등학교도 꼭 가야 하나요? 대학은 또 어떻습니까? 대학 졸업장이나 학벌은 왜 필요한가요? 이런 것들에 대한 진지한 고민이 먼저 있어야 할 것입니다. 우리가 아이를 책으로 키우려 한다면서도 막상 질문은 없는 경우가 많죠. 질문을 한다 해도 아는 게 없다 보니 답이 잘 나오지도 않고요. 그런데 책 속에는 저보다 먼저, 훨씬 깊이 있게 고민한 사람들이 있습니다. 그 치열한 고민을 함께 따라가다 보면 무언가 잡히는 게 있죠. 내가 지금 어떻게 살고 있나 돌아보는 시간을 갖게 됩니다.

독서가 저에게 준 가장 큰 미덕은 저의 중심을 탄탄하게 잡아주었다는 것입니다. 제가 다니던 학교에 사표를 낸 게 2015년 2월이었어요. 그로부터 일 년 반만 더 버티면 명예퇴직금 1억 원을 받고 퇴직할 수 있는 상황이었습니다. 그래서 고민이 많았죠. 집안에서도 퇴직을 반대했고요. 그렇지만 끝내는 돈을 포기하고 내 길을 가겠다고 결심했어요. 어찌 보면 제 중심대로 살아가는 삶을 선택한 것인데, 이런 것들을 가능하게 해준 것이 독서의 힘이었다고 저는 생각합니다.

독서야말로 존재의 뿌리를 튼튼히 해준다고 말씀드렸습니다만 저 자신, 어떻게 하면 존재의 뿌리를 단단하게 할 수 있을까, 예전부터 많은 고민을 해왔습니다. 그러면서 저 자신과 지인이나 제자들을 유심히 관찰해본 결과 깨달은 게 있어요. 사람은 있는 그대로의 존재로 인정받을 때 '나는 살 만한 사람이야', '나는 가치 있는 사람이야'라는 생각을 하더라는 거예요. 곧 시어머니가 며느리를 있는 그대로 예쁘게 봐줄 때, 남편이 아내를 있는 그대로 좋게 봐줄 때, 부모가 자녀를 있는 그대로 사랑스럽게 봐줄 때 사람들이 그런 생각을 하더라는 거죠. 만약 남편이 "내 친구 와이프는 반찬도 잘하고 예쁘고 노래도 잘해" 하면서 사사건건 옆집 여자와 자신을 비교하면 그 아내가 살맛이 나겠어요? 사람은 있는 그대로 존중받을 때 자부심이 생기고 행복해지는 존재입니다. 남들이 나를 있는 그대로 인정해줄 때 자존감이 향상되죠. 자존감이 높을 때 존재의 뿌리 또한 탄탄해지고요.

그런데 철이 들고 나면 이것만으로는 부족합니다. 곧 어렸을 때는 존재를 인정해주는 것만으로도 자존감이 향상되고 존재의 뿌리가 튼튼해지지만, 철이 들고 나면 여기에 더해 삶의 이유를 찾아야 합니다. '나는 왜 사는가?', '나는 어떤 존재인가?' 하는 질문에 대한 답을 찾을 수 있어야 한다는 거죠. 남들이 뭐라 해도 나만의 삶의 철학을 가지고 살아갈 때 우리는 당당한 사람이 될 수 있습니다. 이때 필요한 것이 독서입니다. 있는 그대로 존중받는 것은 관계의 문제이기에 독서와는 조금 차원이 다른 문제죠. 그러나 삶의 이유를 찾고 삶의 철학을 갖도록 하는 일은 독서가 충분히 도울 수 있습니다.

'나는 왜 사나?', '나는 도대체 이 문제를 어떻게 바라봐야 하나?', '내가 진짜 생각하는 것은 무엇인가?', '왜 꼭 학교를 가야 한다고 생각하나?'…… 스스로에게 던질 수 있는 질문은 끝이 없어요. 우리 반에 공부를 못해 기가 죽어 있는 아이가 있으면 저는 이렇게 말하며 아이를 격려하곤 했습니다. "세상에는 공부 못하는 사람도 있고 잘하는 사람도 있다. 절대 기죽지 마라." 그런데 막상 제 아이가 공부를 못하니까 밤에 잠이 안 오더라고요. 도대체 왜 공부를 못하는지 이해도, 용납도 안 되고요. 이런 태도는 문제가 있는 거잖아요. 그러다 보니 '남들에게는 사람의 능력과 재능이 다양하다고 말해왔으면서 내가 왜 이러는 걸까? 내 솔직한 진심은 무엇일까?'라고 스스로를 되돌아볼 수밖에 없습니다. 그간 '내 생각'이라고 믿어온 게 진짜 내 생각이었는지, 아니면 다른 사람들의 생각을 내 생각이라 착각한 것인지, 본격적으로 고민하게 되었던 거죠. 그러면서 내 생각이 분명할 때 거기에서 나의 철학 또한 나온다는 것을 알게 되었습니다. 책을 읽고 쓰고 토론을 하다 보면 이 같은 철학이 좀 더 분명해지죠.

읽기를 통해 세상과 사회를 성찰하다

두 번째로 책을 읽게 되면 이를 통해 지식을 습득할 수 있습니다. 내가 몰랐던 걸 많이 배울 수 있죠. 선생님한테 굳이 배우지 않아도 책을 읽으면 그 속에 내용이 다 나와 있습니다. 그러다 보니 모르는 것이 있으면 책을 찾아보면서 스스로 배울 수 있는 힘을 키우게 되는 거죠.

'스스로 배운다'는 표현 자체가 누가 강요한 것이 아니라는 뜻을 포함하고 있습니다. 곧 스스로 배우려면 궁금한 것이 있어야 합니다. 궁금한 것이 있어야 배우고 싶어지니까요. 스스로 배울 수 있으려면 읽는 힘이 있어야 합니다. 다른 사람의 지식을 내 것으로 만들기 위해서는 일단 읽어야 합니다. 읽는 것만큼 좋은 자극이 없어요. 우리가 일상에서 만나는 사람이나 경험은 큰 차이가 없이 비슷한 것들의 반복일 경우가 많습니다. 그러나 책을 통해서는 낯선 세상과의 만남이 가능합니다. 일상에서 접하지 못하는 사건, 인물 등을 책을 통해 접하기 때문에 지속적인 자극이 됩니다. 이런 자극을 받아야 궁금증이 생기고 또 질문이 나오는 것입니다.

세 번째로는 더 나은 사회를 꿈꾸게 하는 독서에 대해 이야기하겠습니다. 독서 활동을 열심히 하다 보면 사고가 깊어지면서 세상이 나 혼자만 잘한다고 되는 게 아님을 알게 되죠. 곧 시스템의 문제를 생각하면서 구조까지 볼 수 있게 되는 겁니다. 우리를 얽매고 있는 시스템 속에서 개인이 뭔가를 하기는 쉽지가 않죠. 이를테면 제가 학교에 근무할 때 교육청에서 공문 하나가 내려온 일이 있습니다. 그 공문을 보고 제가 "학생들에게 이런 부당한 걸 요구해서는 안 된다"고 반발했어요. 그런데 혼자서는 아무리 주장해도 한계가 있더라고요. 이걸 노동조합에서 함께 힘을 모아 요구했더니 결국 개선이 되었습니다. 이 사건을 계기로 민주사회와 노동조합은 무슨 관계가 있는가 더 깊이 공부하게 됐죠. 그랬더니 배움을 통해 사회 구조가 보이기 시작하고 그동안 얄팍하게 살았던 울타리를 벗어날 수 있는 힘도 생겼습니다. 이 사회가 어떻게 나아가야 되는지, 사회와 내가 어떤 관계에 있는지도 깨닫게 되었죠.

사실 부모들이 아이를 위해 아무리 독서를 시키려고 해도 대부분 중학교만 가면 말짱 도루묵이 됩니다. 초등학교 때야 웬만한 애들이 다 독서를 하죠. 그런데 중학생만 되면 이런 강좌를 들어도 도움이 되지 않는 경우가 많습니다. 부모님 대부분이 독서보다는 당장 코앞에 닥친 시험을 더 걱정하고 그 시험에 집중할 것을 요구하기 때문이죠. 여기에 독서까지 얹는다면 아이에게는 너무 과도한 부담이 될 수밖에 없습니다. 그럴 수 있는 절대적인 시간도 부족하죠. 지금 이 시대는 아이들을 고통스럽게 하는 시스템으로 작동되고 있습니다. 학교의 평가 시스템이나 교과서 중심, 교사의 강의 중심 수업 등이 아이들의 독서를 방해하는 주된 시스템이죠. 이런 시스템 문제를 고려하지 않고 무조건 독서를 하라고 강요하는 건 바람직하지 않다고 봅니다.

독서를 통해 읽고 쓰고 토론하다 보면 나 개인뿐만 아니라 사회의 문제까지 바라보게 되고, 어떻게 하면 더 나은 사회를 만들 수 있을까 고민하게 된다고 말씀드렸는데요. 더 나은 사회를 꿈꾸기 위해서는 타인에 대한 관심이 있어야 합니다. '다른 사람은 어떻게 사는 걸까?' 하는 관심 말입니다. 이 세상은 나 혼자 사는 것이 아니라 다른 사람과의 관계 속에서 사는 것인 만큼 타인에 대한 관심 없이 더 나은 사회를 꿈꿀 수는 없습니다. 또한 비판력도 있어야 합니다. 현재의 사회가 무엇이 잘못되었는지, 잘못되었다면 무엇을 어떻게 바꿀 건지, 지금의 것을 비판하고 분석하는 능력이 없으면 새로운 것을 제안할 수도 없습니다. 상상력이 없다면 새로운 제안이 불가능한 것이죠. 이 모든 것들을 독서가 도울 수 있습니다.

지식정보화 시대의 무기는 독서

네 번째로는 밥(취업) 문제 해결을 돕는 독서에 대해 얘기해보겠습니다.

지식정보화 시대에는 독서가 밥이죠. 어쩌면 이것이 가장 현실적인 문제이기에 오늘은 이 주제에 좀 더 비중을 두고 얘기할까 합니다. 우리가 살다 보면 인성은 멀고 밥은 바로 가까이에 있는 경우가 많죠. 사실 밥은 사흘만 굶어도 바로 죽게 되니 생존과 직결되는 문제입니다. 우리가 아이한테 공부, 공부 하는 것도 이렇게 먹고사는 문제가 중요해서겠죠. 아이를 학교에서, 학원에서 하루 종일 공부만 하게 만들면 안 된다는 것도 알고 있고, 아이가 불쌍하다는 생각도 들지만, 그럼에도 불구하고 나중에 취업은 해야겠기에 아이를 '학원 가라', '공부해라'라고 내모는 것 아닌가요? 누군들 비싼 사교육비 들여서 학원에 보내고 싶겠습니까만 그것 말고 공부를 잘 시킬 수 있는 길이 보이지 않는데다, 아무래도 공부 잘하는 애가 취업도 잘해 돈을 잘 벌 것 같으니까요.

하지만 이제는 시대가 달라졌습니다. 앞으로는 독서를 하지 않고 밥 문제를 해결하기 굉장히 어려울 것이라는 말씀을 저는 꼭 드리고 싶어요. 지금은 산업화 시대가 아닌 지식정보화 시대인 만큼 현실적인 밥 문제를 해결하기 위해서도 독서가 반드시 필요하다는 얘깁니다. 그런데 어른들은 '시대가 바뀌었다'고 하면서도, 아직 그 변화를 뼛속까지 인지하지는 못하고 있는 것 같습니다. 만약 부모님들이 지식정보화 시대나 4차 산업혁명의 도래라는 시대적 변화를 제대로 알아차렸다면 아이들을 지금처럼 키우지는 않을 것입니다. 진작부터 나서서 수능을 폐지하라고 데모를 벌였겠죠. 정부와 지도자 또한 마찬가지입니다. 이 같은 변화를 제대로 깊이 있게 인지했다면 지금과 같은 학교 시스템을 더는 유지하지 않았을 것입니다.

불행히도 현실에서 우리는 아직 변화를 인지하지 못하고 있습니다. 때로는 '우리 어른들이 무지하고 게을러서 아이들을 다 죽이겠구나' 하는 생각이 들기도 합니다. 사실은 이 생각 때문에 마음이 너무 급해져서 교단을 박차고 나올 수밖에 없었어요. 교실 안에서 아이들을 만나는 것만으로는 이 문제를 해결할 수가 없었거든요. 문제를 해결하자면 어른들을 만나야겠다는 생각이 들어 결단을 내렸던 것입니다.

영국, 프랑스, 독일, 미국, 캐나다, 핀란드, 덴마크, 스웨덴 등등, 우리가 흔히 선진국이라고 하는 나라들은 모두가 독서 선진국이기도 합니다. 이 나라들은 벌써 모든 걸 바꿨어요. 우리나라와 교육 시스템 자체가 다릅니다. 제가 이들 나라 대부분을 돌아보았는데, 교과서를 가지고 수업하는 학급을 거의 보지 못했습니다. 하나의 정답을 요구하는 평가 방식 또한 폐지된 지 오래됐고요. 왜 이렇게 바꾸었는지 물어보면 "지금은 지식과 정보를 내 것으로 만들어야 하는 지식정보화 시대이기 때문"이라는 답변이 돌아오곤 했습니다.

생각해봅시다. 농경사회는 왜 농경사회라는 이름이 붙었을까요? 농사가 모든 생산의 토대였기 때문일 것입니다. 당시에는 인구의 80~90% 가까이가 농부였죠. 이렇게 먹고사는 문제를 농업으로 해결했기에 농경사회라는 이름이 붙었습니다. 산업화 시대에는 산업이 중심이었겠죠. 산업 하면 뭐가 가장 먼저 떠오르시나요? 네, 공업이 가장 먼저 떠오를 겁니다. 공업 중에서도 제조업이 생산의 토대가 됐죠. 산업화 시대는 농부 대신 공장의 근로자들, 회사원들을 필요로 했습니다. 곧 시대가 변하면 시대가 원하는 직업도 달라지면서 그 시대를 헤쳐 나갈 능력을 가진 사람들을 요구하게 된다는 거죠.

우리처럼 산업화 시대의 한복판을 살아온 사람들에게는 교사가 그래도 제법 괜찮은 직업이었습니다. 제가 어떻게 해서 교사가 될 수 있었을까요? 이유는 단순합니다. 공부를 잘했기 때문입니다. 제가 시골 출신이지만 초등학교와 중학교를 전교 1등으로 졸업했어요. 고등학교는 2등으로 입학했지만 1학년을 마칠 무렵 1등으로 올라섰지요. 그런데 2~3학년 때는 길을 잃으면서 내리막길로 접어들었습니다. '내가 왜 이렇게 공부를 해야 하나'라는 고민이 들기 시작하면서요. 저 자신이 〈꽃들에게 희망을〉 책에 나오는 애벌레 같다는 생각이 드는 순간 구토를 멈출 수가 없었어요. 그러면서 제 인생이 완전히 바뀌게 되었습니다.

어찌 보면 책을 너무 많이 읽어서 그렇게 됐던 거죠. 저를 보면 아시겠지만, 책을 많이 읽으면 공부를 잘하는 게 아니라 공부를 못하게 될 수도 있어요. 그래도 자녀에게 독서를 하게 하고 싶으신가요? 여러분이 정신을 바짝 차려야 합니다. 독서를 하면 오히려 머리가 복잡해지기도 해요. 아무 생각이 없다가도 문제의식이 생기기 때문입니다. 자꾸 '왜'라는 의문이 들고, '이것이 진실일까'라는 고민이 생기죠.

고등학생 시절의 제가 그랬습니다. 도와달라는 친구의 손도 뿌리치고, 시골집에 다녀가라는 엄마 말도 듣지 않으면서 그토록 지독하게 공부했었는데 갑자기 모든 것이 허탈해진 거예요. '내가 도대체 1등을 해서 뭘 하겠다는 거지? 나한테 정말 중요한 게 뭐지? 공부는 잘해서 어쩌겠다는 거지? 그래, 아마 좋은 대학에 가게 되겠지. 그런데 좋은 대학에 가서 어쩌겠다는 거야? 안정된 직업을 얻으려고?' 이런 질문들이 자꾸만 꼬리를 물고 생겨났어요. 저는 어렸을 때 시골에서 자랐지만, 부모님 덕분에 나름 풍족했어요. 친구들이 고무신 신을 때 저는 운동화 신고, 친구들이 책보(책보자기) 메고 다닐 때 저는 가방을 메고 다녔죠. 당시 제가 책을 읽지 않은 아이라면 이런 저 자신을 뽐내고 다녔을 거예요. 그런데 저는 그러질 못하겠더라고요. 오히려 양심의 가책을 느꼈어요. '왜 인간은 불평등하지? 왜 이렇게 마음이 불편한 걸까? 슈바이처는 길에서 만난 할아버지가 덜덜 떨고 있는 걸 보고 자기 코트를 벗어주었다는데, 왜 나는 그러지 못하는 걸까?' 이런 생각들을 하면서요.

아까 말씀드린 대로 제가 고1 때는 공부를 잘해서 장학금까지 받았어요. 그런데 '앞으로 내가 잘 먹고 잘살게 된다면 내 마음이 편

할까?' 이런 생각도 들더라고요. 여러분은 제가 그 당시에 어린 소녀였기에 그런 생각을 했을 거라고 여길 수도 있을 겁니다. 하지만 저는 그 시간들이 있었기에 오늘날 제가 이런 활동을 하게 된 건 아닐까라고 생각해요. 그때나 지금이나 저는 저 혼자 잘 먹고 잘사는 게 불편합니다. 같이 잘 먹고 잘살았으면 좋겠어요. 그렇다고 제가 가난하게 살고 싶은 것은 아니지만, 저 혼자만 잘사는 건 힘이 듭니다. 그래서 저는 같이 잘살 수 있는 길을 고민하고 싶어요.

당시에도 마찬가지였습니다. 전국의 학교마다 전교 1등이 있겠죠. 이 사람들 상당수가 정치가, 사업가, 교수 등등 사회 지도층이 됐을 겁니다. '그런데 이 사람들이 사회의 지도적인 자리에 갔다고 해서 세상이 좀 더 평등해졌나?' 당시의 저는 이런 질문을 많이 던졌어요. 그러면서 '이것은 공부만 잘한다고 해결되는 문제가 아니다. 인간이 더 의미 있게 살 수 있는 길이 있을 텐데 그 길이 뭔지 모르겠다. 그 길이 무엇인지 찾아봐야겠다'는 생각으로 관련된 책을 찾아 읽었죠. 신부님도 열심히 쫓아다녔고요. 그러다 고3때는 부모님께 대학 입학시험을 보지 않고 수도원에 가겠다고 말씀드렸어요. 부모님은 제가 제정신이 아니라고 보셨겠지요. 남편은 지금도 저에게 아직도 정신을 못 차렸다고 합니다만. 그러던 와중에 어머니가 몸져눕게 되었어요. 중학교를 수석 졸업하고 도시로 유학갔던 딸이 어느 날 갑자기 초라한 몰골로 나타나 수도원에 가겠다니 이게 웬 마른하늘에 날벼락인가 싶어 충격을 받으셨던 거예요. 그래서 병 난 어머니를 살리려고 다시 공부를 시작해 재수를 한 끝에 대학에 들어가 지금까지 오게 된 겁니다.

저는 사실 먹고사는 문제보다 존재의 뿌리를 탄탄하게 하는 것과 어떻게 하면 함께 더불어서 잘사는 사회를 만들까에 관심이 더 많습니다. 스스로 지식을 깨치게 하는 독서의 힘에 대해서도 확신이 있고요. 그렇지만 보통 사람들은 이런 문제보다 눈앞의 밥 문제를 더 걱정하시기 때문에 오늘 강의에서는 이 부분을 더 강조하고 있습니다. 다행히도 시대적 상황 자체가 밥 문제를 해결하기 위한 독서를 필요로 하는 상황으로 흘러가고 있기에 저로서는 '얼씨구나, 잘됐다' 하고 있어요. 이런 필요에 따라 독서를 하지 않던 사람도 독서를 하게 될 테니까요. 설사 밥 문제 때문에 스펙을 쌓으려 독서를 하게 됐다 하더라도 독서를 하다 보면 책 그 자체가 힘을 지니고 있는 만큼 결국에는 나 자신과 사회를 생각하게 되고 문제의식을 갖게 될 것이라고 저는 생각합니다.

평생 학습이 필요한 시대, 독서가 답이다

다시 한 번 앞의 이야기들을 종합해보자면 지식정보화 시대는 읽기의 시대라 할 수 있습니다. 저는 산업화 시대를 살았던 사람이라 중간에 잠깐 방황했을지라도 '교과서→문제집→교과서→문제집'을 열심히 풀면서 대학에 들어가고 임용고시에도 합격해 교사가 될 수 있었습니다만, 요즘 같아서는 제가 임용고시를 봐서 제대로 통과할 수 있었을지 의구심이 듭니다. 지금의 임용고시는 논술문제나 서술형 문제도 많아졌고, 직접 가르치는 걸 시연도 해야 하니까요. 여러 모로 요즘 시대는 부모 시대와 굉장히 많이 달라졌고, 앞으로는 변화가 더 심해질 것입니다. 앨빈 토플러는 산업화 시대를 일컬어 소품종 다량생산의 시대라고 말했죠. 품종이 제한돼 있고 같은 물건을 대량으로 막 찍어내던 그 시대에는 윗사람이 무슨 말을 하는지 잘 듣고 이해해 그 사람이 원하는 걸 성실하고 책임감 있게 수행하는 사람이 필요했습니다. 따라서 이 시절에는 취업을 잘하려면 이해력과 성실성, 인내심, 책임감이 필요했던 거지요.

그러나 지식정보화 시대는 소품종 다량생산이 아닌, 다품종 소량생산의 시대입니다. 사람들이 경제적으로 풍요로워지면서 자신만의 개성을 찾기 시작했습니다. 똑같은 물건을 좋아하지 않고 나만의 개성을 살릴 수 있는 것들을 좋아하게 된 거죠. 그러면서 다양한 품종을 맞춤형으로 소량 생산하는 시대가 됐습니다. 이런 시대에는 사람에게 어떤 능력이 필요할까요? 아마도 창의성, 도전 정신, 소통 능력 등일 것입니다. 창의적이고 새로운 아이디어만 가졌다고 되는 것이 아니기에 도전 정신도 필요하고, 기술자, 심리학자, 인문학자 등 여러 사람과 협력할 수 있는 능력도 필요합니다.

다품종 소량생산의 시대에는 기존 제품들의 장단점, 취향의 변화, 세대별 특성 등 여러 자료를 취합해서 읽고 정확하게 분석한 다음 맞춤형으로 필요한 물건을 제작해낼 능력 또한 필요합니다. 그런 만큼 최근 다시 불고 있는 인문학 열풍의 이유를 알지 못하고 물건을 만들어내면 망할 가능성이 높습니다. '인간의 마음이란 어떤 것인가', '십대, 이십대, 삼십대, 사십대 등 각각의 특징은 무엇인가' 등등. 이런 것들을 알아야만 그들이 원하는 제품을 만들어낼 수가 있는 것이죠. 그러려면 열심히 읽고 전문지식을 쌓아야 합니다. 지식정보가 토대가 되고 그것으로부터 새로운 것이 나와 창의성이 발현되는 것이니까요. 창조라는 것은 무에서 나오는 것이 아니라 지식의 토대에서 나오는 것이라는 점을 잊지 않았으면 합니다. 그래서 지식정보화 시대는 읽기의 시대라고 말씀드리는 것입니다.

사람들의 취향 등에 관한 정보나 시대적 상황은 계속 변하기 때문에 읽기는 계속되어야 합니다. 예전에는 물건 하나를 사면 30년도 쓰고 50년도 썼지만, 지금은 기술 발전의 속도가 빨라지면서 휴대전화 하나도 몇 개월 단위로 바꾸는 시대가 됐죠. 지식정보도 지속적으로 업그레이드되고 있습니다. 이걸 끊임없이 공부해야 하기에 '평생 학습의 시대'라는 말도 나오게 됐죠.

직업도 달라졌습니다. 예전에는 첫 직업이 평생 직업이 되면서 30년 정도 지속되었다면, 지금 십대, 이십대들은 직업을 평생 20회가량 바꾸게 될 것이라고 합니다. 이제 안정된 직업 내지 평생직장이라는 개념이 사라진다는 거죠. 곧 2년 단위 계약직으로 직장을 계속 옮겨 다니거나 5년, 10년 단위로 직업이 바뀌는 일도 흔하게 됩니다. 제가 학교를 그만둔 게 57세 때였는데, 58세인 작년부터 시작된 연금이 죽을 때까지 나옵니다. 30년 일한 대신 연금을 받기에 앞으로도 먹고살 걱정이 없는 거죠. 이건 직장이 좋았기 때문이기도 하지만 시대를 잘 만난 영향이 더 클 겁니다.

그런데 지금 십대인 아이들에게 과연 이런 일이 가능할까요? 아마 어렵지 않을까 싶습니다. 연금은 돈을 벌어주는 젊은 사람이 있을 때 계속 받을 수 있는 건데, 우리 사회가 고령화 사회에 접어들면서 젊은 사람이 점점 줄어들고 있습니다. 현재 십대인 아이들은 평균수명이 120~130세가 될 거라 하죠. 미래에 로봇 시대가 되어 인간 장기를 교체할 수 있게 되고, 복제까지 가능해지면 그 이상까지 살 수도 있을 겁니다. 그런데 이때가 되면 먹고사는 문제를 어떻게 해결해야 할까요? 이것이 진짜 문제일 것입니다. 이때가 되어 또 다른 방법이 나올 수도 있겠습니다만, 미래학자들은 지금 십대인 청소년들의 경우 앞으로 백 살이 되더라도 연금 없이 스스로 벌어먹고 살아야 할지도 모른다고 말합니다. 십대만이 아닙니다. 이삼십대 또한 살길이 막막합니다. 과도기에 있기 때문이죠. 수명은 늘어나고, 직장은 구하기 힘들고, 어떻게 살아야 할지 판단하기가 참 어려운 상황입니다.

그렇기 때문에 평생 학습이 중요하죠. 대학 졸업 후 첫 직장에 목숨을 걸 게 아니라 계속 변화되는 상황 속에서 새로운 흐름을 배우며 살아가야 할 테니까요. 평생 학습을 위해서는 읽기가 중요하다고 말씀드렸죠? 이 같은 읽기의 시대, 창의성의 시대, 평생 학습의 시대를 맞아 우리가 함께 협력해 나가야 할 것입니다. 이후에 시간이 될 때마다 제가 말씀드린 것들에 대한 구체적인 내용을 하나하나 찾아보시고, 여러 전문가들의 이야기를 더 공부할 기회를 가지시면 좋겠습니다.

그렇다면 다시 묻습니다. 지금, 왜 독서일까요? 예전에는 소수의 사람들이 권력을 잡고 리더가 되기 위해 독서를 했다면, 지금은 꼭 리더가 아니라 할지라도 독서를 필요로 하게 되었습니다. 농경사회에서 산업화 시대로, 다시 산업화 시대에서 지식정보화 시대로 명칭이 변화한 것은 지식정보가 몇 사람에게만 필요한 것이 아니라 대다수의 사람들에게 필요한 시대가 됐기 때문입니다. 지식정보화 시대에 지식정보는 밥의 문제와도 결부가 돼 있는 만큼 독서를 하면 인성과 밥, 두 마리 토끼를 모두 잡을 수 있습니다. 어찌 보면 저는 독서운동을 하는 사람으로서 시대를 잘 만났다고 생각합니다. "인성 때문에 독서를 해야 합니다"라고 말하면 아무래도 효과가 떨어질 거예요. 그런데 지금은 이렇게 "두 마리를 다 잡을 수 있으니 독서합시다"라고 말할 수 있는 시대가 됐습니다. 이렇게 때를 잘 만난 덕분에 제가 독서운동가라는 것을 직업으로 가질 수 있었던 것 같습니다.

지식정보화 시대에 독서는 개인이 아니라 국가의 문제입니다. 모든 사람에게 독서가 필요한 시대가 됐는데 각자가 알아서 하라는 식으로 개인에게 맡겨두는 것은 말이 안 되죠. 각자가 알아서 하라고 하면 어떤 일이 벌어지는 줄 아세요? 빈익빈 부익부 현상이 일어납니다. 이렇게 중요한 생존의 문제인 독서를 개인에게 맡겨버리면 어렸을 때부터 독서 환경이 좋았던 아이들은 책을 쉽게 접하게 되고, 독서 환경이 조성되지 않은 아이들은 책에서 멀어질 수밖에 없을 테니까요. 대체적으로 생계에 급급하고, 배움의 기회가 부족했던 부모와 자녀들이 책을 멀리할 확률이 높습니다. 이렇게 되면 독서 환경의 불평등으로 인해 또 다른 사회적 불평등이 야기되는 거죠. 그런 만큼 '독서 기회'는 국가가 나서 교육을 통해 누구에게나 공평하게 제공해야 한다고 생각합니다.

선진국의 독서 교육 사례

이제부터는 독서 선진국의 사례를 살펴보도록 하겠습니다. 첫 번째 사례는 미국의 드와이트 학교인데요. 미국에서도 상류층이 밀집해 있다는 뉴저지 주 잉글우드 지역에 있는 사립학교입니다. 이 학교의 경우 초등학교 1, 2학년 때 사서 교사와의 만남 시간이 교육 과정에 일주일에 한 시간씩 배치되어 있습니다. 반드시 참석해야 하는 교육 과정에 독서 수업 시간이 정식으로 들어 있는 셈입니다.

본래 저학년 아이들의 책읽기에서 가장 좋은 방법 중 하나가 그림책 등을 읽어주는 것인데요. 다만 읽어줄 때 주의할 점이 있습니다. 제가 이 학교 수업을 참관하면서 깜짝 놀랐던 것도 바로 이 부분이었습니다. 대부분의 어른들이 책을 읽은 뒤 독후 활동을 해요. 아이들에게 모르는 것이 있는지 물어보고 설명도 해주죠. "네가 만약 여기에 있는 블랙독을 봤으면 어떻게 했을까?"라는 식으로요. 통상 마지막에는 "이 작가는 왜 이런 얘길 썼을까?"라면서 주제를 파악하게끔 유도하죠.

이 대목에서 한국의 부모님과 선생님들은 굉장히 비슷한 양상을 보여요. 예를 들어 〈흥부와 놀부〉를 읽어준 뒤 부모님이나 선생님이 "작가는 왜 이런 이야기를 썼을까?" 하고 물어봤는데 아이가 "놀부처럼 지혜로운 사람이 되라고요"라고 대답했다 쳐요. 그러면 우린 아마도 어색한 표정으로 "뭐라고?" 하면서 반문할 겁니다. "흥부처럼 아이들을 막 낳으면 안 돼요" 같은 대답이 나와도 마찬가지죠. 속으로 '도대체 책을 어떻게 읽은 거야'라고 생각하면서 아이에게 "책을 다시 한 번 읽어보렴", "다시 한 번 생각해보렴"이라고 할 겁니다. 이게 대부분의 한국 어른들이 보이는 반응이죠. 그런데 드와이트 학교의 사서 선생님은 열 명이 각자 다른 대답을 할 때마다 "아, ○○은 그렇게 생각하는군요" 하고 학생들의 생각을 수용하기만 할 뿐 끝까지 객관적인 코멘트를 하지 않더라고요. 그러고는 아이들이 책을 더 읽어달라고 하니 다른 책으로 넘어가요.

신기하지 않나요? 우리나라의 선생님 중 이런 방법이 당연하다고 생각하는 분은 0.1%가 될까 말까 할 겁니다. 우리는 획일적인 정답에 찌들어 있으니까요. 그렇다 보니 사고가 획일적이고, 삶의 방식도 획일적이죠. 작품 해석도 다 같이 똑같아야 하고, 항상 모범 정답이 있다고 생각합니다. 우리는 왜 그럴까요? 아마 어려서부터 항상 정답을 고르는 훈련을 받았기 때문일 겁니다. 시험을 볼 때마다 정답은 하나였죠. 선생님이 가르쳐준 답 내지 참고서가 정답이라고 하는 답을 골라야지, 내 생각을 쓰거나 말하면 늘 틀렸다고 했으니까요. 저의 경우 어렸을 때 그런 일을 몇 번 당하고 나서는 다시는 그렇게 하지 않게 됐습니다. '내 상상력을 발휘하면 안 되는 거구나', '정답을 얘기해야 하는 거구나'라는 걸 경험을 통해 자동으로 익히게 된 거죠. 그래야 점수가 잘 나왔으니까요. 여러분도 비슷한 경험이 있지 않나요? 이런 것들이 우리도 모르는 사이에 우리의 존재를 형성하고 생각을 지배해왔던 겁니다. 그러면서 나 자신을 만들어왔던 거고요. 그러니 우리가 이 획일적인 사고에서 벗어나기란 너무너무 힘이 듭니다.

반면 드와이트 학교의 사서 교사는 모든 답변을 자연스럽게 받아들였습니다. 그래서 수업이 끝난 뒤 제가 물어봤죠. 왜 그렇게 하는 거냐고요. 그랬더니 이 분 대답이, 초등학교 1, 2학년 단계에서 책 읽어주기를 정규 수업 과정으로 넣은 이유는 아이들에게 책 읽는 재미를 심어주기 위해서라는 겁니다. 책이 재미있어야 읽게 되고, 일단은 이렇게 읽기 시작해야 평생 읽을 수 있게 되니까요. 다시 말해 이 학교 독서 교육의 목표는 평생 독서가를 길러내는 것이었습니다. 그러자면 그 첫 번째 단계가 책의 재미를 아는 것이죠. 만약 정답을 잘 맞히는 아이는 칭찬받고, 엉뚱한 소리를 하는 아이는 "다시 생각해보라"는 얘기를 반복적으로 듣게 된다면 엉뚱한 소리를 한 아이는 독서 시간을 두려워하게 되고 자유롭게 상상의 나래를 펼 수 없게 되겠지요. 이렇게 되면 책이 재미보다 두려움 내지 공포의 대상이 될 수 있다는 거죠.

'아이에게 책이 재미있다는 것을 어떻게 온몸에 심어줄 것인가?' 여러분도 오늘 이 얘기를 뼛속까지 담아가신다면 초등 독서 고민은 다 해결되실 거라 생각합니다. 책이 재미있다는 것을 온몸에 심어주기란 쉬운 일이 아닙니다. 일단, 적어도 2년 이상은 꼬박꼬박 정기적으로 책 읽어주기를 해주셔야 할 겁니다. 머리가 기억하는 것, 마음이 기억하는 것, 발이 기억하는 것이 전부 다르죠. 머리에서 마음을 지나 발까지 내려오려면 시간이 상당히 오래 걸릴 수밖에 없습니다. 그러니 책이 재미있다는 것을 몸으로 익히려면 적어도 일주일에 한 시간씩 2년간은 정기적으로 책을 읽어주고, 아이가 자유롭게 자기 생각을 열고 다가올 수 있게끔 독후 활동을 시도하셨으면 합니다. 정답을 맞히려 하지 마시고요.

드와이트 학교의 경우 초등학교 1, 2학년을 제외한 나머지 학년 학생들에게는 개인 노트북을 나눠주었습니다. 그러고는 정보 교사가 상급학년 아이들에게 인터넷을 검색하는 방법, 원하는 사이트를 찾아들어가는 방법, 표절과 인용의 차이점, 출처 밝히는 방법 등등을 가르쳐주었어요. 교과 선생님들의 경우 교과서가 있어도 교과서만으로 수업을 하는 일은 거의 없었습니다. 대신 학생들이 자료를 찾아보고 토론하고 발표하는 식으로 수업을 진행했죠. 수업 시간에 아이들은 컴퓨터를 꺼내놓고 정보 교사한테 배운 대로 환경오염의 원인, 공기오염의 원인 등을 찾아보았습니다. 이를 바탕으로 모둠별로 조사한 내용을 분석하고 발표하고 토론하는 식으로 수업이 이뤄지는 거죠.

미국의 상류층 부모들은 초등학교 1, 2학년 때까지는 집에서 아이들이 컴퓨터 앞에 얼씬도 못 하게 한다고 합니다. 책과 먼저 친해져야 할 아이들이 컴퓨터에 노출되면 그 화려한 영상에 빠져들기 십상이기 때문이죠. 책은 사실 그림이 예쁘긴 한데 소리도 없고 움직임도 없으니 답답할 수밖에 없습니다. 글씨가 많은 책은 더더욱 재미있어 보일 리가 없죠. 그렇다 보니 아이들 머릿속에는 책이 재미없다는 생각이 깔려 있습니다. “우리 아이가 왜 이렇게 책을 안 읽는지 모르겠다”라고 호소하는 분들이 있던데, 일단은 책이 재미없어 그렇다고 답해드릴 수밖에 없어요. 책 이외에 재미있는 게 너무 많으니까요. 그렇기에 아이에게 책을 읽게 하려면 굉장히 적극적인 노력이 필요합니다. 그냥 읽으라고 해서는 안 됩니다. 이 때문에 드와이트 학교에서도 이렇게까지 노력을 하고 있었던 거죠. 어릴 적에는 책과 친해지게끔 정기적으로 세뇌를 시키고, 책과 어느 정도 친해진 뒤로는 지식정보화 시대에 대비해 컴퓨터와 정보를 능수능란하게 다룰 수 있게끔 교육을 시키는 식으로 말이죠.

드와이트 학교에서는 중·고등학생이 되면 굉장히 넓은 도서관으로 옮겨 수업을 받습니다. 수업 시간인데도 교사는 어디 있는지 잘 보이지 않았고, 아이들끼리 수업을 진행하는 모습이었습니다. 도서관 내부에 모둠 방이 여러 개 있는 것도 눈에 띄었습니다. 학생들은 그 안에서 각자가 모둠별로 토론을 진행하고 있었죠. 사지선다형으로 답을 고르는 일도 없었습니다. 대신 스스로 주어진 과제를 조사해 발표하고 리포트를 쓰는 모든 과정이 점수로 환산되고 있었죠. 백이면 백, 천이면 천, 똑같은 정답을 요구하는 것은 획일적인 시대에나 효용성이 있었을 뿐입니다. 그런 만큼 이 학교에서는 지필평가를 아예 없애버렸다고 해요. 대신 수업 시간 내내 읽고 쓰고 토론하면서 자기만의 답을 찾는 훈련을 쌓고 있었던 거죠. 이런 것들을 몸에 익히다 보면 스스로 공부할 수 있는 힘이 생기면서 고등학교 졸업 이후에는 스스로 길을 찾아갈 수 있게 된다고 합니다. 이런 사례를 보면서 우리는 어떻게 해야 할지, 절로 눈물이 났어요.

그런가 하면 미국 챈틀리 고등학교 도서관에 가니 장서들이 논픽션 일색이었습니다. 통상 우리는 동화책, 만화책, 소설 읽기 정도에서 책 읽기 경험이 끝나는 경우가 많죠. 더러는 베스트셀러라는 실용도서도 몇 권 읽지만, 철학책·과학책·예술 관련서 등은 그

분야에서 일하는 사람이 아니고는 거의 읽지 않습니다. 중·고등학생 또한 철학·역사·종교서 등을 읽어도 이를 스스로 분석하지 못하죠. 옆에 참고서가 있어 주제 파악도 해주고 핵심도 설명해줘야 그나마 이를 이해합니다. 사실 철학서는 옆에서 이렇게 설명을 해줘도 이해하기가 쉽지 않죠. 전문적인 배경 지식 없이 그냥 읽을 수 있는 책이 아니니까요. 이런 책들은 어려서부터 차근차근 독서 교육을 쌓아오지 않으면 읽어내기 어렵습니다.

그런데 지금 우리 현실은 초등학교 단계에서 거의 독서가 끝나고 있죠. 사실 초등학생 때는 독서로 이끄는 게 그리 어렵지 않습니다. 제가 오늘 강의 끝부분에 약간의 시범을 보여드릴 텐데, 그 방법대로 하면 웬만한 아이들은 독서를 좋아하게 돼 있어요. 문제는 중학교부터입니다. 중학교부터는 인문서 읽기에 들어가야 하는데, 학원을 다니다 보면 딱딱하고 어려운 책을 읽을 시간이 없죠. 초등학교 때는 그래도 말랑말랑한 책이다 보니 읽을 수가 있었습니다만……. 그렇다 보니 중학교 이후로는 아이들이 점점 책을 읽지 않게 됩니다. 반면 "이 책은 시험에 나온다"고 하면 아무리 딱딱한 책도 억지로 읽죠. 재미있어 독서를 하는 게 아니라 어쩔 수 없이 하게 되는 겁니다. 시험에 나오지 않는다면 독서를 할 이유가 없죠.

이 문제를 어떻게 해결해야 하나, 생각할수록 저는 잠이 오지 않습니다. 독서 선진국을 견학한 날이면 아이들이 공부하는 것을 보고 호텔로 돌아와 도무지 잠을 이룰 수가 없었어요. 저 혼자 참 많이 울기도 했습니다. 제가 교사로 오랜 기간 재직했기에 우리나라 아이들의 현실을 많이 알고 있는데요. 한국 학교에서 중학교 아이들, 특히 중2들은 정신이상자 같을 때가 많죠. 수업 시작종이 울려 교실에 들어가 보면 앉아 있는 아이들이 거의 없습니다. 자리에 앉히는 데만 5분이 넘게 걸려요. 수업이 시작돼도 집중시키기가 어렵습니다. 떠들면서 소리를 질러대죠. 그런가 하면 고등학생들은 조용합니다. 아예 떠들지도 않고 다들 엎드려 자고 있으니까요. 이해는 되죠. 날마다 학교와 학원을 반복해 오가다 보니 아이들도 잠잘 시간이 부족할 테니까요. 선행학습으로 이미 수업 내용을 다 배웠다고 생각하는 아이들은 교실에서 더 배울 것이 없다고 생각할 겁니다. 반면 기초가 없는 아이들은 고등학교 공부를 따라갈 수가 없어 그냥 자고 있겠죠. 이런 사정을 아는 만큼 교사도 아이들을 깨울 수가 없습니다. 아이들이 왜 그렇게 산만하냐고요? 아이들도 분노를 해소할 데가 없어 "나도 인간이야"라고 외치고 있는 건데, 거기다 대고 어떻게 야단만 칠 수 있겠어요?

예전에 한국을 방문한 핀란드인 교장과 한국 교사들이 만날 기회가 있었어요. 그가 한국 교사들에게 마지막으로 남긴 한 마디가 매우 인상적이었습니다. "한국의 선생님들은 굉장히 헌신적이다. 아이들을 위해 아침부터 밤까지 수고한다. 부모님들도 대단히 헌신적이다. 허리띠를 졸라매면서 그 사교육비를 다 대고 있더라. 그런데 여러분이 심리학을 공부했으면 좋겠다. 아이들의 마음을 살폈으면 좋겠다. 어른들이 욕심은 많은데 아이들에 대한 이해가 부족한 것 같다." 강의 앞부분에서도 얘기했지만, 아이들을 교육시키려면 근본적으로 '인간이란 무엇인가'라는 질문부터 해야 한다는 겁니다.

〈손자병법〉에 이런 얘기가 나오죠. 지피지기면 백전백승이라고요. 저는 병법하고 교육법이 비슷한 데가 있다고 생각합니다. 아이를 잘 기르기 위해서는 아이가 누구인지를 알아야 해요. 우리 아이는 어떤 아이인지, 마음 상태는 어떤지, 어떤 꿈을 꾸는지…… 이런 것들을 알아야 아이를 잘 기를 수 있는데, 부모님들이 자신의 욕심은 알면서 정작 아이에 대해서는 잘 몰라요. 선생님들도 똑같은 상황이구요. 내가 무엇을 가르칠지는 아는데, 아이들에 대한 이해가 부족한 거죠. 이렇게 아이들이 이해를 받지 못하다 보니 돌출 행동을 하게 되는 거고요. 아침부터 밤까지 공부에 매여 있어야 하니 아이들이 어떻게 제정신일 수가 있겠어요?

우리 아이들이 이렇게까지 고생을 해가면서, 인격도 망가지고 꿈도 꾸지 못한 채 공부에만 매진하는 이유가 결국에는 입시 잘 치러서 좋은 대학 나오고 취업 잘해 잘 먹고 잘살기 위한 것일 텐데요. 지식정보화 시대에는 이조차 성립하지 않는다는 거죠. 아이들이 진짜 자기가 누군지 묻지 않고 나만의 생각도 갖지 못한 채 읽고 쓰고 토론하는 능력을 갖추지 못한다면, 다시 말해 평생 학습 시대에 평생 공부할 능력을 갖추지 못한다면 앞으로 어쩌겠다는 건가요? 잘 먹고 잘살기는커녕 그냥 먹고살기도 어렵겠다는 생각이 절로 들죠. 이런 생각을 하면서 밤마다 잠을 이루지 못한 겁니다.

지금 우리가 무엇을 하고 있는 걸까요? 열심히만 한다고 다 좋은 것은 아닙니다. 일제강점기에 학생들을 성실히 가르쳤던 선생님은 친일파를 길러냈어요. 그렇기 때문에 철학과 방향이 중요한 것입니다. 어떤 철학을 가지고 어떤 방향으로 갈 것인지에 대한 기초가 든든히 밑받침되어야 합니다. 그 토대 위에서 방법이 나와야죠. 이 같은 기초 없이 시대와 맞지 않는 방향을 향하고 있으면서 열심히만 한다고 뭔가가 되지는 않습니다. 오히려 아이들을 죽일 뿐이죠.

미국이나 북유럽에서는 오후 3시 반만 되면 고등학생들도 다 수업이 끝납니다. 3시 이후 학원을 가지 않으니 보통 1~5개씩 클럽활동을 하죠. 애니메이션을 연구하는 아이, 일본 만화를 연구하는 아이, 청소년 의회 활동을 통해 정치가의 꿈을 키우는 아이 등등 자기가 원하는 각양각색의 활동을 통해 자신의 관심사와 취향·적성을 확인하고 세상을 몸으로 경험하고 다닙니다. 그런데 우리 아이들은 클럽활동이 형식으로 그치는 경우가 많고 방학도 제대로 없어요. 보충수업도 해야 하고, 각 과목 문제집도 쌓아놓고 풀어야 하니까요. 그렇다 보니 여행은커녕 독서할 시간, 생각할 시간, 탐색할 시간도 없죠. 세상을 경험할 시간은 더더욱 없고요.

책 읽고 글 쓰고 토론 이끌 교사 양성해야

캐나다 토론토에 있는 조이스 초등학교 도서관의 사례를 살펴볼까요? 본래 이 학교는 주변 환경과 교육 환경이 열악하기로 유명한 학교였다고 해요. 성적이 최악인 것은 물론 툭하면 폭력이 난무했다고 합니다. 제3세계 이민자 비율도 굉장히 높아서 학생들이 쓰는 언어만 20여 개에 달했다고 하고요. 이 학교에 새로 부임한 교장선생님이 고민에 빠진 거예요. 어떻게 하면 이런 환경적 약점을 극복하고 아이들을 바로잡을 수 있을까 해서요. 그러다 이 선생님은 독서가 핵심이라는 결론을 내립니다. 아이들이 독서를 통해 울고 웃고 상상하다 보면 내면의 상처도 치유할 수 있으리라 기대한 거죠. 나아가 모든 학습은 읽기에서 시작되니 읽기가 안 되면 학습은 불가능하다, 그런데 좋아하는 책을 읽다 보면 읽기 능력이 향상되고, 학습에 자신감도 갖게 된다. 이런 생각으로 독서가 핵심이라 판단한 거죠.

이에 '어떻게 하면 아이들이 책을 읽게 될까?'를 고민하던 교장 선생님은 도서관의 벽을 허물고 구조를 바꾸는 작업에 착수합니다. 각자 교실 문을 열고 나오기만 하면 도서관으로 곧바로 연결되게끔 만들어버린 거죠. 저학년 교실은 다양한 책을 비치해 아예 도서관처럼 꾸몄고요.

이 학교에서처럼 도서관은 무엇보다 접근성이 중요합니다. 여러분도 아이를 어려서부터 독서로 이끌고 싶다면 책을 가까이에 두는 것이 좋아요. 제가 부모님들께 특히 부탁드리는 것도 아이만의 서가를 만들어주시라는 겁니다. 엄마, 아빠 책을 다 섞어놓은 것 말고 아이만을 위한 책장을요. 그리고 서점에 가면 아이가 좋아하는 책 두 권에 부모님이 아이에게 추천하는 책 한 권, 이렇게 세 권 정도를 사주시면 좋을 것 같습니다. 그래야 자기 서가에 책을 꽂아 모으는 재미를 느낄 수 있을 테니까요. 심심하면 바로 꺼내 읽을 수도 있을 거고요.

이렇게 늘 곁에 있는 도서관의 실례가 바로 조이스 초등학교 도서관입니다. 학교 차원에서 이런 시스템을 갖춰주니 아이들이 책 읽기가 아주 좋았던 거죠. 이 학교의 경우 독서 교육의 부족한 인력은 인근 공공도서관과의 자매결연을 통해 해결했다고 합니다. 유치부 독서 시간을 공공도서관 사서가 맡아 책 읽어주기를 하는 식으로요. 미국 드와이트 초등학교와 마찬가지로 컴퓨터 교육도 중요하게 생각하고 있었고요. 사서 교사가 학생들에게 컴퓨터 사용법을 알려주면 교과 교사가 그 내용을 가지고 주제 학습을 하는 형태로 협력 수업을 진행하고 있더군요.

이번에는 핀란드 키르코야르베 종합학교의 사례를 살펴보겠습니다. 앞에서 살펴본 미국 사례는 일반 학교가 아니라 경제력을 갖춘 사람들이 개인의 돈을 몇 천만 원씩 들여서 양질의 교육을 하는 사립학교 사례들입니다. 이들 학교 저학년의 경우 교사당 학생 수가 10~15명 규모더군요. 그런데 핀란드는 일반 학교가 이런 환경을 갖추고 있습니다. 핀란드에서 제가 방문한 곳은 저소득 지역에 있는 일반적인 종합학교였는데요. 이 학교의 경우 별도의 수업료 없이 학생 10~15명당 교사가 두 명씩 배치돼 있었습니다. 이민 온 지 얼마 안 돼 핀란드어를 못하는 학생에게는 그 학생의 모국어를 구사할 수 있는 선생님이 따로 붙어 있었고요. 핀란드어도 함께 가르치고 있었습니다. 나아가 읽기와 쓰기, 셈하기는 모든 학습의 토대인 만큼 저학년 아이들 모두가 읽기, 쓰기, 셈하기를 반드시 익힐 수 있도록 시간을 굉장히 많이 할애해 한 명 한 명 모두에게 이를 가르치고 있었습니다.

노르웨이 노르베르그 중학교에서는 학생들의 기술 시간을 견학하게 됐습니다. 앞에서 말씀드렸듯이 이제는 읽고 쓰기뿐만 아니라 다양한 경험도 중요한 시대가 됐는데요. 이 학교 아이들이 기술 시간에 의자를 만드는 것을 보니 모두가 다른 모양의 의자를 만들고 있었습니다. 빵을 만들 때도 각각 다양한 빵을 만들고요. 빵이든 의자든 창의적이어야 한다는 것이 이들의 생각이었습니다. 반면 우리나라에서는 실습 시간에도 똑같은 재료를 나눠주고 똑같이 만들라고 하죠. 떡볶이를 만들 때도 같은 재료를 나눠주고 똑같이 만들어야 점수가 잘 나옵니다. 우리의 방식과 이들의 방식 간에 이미 이렇게 큰 차이가 나고 있는 걸 보니 별별 생각이 다 떠올랐습니다. 우리는 어떻게 해야 할지, 이 모든 것을 다 바꿔야 할 텐데 과연 바꿀 수는 있을지, 무엇을 바꾸면 변화의 시작이 가능할지, 제일 첫 번째 단계로 해야 할 일은 무엇일지, 학교 교육을 어떻게 바꾸어야 할지, 그냥 이대로 살아도 괜찮을지 등등요.

대한민국은 근대화가 늦었죠. 그 바람에 빠른 근대화에 성공한 일본에게 식민 지배까지 당했습니다. 당시 양반들은 신식 학교가 만들어졌는데도 딸들은 못 가게 했죠. "아녀자가 어디를 가느냐, 규방에 있거라" 하는 식으로요. 그뿐인가요. 양반은 천박한 장사를 할 수 없고, 과학기술은 중인이나 하는 것이라는 생각을 고집하다가 큰코다쳤습니다. 그 바람에 너무나 많은 사람들이 피해를 입었죠. 양반들은 그나마 먹고살 수 있었겠지만, 백성들은 무수히 죽어나갔습니다. 저는 패러다임이 변화되고 있는 이때에 똑같은 일이 벌어지고 있다는 생각이 듭니다. 이런 시대적 변화를 우리가 제대로 인지하지 못하는 사이, 선진국들은 미래를 대비하고 다가오는 시대에 필요한 인재들을 길러내기 위해 교육 현장부터 변하고 있는 거고요.

아이들이 격변의 시대에 살아남으려면 지식정보를 자유자재로 내 것으로 만들어야 하는데, 이를 내 것으로 만든다는 게 쉬운 일이 아닙니다. 책을 읽는 것도 공부처럼 굉장히 어려운 일이죠. 그냥 읽으라고 해서 되는 일이 아닙니다. 그렇다고 읽을 사람은 읽고, 읽기 싫은 사람은 읽지 말라는 식으로 불평등을 용인할 수도 없습니다. 그러니 평가 방식을 바꿔야죠. 정해진 정답을 맞히려면 아무래도 문제를 반복해서 풀고 선행학습을 한 사람이 유리합니다. 이 때문에 우리나라처럼 교육열이 높은 환경에서는 학원을 계속 보내게 되는 거죠. 그런데 이렇게 되면 독서할 시간이 점점 더 없어집니다. 악순환이 계속되는 셈입니다. 따라서 정답을 요구할 게 아니라 너의 생각을 말해보라는 쪽으로 평가를 바꾸어야 하는 것입니다. 더불어 지금처럼 교과서로만 수업을 진행하고 평가를 하게 되면 학생들이 교과서만 달달 외우고 책을 읽지 않게 됩니다. 앞에서 예를 든 나라들이 교과서를 치우고 도서관의 수많은 책과 컴퓨터 자료들을 활용해 공부를 하게 된 것은 이 때문입니다. 이외에 다른 방법은 없습니다. 한국이 미래에 살아남으려면 모든 아이들에게 동일하게 적용하는 평가 방식을 바꾸고 교과서를 한쪽으로 치우는 방법밖에 없습니다.

문제는 이것의 실행 가능 여부겠죠. 물론 중학교에 자유학기제를 도입하듯 정책은 바꿀 수 있습니다. 교육부에 연구 인력도 많고, 그들의 해외 방문 경험도 많습니다. 그런데도 변화가 어려운 것은 이해관계가 복잡하게 얽혀 있기 때문입니다. 게다가 정책을 바꾼들 현장에서 이를 감당하기가 어렵습니다. 이런 교육이 가능하려면 교사들이 먼저 책을 많이 읽고 글을 써야 하고 토론을 이끌 수 있어야 합니다. 그런데 우리나라에서는 교사들도 그런 교육을 받아보지 못했습니다. 그 결과 많은 교사들이 글 쓰는 것을 힘들어 하죠. 교사뿐만 아니라 이 나라 사람들 대부분이 그렇습니다. 제가 학부모 모임도 많이 하고 주민 독서 모임도 많이 해봤는데 독서 모임에 와서 책 읽고 토론하는 것까지는 잘합니다. 그런데 글을 써오라 하면 다들 도망가요. 아이들도 아마 책은 읽을 겁니다. 그런데 독후감을 쓰라고 하면 다 도망가려 해요. 애나 어른이나 그만큼 글쓰기를 싫어하는 거죠.

지금까지야 그래도 큰 문제가 되지 않았습니다. 정답에 동그라미만 잘 그리면 되는데 굳이 글을 쓸 이유가 없었으니까요. 하지만 이제는 바뀌어야 합니다. 꼬리에 꼬리를 무는 악순환을 어떻게 풀지는 사실 굉장히 어려운 문제죠. 일단 시스템을 바꿔놓는다 하더라도 교사들이 감당하기 어렵기에 교사 연수가 필요할 겁니다. 그런 교육이 가능하도록 교사들이 준비돼 있어야 할 테니까요.

독서 모임 30만 개 만들자

2012년 11월, 대통령 후보들과의 만남의 자리에 제가 학교도서관 정책 제안자로 참여할 기회가 있었습니다. 당시 저는 교과서를 없애고, 획일적인 정답을 요구하는 평가를 개선하고, 수능을 폐지하는 등 중장기 계획을 수립해야 한다고 제안했습니다. 교사 독서 연수와 교사 학습 연구 모임에 집중적으로 예산을 투자해달라고도 요구했습니다. 이제부터 사범대와 교육대 교육 과정에 읽고 쓰고 토론하는 것을 편성해 예비교사들이 이를 익히고 졸업할 수 있게 해달라는 요청도 했지요. 이를 통해 교사가 먼저 준비하도록 기회와 시간을 달라고요.

설사 이런 제안이 받아들여진다 해도 이것이 제대로 정착되려면 10~30년은 걸릴 겁니다. 그러니 지금 여러분의 자녀에게 혜택이 돌아가진 않을 거예요. 이런 교육을 받을 수는 없을 테니까요. 그럼에도 불구하고 한 나라의 시스템을 한순간에 바꿀 수는 없기에 부모들이 나서야 한다는 겁니다. 물론 시간을 좀 더 단축시키기 위한 노력은 할 수 있겠지만, 단시간에 많은 것을 바꾸기란 불가능하기에 현재의 초·중·고 아이들은 굉장히 힘든 시간을 보낼지도 모릅니다.

그래서 제가 우선 급한 대로 제안하는 것이 독서 모임의 활성화입니다. 이건 시스템이 바뀌지 않은 상황에서도 충분히 실현 가능합니다. 학생들의 경우 학원 시간을 줄이고 주말 시간 등을 이용해 서너 명이 모여서 독서 모임을 꾸리면 됩니다. 부모들도 혼자 고민하기보다는 독서 모임을 통해 우리 아이를 어떻게 이끌어야 할지, 어떤 책을 읽어줘야 할지 함께 연구하면 되죠. 부모님들이 이렇게 모이다 보면 그 영향이 아이들에게도 흘러가게 되겠죠. 그래서 저는 학교, 기관, 직장, 부모 등이 나서 독서 모임 30만 개를 만들어보자고 제안하고 다닙니다. 제가 학교를 그만둔 것도 독서 모임 30만

개를 만들기 위해서예요. 이 일이 너무나 급하다고 생각했거든요. 이런 국가적 차원의 문제에 발 벗고 나선 걸 보고 저를 굉장한 애국자로 여길 분도 계실 것 같은데, 특별히 애국자라기보다는, 누구라도 존재와 삶에 대해 질문을 던지며 고민하다 보면 그렇게 되는 것 같습니다. 교육 문제를 계속 고민하면서 어떻게 해야 아이를 잘 키울까 생각하다 보니 여기까지 온 것 같아요. 그러다 다른 나라는 어떻게 교육하고 있나 살펴본 것도 영향을 미쳤고요. 여러분도 처음부터 확실한 무언가를 찾기보다 고민을 하며 계속 나아가다 보면 언젠가는 길을 찾게 될 것이라고 저는 생각합니다.

민주 시민을 기르는 곳이 바로 도서관

대형 쇼핑센터와 함께 있던 스웨덴 쿨투후셋(문화의 집)도 소개해드리고 싶네요. 꼭 학교 도서관이 아니라도 좋습니다. 어찌 됐든 도서관은 아름다워야 하고 또 접근성이 좋아야 합니다. 이곳 도서관은 산속에 있는 것이 아니라 백화점과 함께 있어요. 그뿐만 아니라 이곳 도서관은 책만이 아니라 아이들이 좋아하는 영화와 음악을 함께 즐길 수 있게끔 시설이 갖춰져 있었습니다. 영화를 찍으려고 해도 책을 읽어야 하고, 음악을 더 깊이 감상하기 위해서도 책을 읽어야 하는 만큼 아이들이 좋아하는 것을 접촉점 삼아 책에 다가갈 수 있게끔 모든 것이 배치돼 있었던 거죠. 그런가 하면 쿨투후셋 어린이 도서관은 건축의 상상력과 색감이 굉장히 뛰어났습니다. 이곳에는 알파벳 책꽂이도 있고, 바나나 모양 조형물도 있고, 구름다리도 있어요. 이런 아이디어들은 자유로운 상상 속에서 나왔을 겁니다. 노랑, 주황 등 따뜻한 색을 많이 사용한 것도 특징적이었어요. 이곳에서는 아빠들과 함께 도서관을 방문한 아이들도 흔히 볼 수 있었습니다. 한 가지 특이한 점은 10~13세 아이들을 위한 전용 도서관이 따로 있는 거였어요. 사춘기 아이들은 자기들끼리만 있고 싶어 하잖아요. 그럴 때 우리가 "너네는 왜 그러냐"라고 야단을 칠 텐데, 이와 달리 북유럽에서는 "그 나이 때는 다 그런 거 아니냐"라는 식으로 아이들을 수용한다는 느낌을 받았습니다. 사회 전체가 아이들을 끌어안아주고 포용해준다는 게 정말 감동적이었죠.

핀란드 셀로 도서관이나 파실라 도서관에서는 퇴근길에 아이와 함께 도서관에 들른 부모들을 볼 수 있었습니다. 핀란드 사람들은 오후 4시에서 4시 30분쯤이 되면 대부분 퇴근해요. 퇴근을 하면서 아이와 함께 도서관에 들러 책을 읽어주는 게 일상적인 문화인 듯했습니다. 북유럽의 경우 가정집에 서가가 잘 갖춰져 있는 데다 책 읽기가 밥 먹는 것처럼 일상적인 문화로 자리 잡고 있어서 그런지, 학교 도서관이 미국 도서관처럼 화려하진 않았어요. 대신 동네마다 공공도서관이 굉장히 많았습니다. 그 도서관마다 주민들에게 필요한 온갖 서비스를 제공하고 있었고요.

핀란드는 이동도서관이 많다는 점이 특징이었습니다. 이들 도서관은 시간표에 따라 마을 곳곳을 찾아간다고 합니다. 축제 장소도 찾아가고요. 노르웨이에는 배 도서관도 있었습니다. 이들 도서관은 한마디로 동사형이었습니다. 사람을 기다리는 게 아니라 직접 찾아다니고 있었으니까요. 도서관 서가에 바퀴가 달려 있어 필요에 따라 공간을 다양하게 활용한다는 점도 눈에 띄었습니다. 축제를 할 때는 이들 바퀴를 이용해 한구석에 서가를 밀어놓고 도서관 중앙을 거대한 홀로 활용한다더군요. 그런가 하면 도서관 프로그램도 고정돼 있지 않아 이용자들과 함께 만들어가는 식으로 운영되고 있다는 점도 흥미로웠습니다. 프로그램, 공간, 건물 등 모든 것이 움직이면서 고정되어 있는 것이 없는 동사형이었던 거죠. 이런 것들을 보면서 도서관에 대한 우리의 생각도 좀 더 유연해져야겠다는 생각을 했습니다.

반면 미국 보스턴이나 뉴욕의 공공도서관은 상당히 화려한 편입니다. 동네마다 도서관이 없는 곳도 거의 없었습니다. 재정을 얼마나 아낌없이 투자하기에 저런 도서관들을 짓고 운영할 수 있는지, 많이 부럽더군요. 미국이 빠른 속도로 강대국이 된 데는 건국 초기부터 도서관을 중요하게 여긴 힘이 컸으리라는 생각도 들었습니다. 미국 독립선언문의 기초를 작성한 제퍼슨 대통령이 이런 말을 했다더군요. "우리가 민주국가를 선포하고 건립했는데, 플라톤의 말처럼 민주정치가 중우衆愚정치로 빠지면 안 된다. 민주정치가 이루어지기 위해서는 국민들이 분별력이 있어야 하고, 제대로 된 판단을 하기 위해서는 지속적인 배움이 있어야 한다. 배우기에 가장 좋은 곳은 도서관이다."

그렇게 보자면 미국과 한국은 출발선 자체가 다른 것 같습니다. 우리의 경우 도서관을 중요하다고는 생각하지만, 가장 중요하다고까지는 생각하지 않죠. 도서관과 민주 시민을 연관 짓지도 못합니다. '도서관=취업을 준비하는 곳'이지 민주 시민을 기르는 곳이라고 생각하지는 못하니까요. 반면 미국인들은 '민주 시민을 기르는 곳이 도서관이다', '도서관은 시민의 대학이다'라는 말을 서슴없이 하고 있었습니다. 독서 선진국에서 도서관은 중요한 것 중 하나가 아니라 가장 중요한 것입니다. 특히 지식정보화 시대에는 독서가 인성뿐 아니라 밥 때문에도 중요하다는 것을 그들은 아주 깊이 인지하고 있었습니다.

아이들을 책으로 끌어들이는 방법

지금부터는 '우리 아이를 어떻게 독서로 이끌까'라는 주제로 말씀드릴게요. 오늘 살펴본 대로 우리가 처한 환경은 열악합니다. 도서관 환경도 열악하고, 교육 시스템은 여전히 정답 하나를 강요하고 있죠. 이 속에서 우리는 어떻게 독서 교육을 해야 할까요?

일단 그 첫 번째 방법은 '독서의 재미를 알게 하자'는 것입니다. 독서는 재미가 없으면 절대 할 수가 없어요. 만화책을 읽을 때도 뺏으면 안 됩니다. 공포물을 읽어도 막무가내로 뺏으면 안 돼요. 그냥 아이가 재미있어 하는 것을 읽게 하면 됩니다. 제가 우리 아이들과 해보니 서점에 가서 아이가 좋아하는 책 두 권, 부모가 좋아하는 책 한 권, 이렇게 세 권을 사주는 게 가장 좋은 방법이었어요. 저는 아이들을 학원에 거의 보내지 않았고, 그래서 사교육비가 들지 않았어요. 사교육비가 들지 않으니 책은 얼마든지 사줄 수가 있었죠. 왜 두 권 대 한 권 비율로 책을 사줬느냐고 물어보는 분들도 계시던데, 그래야만 아이가 부모 뜻대로 따라가면서 책을 봅니다. 자기도 양심이 있으니까 엄마가 사준 책도 같이 읽게 되거든요. 그래야 자기가 보고 싶은 책을 다시 사줄 거라는 기대도 생기고요.

우리 아이들의 경우 자기가 좋아하는 책을 고르게 했더니, 처음부터 끝까지 만화책만 골랐습니다. 정말이지 만화책을 좋아하더군요. 그래도 군말 없이 그 책들을 다 사줬습니다. 그 결과 우리 큰아이 방은 사방팔방이 다 만화책이에요. 큰아이 꿈은 만화 스토리 작가입니다. 실제로 지금 그걸 하고 있어요. 아직 완전하진 않지만 계속 쓰고 있습니다. 작은애는 조금 크니까 판타지 책만 사더군요. 판타지 책은 보통 1권부터 15권까지 시리즈로 나오는데, 제가 그 책들을 다 사줬어요. 재밌어 하고 좋아하니까. 지금 이 아이는 뭘 하고 있는지 아세요? 게임을 만들고 있어요.

아이를 키우는 건 말 그대로 '산은 산이요, 물은 물이로구나'를 깨닫는 과정이었어요. '이 아이들은 정말 나하고 다르구나'라는 걸 매번 느꼈죠. 남편과 살면서 '부부가 일심동체라는 건 말도 안 되는 소리구나'라는 걸 아는 것도 참 힘든 과정이었는데 말이에요. 저는 아이들이 제 유전자를 물려받았고 제 배 속에서 나왔기 때문에 저를 닮을 줄만 알았습니다. 그런데 공부를 잘하고 사회성이 좋은 편이었던 저와 달리 한 아이는 공부를 못하고, 한 아이는 사회성이 없더라고요. '도대체 애네들은 왜 이러지?' 싶어 이해가 안 됐는데, 큰아이가 4학년 때 통달을 하게 됐어요. '아, 이 아이는 내가 아니구나. 공부를 못한다는 사실을 그냥 받아들여야겠구나'라고 깨달으면서 만사형통하게 된 거죠. 다시 말해 내 입장에서 아이를 보는 것이 아니라 아이 입장에서 보게 된 순간 모든 것을 이해할 수가 있게 되었어요.

그때부터는 막힘이 없었죠. "그래 학교는 중학교까지만 다녀도 돼. 사람은 누구나 좋아하는 것이 한 가지씩은 있단다. 네가 잘할 수 있는 걸 찾아보자"라고 했더니 모든 일이 다 풀렸습니다. 아이 키우는 일, 참 쉽죠? 네, 그래요. 나를 버리면 됩니다. 아이 입장에서 생각하면 됩니다. 산은 산이고, 물은 물입니다. 너를 알고 나를 알면 됩니다. 나만 알고 있으면 아무것도 안 돼요. 이런 마음으로 아이가 좋아하는 책을 두 권씩 사서 아이만의 서가를 만들어주고, 도서관에서 행사를 할 때면 찾아가보기도 하세요. 부모가 먼저 책을 읽으면서 좋아하면 아이들도 '뭐가 저렇게 재미있다는 거야? 나도 한번 볼까?' 하게 됩니다. 아이들을 말이 아닌 행동으로 가르치는 거죠.

두 번째 방법은 책모임을 꾸려보시라는 겁니다. 특히 초등학교 4학년부터는 친구와 함께 하는 책모임을 권하고 싶습니다. 저는 우리 집에서 아이들 책모임을 가졌어요. 큰아이는 중2부터 고2 때까지, 작은아이는 초4부터 고2까지 매주 일요일 저녁 7시 반~9시 반 두 시간 동안 책을 읽고 글을 쓰고 토론하는 모임을 가졌죠. 책모임에서는 제 훈화도 필요 없었어요. 책 속에 있는 저보다 훌륭한 선생님들이 아이들에게 말을 건넸으니까요. 게다가 친구들끼리 모임을 하면서 서로 격려하니 제가 아이들을 특별히 따로 위로해줄 필요도 없었죠. 대신 저는 먹을 것을 열심히 만들고 장소를 제공했어요. 처음에는 아이들이 개별적으로 간식을 가져오기도 했는데, 그러다 보니 누구는 맛있는 걸 가져오고 누구는 맛없는 걸 가져오는 식으로 갈등의 소지가 생기는 것 같더라고요. 그래서 아무것도 못 가져오게 하고, 그냥 제가 자원봉사를 했죠. 가끔씩 떠나는 독서여행에도 따라가줬습니다. 아이들이 미성년자니까요. 자문 역할도 했죠. 아이들이 특정 주제, 이를테면 인권과 관련된 책을 추천해달라 하면 20여 권을 추려서 쌓아놓은 뒤 "너희가 골라서 읽으라"고 하고 뒤로 빠지는 식으로요.

이렇게 했더니 아이들이 스스로 책을 살펴보면서 순서를 정해 읽어갔어요. 그러면서 저희들끼리 쑥쑥 커버리더라고요. 어때요, 아이들 키우기 정말 쉽죠? 제가 이렇게 8년간 책모임 자원봉사를 했어요. 아, 그러고 보니 제 남동생이 "조카는 아들이 아니냐"며 제게 부탁을 해와서 책모임을 1년을 더 해줬으니, 꼬박 9년간 매주 두 시간씩 독서 모임을 운영한 셈이네요. 부모님들이 이 정도만 할 수 있으면 됩니다.

독서 모임을 운영할 때 중요한 것은 부모가 아이들이 있는 자리에 끼지 않는 거예요. 아이들 있는 데 끼어 있다 보면 우리 아이가 못할 때 화가 납니다. 모임이 끝나면 아이에게 그 감정을 표현하게 되죠. 이렇게 되면 아이가 책모임을 싫어하면서 그만두게 됩니다. 그러니 안 보는 것이 좋아요. 부모 입장에서야 자기가 이 자리를 만들었는데 자기 애가 아무것도 안 하고 먹고만 있으면 얼마나 화가 나겠어요? 저도 처음에는 그랬습니다. 그래서 '내가 이걸 보고 있으면 안 되겠구나'라고 생각하게 됐던 거죠. 이렇게 시간이 지나고 나니 아이가 바뀌더라고요. 제가 '이거 해라 저거 해라' 가르칠 필요가 없었어요. "이런 건 어때?", "이것도 하면 좋을 거 같은데?"라고 제안만 해주면 자기네가 알아서 프로그램을 정했죠. 두 시간 동안 간단하게 책을 읽고 줄거리를 쓴다든가, 벤다이어그램을 그려서 작품을 비교한다든가, 마인드맵을 한다든가 하는 식으로요.

아이들은 뜻이 맞는 친구들과 활동하는 걸 무척 재미있어 합니다. 부모님이 잔소리를 하지 않으면 더 재미있어 해요. 그런데 아이들이 두 시간 동안 모여서 열심히 활동만 했을까요? 물론 그렇지는 않았겠죠. 쓰는 애는 쓰고, 말이 많은 애는 말로만 하고, 아무것도 안 하는 애는 그냥 놀고…… 가지각색이었어요. 그렇지만 시간이 흘러가면서 자기만의 스타일이 나오더라고요. 어른들의 간섭이 없다 보니 자기네끼리 이야기와 고민을 주고받느라 독서 활동은 한 시간 정도밖에 안 할 때도 많았어요. 그런데 이런 시간이 아이들에게는 정말 위로와 격려가 됐던 것 같아요. 아이들이 평소 친구들과 잡담하는 시간은 많지만 깊은 정신적 대화를 나누지는 못합니다. 반면 독서 모임을 하다 보면 뭔가 채워지는 느낌도 있고, 그간 막혀 있던 게 확 뚫리는 것 같은 느낌도 받게 된다더라고요.

이렇게 1년, 2년 책모임을 계속하게 된 건데, 둘째는 도합 8년을 했어요. 형의 책모임에서 4년을 함께했는데 형이 고3이 되면서 책모임을 더 못 하게 되니까 자기 친구들을 모아서 4년을 더 한 거죠. 나중에는 신문 스크랩을 하면서 소감을 쓰기도 하고, 주제별로 책들을 읽어가면서 보고서도 쓰기 시작하더라고요. 사회성이 짙은 소설을 한 달에 3~4권씩 읽은 뒤 이걸 모아서 공통된 주제에 대한 보고서를 쓰기도 하고요. 한번은 아이들이 '왜 같은 사건을 〈조선일보〉와 〈한겨레〉는 다르게 보도하나? 왜 〈한겨레〉를 본 아이는 〈한겨레〉처럼 이야기하고 〈조선일보〉를 본 아이는 〈조선일보〉처럼 이야기를 하나?'라는 주제를 놓고 독서 활동을 벌인 적도 있어요. 그러면서 '지금껏 내 생각이라고 여겨왔던 게 진짜 내 생각일까?'라는 질문을 던지더니 신문과 TV 뉴스를 분석하기 시작하더라고요. 도대체 우리의 생각을 누가 지배하는지 알아보자면서 촘스키까지 읽어내고요. 저는 아이들이 이렇게까지 하는 것을 보고 입을 다물 수가 없었어요. 이 정도까지 할 수 있을 거라고는 전혀 생각지 못했거든요.

사실 책모임을 시작할 때는 정말 소박한 마음이었어요. 큰애가 공부를 못하다 보니 중학생이 되면서 열등감이 쌓여가더라고요. 그 열등감으로부터 해방시켜주고 싶어서 책모임을 시작하게 됐죠. 제가 강의 시작 부분에 독서는 존재의 뿌리를 단단하게 해주는 것이라고 말씀드렸듯, 당시 아이에게도 저는 이렇게 말했습니다. "네가 공부를 잘하고 못하는 것은 아무 문제가 아니다. 네 존재의 뿌리가 단단할 때 앞으로 치고 나갈 수 있다. 공부 그까짓 것 못하면 어떠냐. 어차피 공부 잘하는 사람은 전체의 10%도 안 된다. 공부로 성공하는 사람은 많지가 않다. 그러니 너의 길을 가는 것이 중요하다. 공부 못한다고 아무것도 못 하겠다고 실망하지 말고 네 뿌리를 단단하게 하렴. 존재의 뿌리를 단단하게 하는 데 읽고 쓰고 토론하는 것만큼 좋은 것은 없단다." 그러면서 독서 모임을 시작하게 됐던 거죠.

그렇게 시작한 독서 모임이 아이들을 쑥쑥 자라게 한 겁니다. 나중에는 아이들이 쓴 보고서가 산더미처럼 쌓였어요. 이게 스펙을 위한 것이었을까요? 수행평가를 위해서였을까요? 아닙니다. 아이들이 배움의 재미에 빠지다 보니 모든 것을 자발적으로 하더라고요. 배움의 기쁨에 빠지니 한계를 넘어서게 됐던 거고요. 나중에는 아이들과 여행도 떠났죠. 유학의 본고장인 안동을 찾아가기 전에 미리 유학과 관련된 자료를 찾아보는 식으로요. 작가들의 문학관을 찾아가는 여행도 했습니다. 이럴 때면 채만식을 좋아하는 아이가 군산을 맡아 설명하고, 신동엽을 좋아하는 아이가 부여를 맡아 설명하는 식으로 했죠.

이렇게 스스로 공부를 하다 보니 뜻밖의 결과물도 생겼습니다. 큰아이는 본래 꿈이 시인과 농부였어요. 그래서 아이를 중학교까지만 다니게 하는 대신 돈을 모아 땅을 사주겠다고 했죠. 다만 한 가지 조건으로 내건 게 독서였어요. 학교는 선택이지만 배움의 길은 선택일 수 없으니 독서 하나만은 붙잡자고요. 그런데 독서 모임을 하면서 큰애가 배움의 기쁨에 빠진 거예요. 그러면서 공부를 더 하고 싶다고, 대학에 가겠다고 하는 바람에 모든 계획이 바뀌었죠. 큰아이는 결국 지방대 문예창작과에 갔습니다. 본래 만화광이었던 지라 지금은 만화 스토리 작가의 길을 가고 있어요.

작은애는 사회성이 부족한 편이었는데 독서 모임을 하면서 이 문제를 완전히 극복했어요. 본래 공부를 잘했지만 전교 1등까지는 아니었는데, 고등학생이 되더니 점점 더 공부를 잘하게 되어 결국 혼자 힘으로 명문대에 들어갔죠. 작은애는 본래 게임만 하고 판타지 책만 읽던 아이였어요. 그런 아이가 책모임 덕분에 다양한 책을 읽게 됐죠. 책모임이 아니었다면 아이는 끝까지 판타지에서 벗어나지 못했을 거예요. 독서 모임을 하면 이처럼 편독에서도 벗어날 수 있습니다. 혼자 하는 독서는 편독으로 흐르기 쉽죠. 흥미 위주의 책만 읽으면서요. 그래서 다른 나라에서도 수업시간에 모둠을 지어 책을 읽게 하는 겁니다.

자, 이제 여러분도 선택을 하시면 됩니다. 학원을 열심히 보낼 것인지, 독서 모임을 할 수 있도록 이끌어줄 것인지. 저는 가정에서 독서 모임을 하면서 정서의 문제는 공부의 문제보다 훨씬 더 중요한 것이고, 아이들이 결코 배움을 싫어하지 않는다는 것을 알게 되었습니다. 책모임은 정서와 배움의 문제를 해결해줄 수 있습니다. 제가 30만 개의 책모임을 만들어야겠다고 결심하게 된 것도 이런 경험이 있었기 때문입니다.

아이를 독서로 이끄는 세 번째 방법은 부모가 먼저 독서를 하는 것입니다. 너무 뻔한 얘기로 들릴 수도 있겠지만, 백문이 불여일견百聞不如一見이라고, 보여주는 것만큼 좋은 방법이 없습니다.

네 번째로는 독서 문화와 독서 교육의 토대를 마련하기 위해 힘을 써야 한다는 걸 강조하고 싶습니다. 우리는 이 나라의 주권자입니다. 내가 낸 세금으로 국가가 여러 가지 일들을 하는 것인 만큼 도서관 활성화를 위해 신경을 써달라고, 도서관에 전문 인력을 배치해달라고 계속 제안을 하셔야 합니다.

부모로서 아이에게 독서를 할 수 있는 시간을 주어야 한다는 말씀도 드리고 싶습니다. 학원에서 밤 11시가 되어야 집에 오는 아이에게, 학교·학원 숙제가 줄줄이 있는 아이에게 어떻게 독서를 하라고 할 수 있겠습니까? 책 읽는 아이로 키우고 싶으시다면 아이가 심심할 수 있게 시간을 주셔야 합니다. 저는 부모들이 이 일을 꼭 해주셔야 한다고 봅니다. 저처럼 학원을 되도록 안 보내면 아이가 독서할 시간을 확보할 수 있습니다. 물론 그렇다고 모두가 독서를 하는 것은 아니겠지만 말입니다.

어떤 책을 어떻게 읽어야 할까

마지막으로, 그렇다면 어떤 책을 어떻게 읽어야 할지에 대해 얘기를 나눠보겠습니다. 아까도 말씀드렸듯 무엇보다 첫 번째는 자기가 좋아하는 책, 재미있는 책이어야 합니다. 재미있는 책을 어느 정도 읽은 뒤 두 번째로 시도하면 좋을 방법은 모아서 읽기입니다. 같은 종류의 그림책 또는 만화책 등등을 끼리끼리 모아서 보는 거죠. 비슷하면서 다른 책을 엮어서 읽는 것도 좋습니다. 월별로 주제를 정해서 시리즈를 읽어 나가는 방법도 있겠죠. 그런 다음 시간이 더 지나면 객관적으로 좋다고 하는 책들을 읽기 시작하면 좋겠습니다.

제가 추천 도서를 몇 가지 가져왔는데 하나하나 소개할 시간은 부족하니 이해해주시기 바랍니다. 저는 부모님들이 그림책을 많이 아셨으면 좋겠어요. 아이들과의 대화가 쉬워지고, 아이들을 책으로 이끌 수 있습니다. 〈언제까지나 너를 사랑해〉는 엄마들을 위한 그림책이에요. 〈첫 번째 질문〉은 질문만으로 이루어진 책인데 어른들의 삶을 다시 돌아보게 합니다. 이 책에는 '오늘 하늘을 보았나요?', '하늘은 멀었나요, 가까웠나요?', '바람은 어떤 냄새였나요?' 같은 질문들이 등장합니다. 그림과 함께 이런 질문들을 읽다 보면 '나는 왜 이리 허겁지겁 살고 있나' 하는 생각이 들 거예요. 내가 여유가 있어야 아이를 여유 있게 바라볼 수가 있잖아요. 나 자신이 경황이 없고 마음이 조급하니 아이들을 몰아가는 것일 수도 있습니다. 저는 엄마 아빠들이 이 책을 보면서 이런 생각들을 해볼 수 있으면 좋겠습니다. 〈엄마 마중〉은 그림과 내용이 다 좋습니다. 요즘 아이들은 이 책을 안 좋아하는 경우도 있던데요, 어른들은 엄마를 하염없이 기다리는 아이의 심정에 감정이입하면서 울컥해지기도 하는 그런 그림책입니다.

읽어주기에 좋은 책으로는 〈나 꽃으로 태어났어〉를 추천하고 싶어요. 한 장 한 장 펼치면서 읽어주면 아이들이 그림 하나하나를 집중해 보면서 '와~ 책이 재미있다'라는 생각을 하게 될 겁니다. 〈넉점반〉이라는 책은 동시를 그림책으로 만든 거예요. 동시이기 때문에 리듬감이 있습니다. 이를테면 이런 식이에요. 아이가 가게에 가서 물어요. "영감님 영감님, 엄마가 시방 몇시냐고요." 그러면 영감님이 "넉점반이다"라고 대답해요. 아이는 "넉점반 넉점반" 하면서 이걸 되풀이하죠. 집에 돌아오는 길, 물 먹는 닭을 구경하면서 아이는 계속 "넉점반 넉점반", "넉점반넉점반" 하고 되뇌어요. 그러고는 해가 꼴딱 져서야 집에 돌아오죠. "엄마 시방 넉점반이래" 하면서요. 이 책은 시간 개념이 없는 어린아이의 심리를 잘 나타내주고 있어요. 그림도 토속적이고요. 그냥 볼 때도 좋은데 운율을 맞춰서 읽어주면 더 재밌어요. 흉내 내서 한번 해보십시오. 아이들이 "넉점반 넉점반"하면서 계속 따라 하고 다녀요. 어떤 아이는 일 년 내내 "넉점반 넉점반" 하고 다니죠. 그럴 정도로 아이들이 재미있어 하는 책입니다.

〈감은장아기〉라는 책도 추천하고 싶은데요. 이 책은 구어로 말하듯이 쓰여 있어 옛이야기를 읽어주기에 좋은 책입니다. 그림책도 구어체로 써놓은 그림책이 있고 딱딱하게 서술체로 써놓은 책이 있는데, 가능한 구어체로 써 놓은 옛이야기를 찾아서 읽어주시면 좋겠습니다.

보여주기에 좋은 그림책도 몇 권 소개해드릴게요. 〈노란우산〉은 책에 CD가 함께 들어 있는데요. CD를 틀어놓고 한 장 한 장 넘기면서 읽다 보면 글은 하나도 없는데 그림이 너무 아름다워요. 이 책은 2012년 뉴욕에서 상도 받았습니다. 〈나무늘보가 사는 숲에서〉도 보여주기에 참 좋은 책이에요. "나무늘보가 숲 속에서 살고 있어요. 나무늘보가 보이나요?"라고 아이들한테 한번 물어보세요. 나무늘보를 찾느라 난리가 납니다. 선생님들도 잘 못 찾으실 거예요. 아주 조그마하게 귀퉁이에 숨어 있어요. 그런데 나중에 숲이 망가지고 파괴되기 시작해요. 어떤 나그네가 지나가다 숲을 살려야겠다며 씨를 뿌려요. 나중에는 그림책 속에서 새싹이 쏙 튀어나오죠. 이 대목을 읽을 때면 아이들이 깔깔거리면서 난리가 납니다. 아이들은 책을 싫어하는 걸까요? 그렇지 않습니다. 책을 몰라서 그렇지, 알고 나면 아이들은 책을 정말 좋아해요. 제가 책이 싫다는 아이들을 다 이끌어서 읽게 했답니다. 어른들이 책을 알면 아이들을 책으로 끌어들일 수 있어요. 아이를 알고 책을 알면 가능합니다.

〈불새〉는 유명한 서양 동화인데, 책 자체가 하나의 예술작품입니다. 너무 아름다워요. 보여주기에 정말 좋은 책입니다. 요즘에는 그림책이 하나의 독자적인 예술 분야가 되어가고 있죠. 그러니 여러분들이 그림책을 우습게 보지 않았으면 해요. 이런 책들은 조금 비싼 편이긴 합니다만, 학원을 그만두면 충분히 살 수 있습니다. 저는 그림 작가 김동성 씨의 팬인데요, 이 작가가 손을 대면 모든 것이 얼마나 아름답게 변하는지요. 앞에서 본 〈엄마 마중〉도 이태준 작가의 짤막한 이야기를 김동성 작가가 그림으로 그리면서 새롭게 살아났어요. 〈고향의 봄〉도 얼마나 아름다운지, 저는 이 책을 볼 때마다 심장이 쿵쿵쿵 뛰어요. 다만 여자아이들은 아주 좋아하는데 남자아이들은 별로 안 좋아하더라고요. 뭐, 그럴 수도 있지요. 산은 산이고 물은 물이니까요.

토론하기 좋은 책은 여러 가지 문제를 제기하는 책들입니다. 〈블랙독〉이란 책에 보면 검은 블랙독이 나타나자 엄마, 아빠가 다 도망을 쳐요. 그런데 막내아이가 "나 잡아봐라" 하면서 블랙독과 같이 놀아요. 그러자 블랙독이 아주 조그마해졌어요. 현실적으로는 말도 안 되는 얘기지만, 동화책 속에는 이런 말도 안 되는 이야기들이 숱하게 나옵니다. 아이들에게는 "이 블랙독이 의미하는 바가 뭘까?"라면서 이야기를 나눠볼 수 있어요. 아마도 블랙독은 두려움을 나타낸 것일 수 있겠죠. 두려움은 맞부딪치면 작아지는데 놀라서 지레 겁먹으면 더 커지니까요. 중학생들과 〈블랙독〉을 놓고 얘기를 나눌 땐 '내게는 어떤 두려움이 있는가', '이 두려움을 어떻게 극복할 수 있을까' 등등에 대해 토론을 할 수 있을 겁니다.

〈내 귀는 짝짝이〉라는 책을 읽고서는 신체결함으로 인해 왕따를 당하는 문제에 대해 토론을 할 수 있을 거고요, 〈노란별〉 같은 책도 토론거리가 무궁무진합니다. 〈노란별〉은 유대인들에게 노란별을 달게 하라는 나치의 요구를 받은 덴마크 왕이 "유대인은 나의 백성이니 내어줄 수 없다"면서 자기가 먼저 노란별을 단 채 말을 타고 코펜하겐 시내를 돌아다녔다는 얘기예요. 그러자 다음 날에는 전 국민이 노란별을 달았다고 합니다. 이 얘기를 읽고 나면 '우리에게는 이런 왕(지도자)이 있는가?', '왕이 이런 별을 달 때 나도 별을 달 수 있는가?', '왜 나치는 유대인을 학살했을까?', '우리에게는 이런 역사적 경험이 없었을까?' 등등 다양한 토론을 나눌 수 있겠죠.

모아 읽기 좋은 책도 많습니다. 가족과 관계된 책으로는 〈우리 할아버지〉, 〈우리 가족입니다〉, 〈따로별 부족〉, 〈마법의 설탕 두 조각〉을 함께 읽으면 좋을 것 같습니다. 한글과 관계되는 책으로는 〈초정리 편지〉, 〈세종 이도의 비밀〉, 〈뿌리 깊은 나무〉, 〈프린들 주세요〉 등의 모아 읽기를 추천합니다. 이외에 인권과 관계된 책들도 모아 읽기 좋습니다.

엮어 읽기에 좋은 책으로는 〈로쿠베 조금만 기다려〉와 〈우리 할아버지〉를 추천할게요. 〈로쿠베 조금만 기다려〉가 어른을 비판적인 시각으로 본 책이라면 〈우리 할아버지〉는 어른이 아이에게 헌신하는 이야기입니다. 이들 책을 엮어 읽으면서 "너는 어떤 사람이 되고 싶어?", "어떤 어른이 되고 싶어?", "장단점이 뭘까?" 등등을 물어보면 좋을 것 같습니다. 〈마당을 나온 암탉〉과 〈갈매기의 꿈〉도 엮어 읽기에 아주 좋아요. 두 책을 비교하면서 읽어보면 좋을 겁니다.

〈슬픈 거인〉, 〈아빠와 함께 그림책 여행〉, 〈책 어린이 어른〉 등은 그림책과 동화에 대한 안목을 길러주는 책이니 나중에 꼭 읽어보시기 바랍니다. 〈소설처럼〉은 읽기라는 것이 얼마나 좋은지, 그것의 가치는 어디에 있는지를 알려주는 책입니다. 부모님들이 이런 책들을 공부하고 지식이 있어야지 아이를 책으로 이끌 수 있습니다. 〈책으로 크는 아이들〉과 〈도란도란 책모임〉은 제가 쓴 책입니다. 우리 집에서 어떻게 아이들을 키웠고, 아이에게 어떤 변화가 일어났으며, 어떤 프로그램으로 했는지가 하나하나 설명돼 있어요. 이것을 집에서뿐만 아니라 학교로 확대시켜서 학교에서는 어떻게 학생들을 이끌었는지, 학부모와 교사들은 또 어떻게 지도했는지, 자세한 내용도 소개돼 있습니다. 여러분도 내용을 알게 되면 자신감 있게 책모임을 꾸릴 수 있을 거예요. 지금은 잘 모르니까 주저하시는 것이라고 생각합니다.

"배움이 없는 자유는 위험하고,
자유가 없는 배움은 헛되다"

마지막으로 독후 활동은 어떻게 하면 좋을지에 대해 얘기를 나눠보겠습니다. 독후 활동을 위해서는 독서 공책을 마련해서 독후감을 써보는 게 제일 좋죠. 이게 부담스럽다면 일단 마음에 드는 구절을

베껴 적는 것으로 간단하게 시작해도 좋습니다. 지은이나 작품 배경을 인터넷에서 조사해보라고 하는 것도 좋고요. 다시 말해 무조건 독후감을 쓰라 할 게 아니라 쉽게 시작을 하는 것이 좋습니다.

아이들이 이것조차 힘들어 하면 책을 읽고 나서 토론하고 싶은 주제, 물어보고 싶은 것 세 가지만이라도 써보도록 하면 좋겠습니다. 그렇게라도 간단하게 시작하는 것이 생각을 열어주는 길이 되니까요. 일단 쉽게 접근해서 독후 활동을 하다 보면 나중에는 조금 더 하고 싶은 마음이 생깁니다. 그렇게 걸어가다 보면 길이 생기기도 하고요.

물론 우리 큰애처럼 끝까지 독서 노트 쓰기를 싫어하는 아이도 있습니다. 큰애는 독서 노트를 여기 썼다 저기 썼다 하는 식이었어요. 반면 작은애는 독서 노트를 꼬박꼬박 써 체계적으로 누적시키는 스타일이었죠. 이럴 경우 작은애 공책을 큰애한테 보여주면서 "봐라, 네가 형으로서 이러면 되겠냐"라고 하셨다가는 이게 바로 모임이 문 닫는 지름길이 될 것입니다. 그래서 아이를 키우려면 사람의 심리를 먼저 알아야 해요. 제가 집과 학교에서 30년 넘게 아이들과 함께 살았는데요. 아이들에게는 절대로 그렇게 해서는 안 됩니다. 아이의 자존감이 상처를 받으면 아무것도 할 수가 없습니다.

저의 경우 큰애한테 작은애 노트를 보여주면서 뭐라 했는지 아세요? "얘는 쪼잔하게 이걸 어떻게 매일 쓴다니? 이게 맨날 이렇게 쓸 일이야?"라고 했죠. 큰아이는 제일 존경하는 사람이 이태백이고 그다음이 장자입니다. 한마디로 스타일이 너무나 다른 거죠. 제가 이렇게 작은애를 흉봤더니 큰애가 너무 좋아하면서 그러더라고요.

"엄마 그렇죠? 나는 쓰고 싶을 때만 쓸 거예요. 한 줄을 쓰더라도 명문을 쓸 거예요." 이렇게 자부심을 심어주면 자기 스타일대로 나갈 수 있습니다. '모두 다 똑같은 아이를 만들려 하지 않겠다'라는 이 원칙만 잘 지킨다면 아이들을 이끄는 것은 정말 쉬운 일입니다.

토론할 때는 "나도 이런 일이 있었어~"라며 비슷한 경험을 이야기해도 좋고, 맘에 드는 구절에 밑줄을 쳐 와서 왜 밑줄을 쳤는지 이야기해봐도 좋습니다. 그 후 독후감을 써서 주제 토론을 해도 좋고요. 방법은 여러 가지가 있습니다. 제가 쓴 책을 참고로 읽어보셔도 되는데, 그걸 다 지킬 필요는 없습니다. 여러분이 하고 싶은 대로 하세요. 하고 싶은 대로 하면서 다른 지식을 얻는 도움 자료를 많이 읽다 보면 나만의 방식을 찾아내게 됩니다. 단 그 방식은 아이들과 함께 만들어 가세요. 엄마 혼자서는 절대로 만들 수 없으니까요.

찬반 토론이나 월드 카페 토론 등의 방식은 실습을 해봐야 이해하기가 쉽습니다. 이런 방법은 수백 가지가 넘어요. 다양한 독후 활동을 어떻게 할지 모르겠다 싶을 때는 〈학교 도서관에서 책읽기〉라는 책도 읽어보세요. 2005년에 제가 몇몇 선생님과 함께 만든 책인데요. 줄거리 작성은 어떻게 해야 하고, 엮어서 읽을 땐 어떻게 해야 하고, 벤다이어그램 만들기는 어떻게 해야 하는지, 하나하나 자세히 설명해주고 있는 책입니다. 〈즐거운 북아트 교실〉, 〈콩닥콩닥 신명나는 책놀이〉 같은 책에도 온갖 것이 다 나와 있어요. 이런 참고도서를 몇 권 읽고 응용하시면 됩니다. 방법은 오히려 너무 많아서 탈입니다. 아이에게 잘 맞는 방법을 활용하되, 너무 욕심내지는 마시기 바랍니다.

제가 이런저런 것들을 보여드리고 이야기를 해드리면 부모님들 마음속에 '이제부터는 우리 아이한테 빨리 독서도 시키고 독후감도 쓰게 해야지'라는 욕심이 생깁니다. 그런데 아까 말씀드렸듯이 엄마 아빠에게 그런 마음이 있다고 뭐가 되는 게 아니에요. 아이에게 그런 마음이 있어야죠. 자꾸 마음이 흐트러지고 욕심이 생길 때는 〈나비가 찾아왔어〉라는 책을 한번 읽어보시라고 권하고 싶습니다. 아이가 나비를 잡으려고 이리 뛰고 저리 뛰고 쫓아다니지만 나비는 계속 도망을 가죠. 꽃향기로 유도를 해도 마찬가지입니다. 그런데 할머니가 아이에게 꽃이불을 만들어줍니다. 향기가 나는 그 꽃이불을 덮고 아이는 잠이 들죠. 그랬더니 마침내 나비가 아이를 찾아왔다는 얘기입니다. 저는 제 마음이 자꾸 흐트러지고 아이에게 개입하고 싶을 때, 아이를 제 마음대로 하려고 할 때 이 책을 읽습니다. 내가 아이를 쫓아가면 안 돼요. 향기를 내면서 가만히 있으면 아이가 나를 찾아옵니다. 물론 이것이 쉽지는 않죠. 자꾸 욕심이 앞섭니다. 인내심이 부족하고 여유가 없다 보면 더 그렇죠. 그럴 때마다 이 책을 자꾸 읽으면서 나 자신을 다독이면 좋을 것 같습니다.

저는 존 F. 케네디의 이 말을 참 좋아해요. "배움이 없는 자유는 위험하고 자유가 없는 배움은 헛되다Liberty without learning is always in peril and learning without liberty is always in vain." 배움이 없는 자유는 굉장히 위험합니다. 배움이 없는데 자유만 좋아하는 사람들은 위험한 짓을 너무 많이 하죠. 반면에 자유가 없는 배움은 헛됩니다. 오히려 사람을 망가뜨리기도 하죠. 저는 사람이 평생을 배워야 한다고 생각하는데 그 배움은 자발적이고 자율적이어야 한다고 생각합니다. 우리가 학교에서 일정 기간 공부를 하지만 이는 최소화해야 합니다. 스스로 좋아할 수 있게, 배울 수 있게 만드는 것이 중요하죠. 물론 이렇게 만드는 것은 굉장히 어려운 일입니다. 그래서 연구가 필요하고, 우리가 더 깊이 공부해야만 하겠죠.

긴 얘기 들어주셔서 감사합니다.

5강

아이와 스마트폰 신경전 끝내는 법

김형태

군자초등학교 교사, 깨끗한 미디어를 위한 교사운동 전 대표

아이들이 스마트폰에 빠지는 이유

저는 경기도 시흥의 군자초등학교에서 온 김형태라고 합니다. '잠 못 드는 초등 부모를 위하여'라는 주제에 이끌려 강의를 덜컥 수락하기는 했지만, 아이들이 사용 설명서에 적힌 매뉴얼대로 움직이는 법은 결코 없죠. 매뉴얼대로 아이를 리드하는 것도 불가능해요. 다만 아이들이 어떤 방식으로 생각하고 움직이는지 이해한다면 부모와 자녀가 더불어 살아가는 데 나름 도움이 되지 않을까라는 기대로 오늘 이 자리에 섰습니다.

저는 '깨미동'(깨끗한 미디어를 위한 교사운동)이라는 단체 회원입니다. 깨미동은 만들어진 지 올해로 17년째인데요. 교사, 사회운동가, 미디어 전문가 등 아이들에게 미디어를 어떻게 적용할 것인지에 대해 고민하는 사람들로 이뤄져 있습니다. 깨미동도 처음에는 거의 보호주의적인 관점에서 미디어 문제에 접근했어요. 당시만 해도 미디어를 통제하는 게 가능하다고 믿었으니까요. 사실 PC로 인터넷에 접속하던 그 시절에는 문제가 그래도 집 안에 고정돼 있었죠. 그런데 스마트폰이 대중화되면서 우리 스스로 관점을 바꿔야겠다는 문제의식을 느끼게 됐던 겁니다. 아이들이 스마트폰이라는 미디어를 손에 들고 다니게 되면서 더 이상은 부모나 교사가 아이들을 컨트롤할 수 없는 시대가 열렸으니까요.

요즘 상담을 할 때마다 가장 많이 맞닥뜨리는 게 스마트폰 문제입니다. 작년에는 어이없는 경험도 했어요. 어느 날 어머니 한 분이 굉장히 고무된 표정으로 저를 찾아오셨어요. 그러면서 막 자랑을 하세요. "선생님, 우리 아이가요, 책을 읽기 시작했어요. 제가 독서를 강조한 적도 없는데 저보고 자꾸 책을 사달래요." 순간 좀 이상한 생각이 들더라고요. 그래서 일단 아이가 훌륭하다고 맞장구를 쳐드린 뒤 물었죠. "그런데 아이가 부모님과 함께 책을 사러 가나요?"라고요. 그랬더니 그 어머니 말씀이 "아뇨, 친구들과 함께 가는데요?" 하시더라고요. 이건 뭔가 있구나 싶었죠. 아이들은 보통 자기가 직접 가서 책을 사지 않거든요. 엄마 손에 끌려가면 끌려갔지. 그래서 책을 사러 갈 때 결제는 어떻게 하느냐고 물었어요. 그때까지도 어머니는 전혀 눈치를 못 채시고 이렇게 당당하게 답변하셨죠. "어머, 선생님. 요즘 누가 책 살 때 아이에게 돈을 주나요. 문화상품권으로 주죠."

네, 비밀은 바로 그것이었습니다, 문화상품권! 그날 제가 어머니께 설명을 해드렸죠. 요즘에는 문화상품권이 돈과 똑같은 역할을 한다, 편의점에 가서 돈 대신 내고 군것질을 할 수도 있고 게임 머니로 바꿀 수도 있다, 뭐 이런 얘기들을요. 다음 날 아이가 초췌해진 얼굴로 학교에 왔어요. 엄마한테 죽는 줄 알았대요. 스마트폰도 다 뺏기고요. 요즘 초등학생들이 가장 좋아하는 선물이 문상(문화상품권의 약칭)이에요. 아이들이 책을 읽고 문화 관람을 하려고 문상을 찾는 게 아닙니다. 게임 머니처럼 자기들이 원하는 걸로 다양한 변환이 가능하기에 문상을 좋아하는 거죠.

이런 문제로 말썽을 많이 일으키는 건 아무래도 남자아이들인데요. 가만 보면 대한민국에서 태어난 남자아이가 가장 행복한 시기는 초등학교에 입학하기 전까지, 딱 그 시기에서 끝나는 것 같아요. 일단 남자아이들은 초등학교에 들어오자마자 하지 말아야 할 게 너무 많아지죠. 선생님들이 제일 많이 하시는 말씀이 "조용히 해", "뛰지 마", "글씨 똑바로 써"니까요. 집에서도 엄마한테 주로 듣는 말이 "게임하지 마", "숙제 해", "받아쓰기 연습은 다 했어?" 등이죠. 이게 다 남자아이들이 못하는 것이거든요. 요즘에는 하다못해 미세먼지, 황사가 심하다 보니 밖에 나가 놀지도 못하잖아요. 축구도 할 수 없고요.

나이가 들어도 남자아이들은 별반 달라질 게 없습니다. 제가 6학년 담임인데, 6학년 남자아이들은 딱 4학년 수준이에요. 작년에는 2학년짜리 아이가 반에서 잘못했다가 제가 맡고 있던 5학년 교실에서 형들과 같이 수업을 받는 벌을 받게 된 일이 있었어요. 아마 담임선생님은 '아, 2학년 교실이 정말 천국이었구나'라고 아이가 느끼길 기대하며 그런 벌을 내리셨을 거예요. 그런데 웬걸. 이 아이가 우리 반에 오더니 5학년 형들과 너무 재미있게 노는 거예요. 이건 형과 동생이 논다기보다 친구들끼리 노는 것 같은 분위기였어요. 남자아이들이 대개 이렇습니다.

반면 초6 여자아이들은 거의 중학교 2학년쯤 되는 생각을 하고 살죠. 실제로 "여자애들한테 누나라고 불러" 하면 아무 거리낌 없이 "누나" 하는 남자아이들도 있어요. 제가 아는 중학교 선생님들이 저한테 하는 얘기가 있어요. 초등학교 때 제발 남자아이들끼리 모둠을 시켜달래요. 이유를 물었더니 대답이 기가 막혀요. 초등학교 때부터 남자아이들과 여자아이들을 한 모둠에 모아놓다 보니 남자아이들이 여자아이들이 시키는 것에 너무 익숙해진다는 거예요. 공부를 잘하고 못하고를 떠나서요. 이런 삶은 성인이 돼서도 평생 지속되죠. 저희 아버지도 어머니 말씀을 매우 잘 들으시거든요. 남자아이들이 스스로의 삶을 선택할 수 있는 순간은 생각보다 많지 않아 보입니다.

성인이 된 뒤로도 남자아이들은 군대에 가서 충성하는 방식을 배우죠. 그 이후 간신히 스펙 쌓아 결혼을 하고 나면 모아놓은 게 없어 빚으로 집을 얻었다가 평생 은행과 함께 살아야 하죠. 이렇게 삶이 힘들 때 가장 쉽게 선택할 수 있는 방법이 생각을 지우고 누군가의 아바타가 되어 시키는 것을 무리 없이 성실하게 수행하는 것이죠. 이는 특히 '헬조선'에서 살아가기 위해 남자아이들이 유전적으로 터득한 방법이 아닐까 하는 생각이 드네요.

물론 여자아이들이 살기에 힘들지 않다는 뜻은 결코 아니에요. 오늘날 한국에 사는 아이들은 너무 많은 스트레스를 받고 있죠. 오죽하면 대한민국의 청소년 자살률이 OECD(경제협력개발기구) 국가 중 1위겠어요? 통계에 따르면 2017년 1~3월 자살한 청소년만도 어느새 21명에 달한다고 합니다. 스트레스를 받을 때 어른들은 술을 마시거나 레저를 즐기기라도 하죠. 쇼핑이나 여행을 하기도 하고요. 그런데 아이들은 이렇게 스트레스를 분출할 데가 별로 없습니다. 더욱 문제는 그렇게 스트레스를 받는 아이들이 학교라는 과밀화된 공간에 강제적으로 모여 있다는 것이죠. 닭장 속에 꼼짝달싹 못할 만큼 밀집시켜 닭을 키울 경우 어떤 현상이 일어날까요? 닭들이 서로를 쪼아댄다고 합니다. 자기가 죽지 않으려고 옆에 있는 닭을 공격한다는 거죠. 우리나라에서도 한때 학교 폭력이 심각한 사회 문제가 된 일이 있습니다. 오랜 시간 머무는 학교라는 공간 안에서 아이들이 각자 살겠다고 서로를 괴롭히는 일이 벌어졌던 셈이죠.

학교와 사회가 이 문제에 관심을 갖기 시작하면서 학교 폭력은 그나마 서서히 줄어들고 있습니다. 학교 폭력이 감소한 더 큰 원인은 아마도 '내가 상대방을 쪼면 상대방이 다치고, 상대방 또한 나를 다치게 한다'는 것을 아이들이 깨닫게 되면서일 겁니다. 그러면서 상대방을 다치게 하는 일 없이 스트레스를 해소할 돌파구로 찾아낸 것이 바로 스마트폰 곧 미디어였던 거예요. 스마트폰을 사용하는 동안에는 내가 그 안에서 무슨 짓을 하든 옆에 있는 친구가 다치는 게 보이진 않거든요.

스마트폰을 이용하는 양상은 남녀가 많이 다른 것 같습니다. 남자아이들은 거의 게임을 하는 데 스마트폰을 사용하죠. 반면 여학생들은 사회관계망서비스SNS를 이용하거나 웹툰·유튜브를 보기 위해 스마트폰을 사용합니다. 일단 여학생들의 경우는 관계성을 중시하죠. 그래서 뭔가 좋았던 일, 즐거웠던 일을 스마트폰에 주로 올립니다. '좋아요' 하나에 목을 매기도 하고요. 그에 비해 남학생들은 지금 이 순간의 즐거움을 추구하죠. 그래서 내게 당장 자극을 줄 수 있는 스마트폰 게임에 빠져듭니다.

게임 중독자였던 선생님

제가 스마트폰 게임에 대해 이렇게 자신 있게 말씀드릴 수 있는 까닭은 10년 전까지만 해도 저 자신이 게임 중독자였기 때문이에요. 그런 만큼 제 경험을 통해 게임의 속성에 대해 말씀드려볼까 합니다.

저는 사춘기가 대학 때에야 찾아왔어요. 사람이 살아가는 데 통상 세 번의 행운이 주어진다고 하잖아요. 그런데 제 경우는 수능 볼 때와 임용고시 볼 때 바로 그 행운이 찾아왔던 것 같아요. 평소보다 수능 점수가 100점 가까이 더 나온 덕분에 원하는 대학에 무난하게 진학할 수 있었거든요. 마치 수능 문제가 저를 위한 문제인 것 같았죠. 교대를 다니면서 임용고시를 준비할 때도 마찬가지였어요. 제가 지원한 경기도 지역이 미달이었던지라 과락만 면하면 선생님이 될 수 있었거든요. 물론 요즘 선생님들은 엄청 훌륭하십니다.

제가 이 시기를 운이 좋았다고 말씀드리는 데는 이유가 있습니다. 이십대 중반의 중차대한 시기에 저는 게임에 빠져 있었어요. 당시 저는 다른 사람들의 시선 때문에 일단 도서관에 가긴 했어요. "재는 진짜 공부 안 해." 주변 사람들에게 이런 말을 듣기는 싫었으니까요. 대신 점심시간마다 친구들과 헤어져 혼자 햄버거를 사 들고 PC방에 갔어요. 오후 5시가 지나 도서관에서 나온 뒤로도 또다시 PC방에 갔고요. 그리고 정말 운이 좋게 단번에 임용고시에 붙어 발령이 났습니다.

교사가 된 뒤 학교생활은 어땠을까요? 즐거웠을까요, 힘들었을까요? 물론 발령이 나서도 밤새 게임을 하고 학교에 가곤 했습니다. 몸은 힘들었지만 마음은 너무도 편하고 학교생활은 너무나도 즐거웠어요. 아이들이 저를 현실 세계에 현신한 신이라 생각하고 대해줬거든요. 당시 제가 아이들과 똑같이 '디아블로'라는 게임을 하고 있었어요. 그때 제가 워낙 랭킹이 높았던지라 디아블로 게이머라면 누구나 제가 쓰는 아이디를 알고 있을 정도였지요. 그러니 아이들 입장에서는 온라인에서 보던 그 사람이 현실 세계에 강림한 거예요. 덕분에 아이들은 저를 존경의 시선을 넘어 범접할 수 없는 존재로 대하게 된 거죠. 특히 꾸러기 남자아이들은 저한테 절대 복종했어요. 제 경우는 칠판에 떠든 사람 이름을 적어놓거나 할 필요가 없었어요. 말 잘 듣는 아이에게 주겠다며 아이템 목록을 주욱 적어놓으면 아이들이 알아서 저에게 충성했어요. 심지어는 옆 반 아이가 우리 반에 와 앉아 있는 경우도 있었어요. 자기도 그 아이템이 필요하다면서요. 그래도 말을 안 듣는 아이들이 있으면 수업 끝나고 몇 시에 온라인에서 따로 모이라고 했어요. 그런 다음 그 아이들에게 아이템도 나눠주고 게임도 같이 했어요. 다음 날이면 아이들은 "우리 선생님이 짱이야!"라면서 저에 대한 미담을 나누기에 바빴죠. 심지어 제가 그 학교를 떠나야 하는 순간에 남자아이들은 저를 위해 눈물을 흘렸어요. 고학년 남자아이들이 선생님과 헤어진다고 우는 것은 정말 살면서 경험해보기 어려운 판타지 같은 일이라고 감히 말씀드려요.

그런데 만약 제가 계속 그렇게 살았다면 오늘 이 자리에 서지도 못했겠죠? 그랬던 제가 게임을 끊은 결정적 계기가 있었어요. 그건 바로 입대입니다. 재미보다는 목숨이 중요했으니까요. 입대 이후에는 자연스럽게 게임 생각이 나질 않더라고요. 휴가 때 나와 보니 캐릭터와 아이템이 활성화가 안 되는 거예요. 더 이상 게임을 하려야 할 수도 없었어요. '내가 다시 이 게임을 하려면 그 많은 시간과 노력과 돈을 투자해야 할 텐데, 그 짓을 또 어떻게 해?' 싶어 엄두가 안 났던 거죠. 덕분에 게임을 끊을 수 있었습니다. 그렇다면 그 뒤로는 더 이상 제 인생에 게임이 없었을까요? 그렇지도 않아요. 그 뒤에 나온 스마트폰 게임에 미쳐 지낸 적도 있습니다.

이런 개인적 경험이 있었기에 부모님들께 게임의 속성에 대해 나름 자신 있게 말씀드릴 수 있는 거예요. 아마 부모님들 입장에서는 "도대체 그까짓 게임을 왜 하는 거야?" 싶으실 거예요. 하지만 제가 경험하면서 느낀 게 있어요. 게임에는 삶의 희로애락이 모두 담겨 있다는 거예요. 무슨 얘기인지 지금부터 들려드릴게요.

아이들이 게임에 빠질 수밖에 없는 이유

우선 첫째, 게임의 특징은 노력한 만큼 돌아온다는 거예요. 세상 어느 것도 노력한 만큼 돌아오지는 않죠. 특히 공부가 그래요. 국·영·수 위주로 열심히 공부한다고 해서 백점을 맞을 수 있는 건 아니잖아요. 하지만 게임은 달라요. 시간과 에너지를 투자한 만큼 레벨이 올라가죠.

여기에 또 보너스가 있어요. 그게 뭐냐. 바로 몬스터를 잡다 보면

얻게 되는 대박 아이템이에요. 이런 대박 아이템들을 얻다 보면 충성심이 절로 생겨요. '내가 계속하다 보면 또 이런 것들이 나오겠지' 싶으니까요. 여러분, 도박꾼들이 혹시 처음부터 도박에 빠졌을 것 같으세요? 절대 그렇지 않아요. 돈을 따는 순간부터 빠져들죠. 내가 도박을 할 때마다 돈을 잃는다면 더 이상 도박을 안 할 겁니다. 그런데 돈을 따는 순간을 몇 번 경험하고 나면 '어? 나한테 이런 재주가 있었잖아' 싶어지면서 거기에 시간과 에너지를 몰아 쓰게 된다는 거죠. 게임도 마찬가지입니다. 운 좋게 좋은 아이템을 얻고 열심히 게임을 즐기다 보면 어느새 게임의 구조를 이해하고 게임을 즐기는 높은 레벨의 유저가 되어 있는 것이죠. 이러다 보면 내게 관심과 존경을 보내는 사람들도 생겨나요. 사실 현실 세계에서의 나는 찌질하죠. 하지만 온라인 세계에서는 그런 나를 아무도 모릅니다. 오히려 내가 신이 될 수 있는 게 온라인 세계죠. 현실 세계에서는 아무도 관심을 가져주지 않는데, 온라인에선 나를 알아주니 아이들이 자연스럽게 여기에 충성을 하게 되는 겁니다. 나중에는 이 관계가 현실 세계에서도 이어져요. 정모(정기 모임) 같은 것을 하면서 온라인에서 봤던 사람을 현실 세계에서 만나게 돼도 나이와 직업에 상관없이 레벨에 따라 서열이 정리되니까요. 온라인에서의 충성심이 오프라인에서도 유지되는 셈이죠. 모임을 할 때도 게임 속 왕이나 지위가 높은 사람을 중심으로 모임이 이뤄지기 때문입니다.

게임을 하다 보면 사회적 강자의 자세와 배려를 배우게 되는 부수적 효과도 있어요. 게임하는 아이들 사이에는 일종의 기부 문화가 있거든요. 게임 세계에서는 '고랩'(레벨이 높은 유저)이 '저랩'(레벨이 낮은 유저)을 도와주는 문화가 형성돼 있어요. 학교에서 보면 공부 잘하는 아이가 옆에 있는 아이한테 설명을 해주잖아요. 그거랑 비슷해요. "여기서는 이런 식으로 해야 하는 거야"라는 식으로 판을 쉽게 깰 수 있는 노하우 등을 알려주면서 게임 초보가 게임을 즐길 수 있게끔 도와주는 거죠. 그게 이 친구들 식의 배려예요.

살다 보면 꼭 필요한 '흥정의 기술'도 게임을 통해 배울 수 있어요. 거래를 할 때면 파는 사람은 비싸게 팔고, 사는 사람은 값싸게 사고 싶어 하는 게 순리죠. 게임 아이템을 사고 팔 때도 마찬가지예요. 이 과정에서 내 마음이 급하거나 불안하면 사기를 당하기 쉽죠. 현실 세계에서처럼. 곧 게임을 통해 이 모든 것을 배울 수가 있는 겁니다.

스마트폰 게임이 등장하면서 생긴 게임의 또 한 가지 특징은 손과 눈의 협응만으로 가능하다는 거예요. 제가 '디아블로' 게임을 하던 때만 해도 '게임은 애들이나 하는 것'이라는 인식이 강했어요. PC 자판 위에 놓인 손을 눈보다 빠르게 움직이며 게임을 하곤 했죠. 그런데 스마트폰 게임이 등장하면서는 모든 것이 바뀌었어요. 특히 저는 '애니팡'이야말로 게임계의 혁명이었다고 생각해요. 손과 눈의 협응만 가능하면 누구나 할 수 있는 게임이 바로 애니팡이었기 때문이죠. 이로써 게임은 일정한 특이 집단이 하던 오락에서 남녀노소 모두가 즐길 수 있는 게임으로 바뀌었어요.

게임은 하고 싶은데 시간이 없으면 대신 '현질'(게임에 돈을 쓰는 것을 가리키는 속어)을 하거나 친구를 파는 일도 있죠. 새벽 3시가

다 돼 제게 카카오톡으로 하트를 날리는 학부모가 계셨어요. 일종의 게임 초대장이죠. 저는 이런 분들을 곧바로 차단합니다. 왜냐하면 하트는 아무에게나 날릴 수 없거든요. 교장선생님이나 시아버지한테 하트를 날릴 사람은 없을 겁니다. 통상 있으나마나 한 관계일 때 하트를 날리는 거죠. 그러니 이런 사람은 과감히 차단하셔도 됩니다.

저는 스마트폰 게임이 등장하면서 '게임은 누구나 하는 거지'라는 인식이 생겨난 게 제일 무서운 일이라고 봐요. 혹시 'COC'라는 게임을 아시나요? '클래시 오브 클랜'이라고, 그냥 이름만 말했는데도 동공이 흔들리는 분들이 계시는군요. 이건 전 세계 135개국에서 인기 1위에 올랐던 모바일 게임이에요. 모바일 게임 초창기만 해도 게임 광고 같은 걸 하는 회사는 거의 없었어요. 그때만 하더라도 모바일 게임이 돈이 될 줄 몰랐거든요. 그런데 이 게임부터는 제작사가 엄청난 돈을 들여 광고를 하기 시작했죠. 광고에 무려 200억 원을 썼다고 합니다. 게임의 성공 여부를 판단할 수 있는 거대한 시장이 한국 시장이라고나 할까요? IT 강국의 면모를 전 세계에 과시했다고 생각합니다. 기술과 기반이 게임에 최적화되고 그 안에서 어떤 방식으로 유통을 해야 성공할 수 있는지 테스트해볼 수 있는 테스트 베드인 셈이죠.

거기 부응하듯 대한민국 유저들도 이 게임에 빠져들기 시작했습니다. 한국 유저들이 움직이면 중국 유저, 일본 유저도 다 같이 움직이기 시작해요. 한·중·일 3파전이 온라인에서 재연된 셈이라고나 할까요. 이 게임은 사실 구조는 굉장히 간단합니다. 상대의 자원이나 물약을 빼어오는 거예요. 일단 상대방의 자원이나 돈을 훔쳐 가려면 쳐들어가는 병력이 강해야겠죠. 반면 방어하는 사람은 벽이 튼튼해야겠죠. 게임을 즐기는 유저가 벽을 단단하게 쌓는 데 현금이 얼마나 드는지 계산해봤더니 1억 원가량이 나왔다고 해요. 게임이 업데이트되기 한참 전이니 지금은 훨씬 더 많은 돈이 들어갈 겁니다. 누가 게임에 그 정도로 돈을 쓰겠나 싶으시죠? 그런데 실제로 쓰는 유저들이 있습니다. 특히 중국 유저들요. 그래서 이 친구들을 큰손이라 하는 겁니다. 한국 유저들이 중국 유저들을 상대하려면 아주 힘이 들어요. 그런가 하면 일본 유저들과 싸우는 한국 유저들은 거의 명량해전에 나가는 심정이죠. 목욕재계하고 '내가 너희한테만은 결코 지지 않으리라' 이런 비장한 심정으로 나가요. 그런데 말씀드린 대로 한국 유저들은 돈이 없어요. 대신 시간과 노력, 공유의 정신으로 이겨내는 거죠. 유튜브에 영상을 올리거나 카페를 운영하며 유저끼리 전략을 공유하기도 합니다. 이 얼마나 자발적인 애국자들인지요.

여기 계신 분 중 혹시 '클래시 오브 클랜' 광고를 보신 분이 계신가요? 텔레비전에 이 광고가 등장했을 때 반응이 딱 두 종류로 나뉘었어요. 하나는 "저게 도대체 뭐야? 애니메이션이야, 영화야?" 하는 반응. 또 하나는 "야, 광고 진짜 잘 만들었다" 하는 반응. 이 게임을 아는 사람들이 보기에는 이게 정말 대단한 광고예요. 게임에 나오는 모든 캐릭터가 광고에 등장하는데, 각각의 장단점이 너무 잘 살아 있거든요. 심지어 성우 목소리마저 그럴듯해요. 저 캐릭터에 목소리가 있다면 정말 저럴 것 같다는 생각이 들 정도예요.

문제는 어른들만 이걸 모른다는 거죠. 아이들은 모두 하고 있는데, 어른들은 몰라요. 게임을 즐기는 남자아이들의 경우, 두세 개 이상의 게임을 스마트폰에 깔아서 즐기고 있는데 말이죠. 바로 옆에 있는 선생님, 부모님이 다 몰라요. 아이들과 가장 밀접한 어른들이 스마트폰 청정지역에 살고 있거든요. 그렇다고 어른들한테 게임을 하시라는 얘기는 아니에요. 아이들이 왜 저 지점에서 저토록 빠져드는지 한번 바라봐주시라는 거죠.

아이들은 디지털 원주민
어른들은 디지털 이주민

한국정보화진흥원에서는 매년 '인터넷·스마트폰 과의존 실태 조사'를 진행하고 있는데 재미있는 결과가 있어요. 2015년 조사 결과를 보면 인터넷 중독이 아이들에만 해당되는 얘기가 아님을 알 수 있습니다. 일단 삼십대 이후로는 중독률이 떨어지는 걸로 나왔는데요. 아무래도 먹고사는 문제 때문에 게임에 올인할 수가 없어서일 것입니다. 그런데 당시 조사에서 눈여겨봐야 할 것이 10세 이전과 오십대 이후였어요. 곧 3~9세는 인터넷 과의존율이 10.2%, 오십대 이후는 5.2%인 것으로 나왔는데요. 이 연령대의 특징은 아무래도 시간이 많다는 거죠. 시간은 남고 할 일이 없을 때 스마트폰이나 미디어에 의존한다는 얘깁니다. 그나마 연령대가 아주 높은 분들은 여러 가지 이유로 스마트폰을 덜 쓰십니다만, 이대

〈그림 5-1〉 연령별 인터넷·스마트폰 과의존 위험군 비율 (단위 : %)

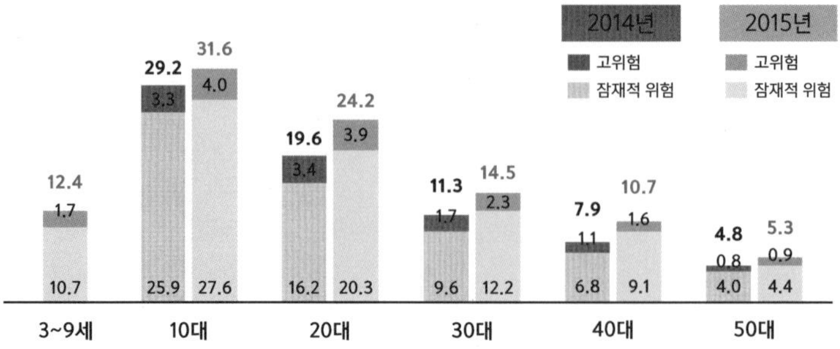

＊자료: 2015년 인터넷·스마트폰 과의존 실태 조사, 한국정보화진흥원

로 가면 나이 든 분들 중에도 게임 중독자가 나올 수 있다는 의미예요. 그런데도 우리는 여기에 별 관심을 두고 있지 않아요.

여기서 잠깐 퀴즈 하나 내볼까요? 제가 다음에 말하는 게임 중 스마트폰 게임이 아닌 것은 무엇일까요?

1. 레이븐, 2. 난투, 3. 뮤, 4. 이데아

수능 문제 푸는 것보다 더 어렵다는 표정들이시네요. 사실은 전부 스마트폰 게임입니다. 조금 전에 '뮤'라고 대답하신 분도 계시던데, 인터넷 게임 때 뮤를 접하신 분 같아요. 그런데 지금은 이것도 스마트폰 게임으로 나왔습니다. 한국의 앞선 기술력으로요. 참 어마어마한 나라죠.

다음 문제 나갑니다. '레이븐'의 광고 모델은 누구일까요? 이 광고는 텔레비전에도 나왔습니다. 생각 안 나시나요? 차승원이었습니다. '난투' 광고 모델은 정우성, '뮤'는 장동건이었어요. '이데아'라는 게임은 이병헌을 광고 모델로 썼고요. 그뿐 아닙니다. 최민식, 류승룡, 황정민, 지드래곤, 심지어는 허경영까지……. 이분들이 전부 게임 광고 모델로 나왔어요. 과거 인기 있는 여자 연예인은 소주와 화장품 광고를 했잖아요. 그런데 지금 잘 나간다는 남자 배우들은 스마트폰 게임 광고를 합니다. 왜 그럴까요? 스마트폰 게임이 돈이 된다는 걸 알았으니까.

'리니지2 레볼루션', '리니지 M' 같은 게임은 그중에서도 '끝판왕'이라 할 만합니다. 저도 이 게임은 정식 발매하기 전에 사전 예약까지 해서 플레이해봤어요. '리니지'는 본래 인터넷 게임이었죠. 그런데 이걸 모바일 게임으로 제작한 건데요. 이 게임이 타깃으로 삼은 것은 아이들이 아닙니다. 사회적으로 안정되어 있으면서 여가를 즐기기에 시간적으로나 상황적으로 여건이 안 되는 직장인들에게 문을 열어준 것이죠. 돈은 있으나 시간이 없는 성인들은 게임을 하면서 돈을 써요. 초등학생의 경우는 돈이 없으니 시간과 노력을 투자하죠. 그런데 이런 게임들은 현금을 투자하지 않으면 초고수가 되는 데 한계가 있어요. 저 역시 이 게임에 30만 원 이상을 투자했지만 미비한 투자금으로 인해 어디 내보이기 안타까운 레벨로 간간이 게임을 즐기고 있습니다. 실제로 많은 사람들이 몇 백만 원에서 천만 원 이상에 이르기까지 많은 돈을 투자해 아이템을 사가면서 게임을 즐기고 있어요. 이 얘길 듣고 "차라리 그 돈을 나를 주지"라고 하실 분도 계시겠지만 게이머들에게는 전혀 그렇지 않아요. 게임이 삶의 의미니까요. 많은 것들을 주기도 하고요. 그런가 하면 자기가 얻은 아이템을 팔아 다시 돈을 버는 사람도 생겼어요.

그 결과 어떤 현상이 나타났느냐면, 구글플레이에 들어가 보면 1~20위까지 인기 상위에 든 애플리케이션(앱) 중 게임이 아닌 것은 카카오톡밖에 없어요. 나머지는 전부 다 게임이에요. 20위 뒤로도 게임이 줄줄이 대기하고 있죠. 그런데도 어른들은 이걸 몰라요. “너희는 왜 게임하니? 재미있어?” 하는 식으로만 접근하려 들죠. 어마어마한 돈과 스토리, 비주얼, 심지어는 VR(가상현실)과 같은 신기술이 게임과 연동되고 있는데도 말이죠.

저는 우리 세대의 현 상황을 한마디로 정의하면 ‘아이러니’가 아닐까 생각해요. 지금 아이들은 엄마 배 속에서부터 미디어로 태교를 받은 디지털 원주민Digital native이죠. 반면 어른들은 디지털 이주민Digital immigrant이라 할 수 있어요. 태어날 때는 아날로그 시대였는데, 살다 보니 디지털 시대를 맞은 거죠. 어른 세대는 나름 열심히, 최선을 다해 살았어요. 덕분에 삼성 스마트폰 같은 혁신적인 물건도 만들어내고, 뛰어난 기술로 인터넷 초고속망도 깔았어요. 다른 나라는 아직 3G에 머물러 있는데, 우리는 이미 5G 시대에 접어들었잖아요. 콘텐츠는 또 어떤가요? 어마어마한 양의 콘텐츠가 이미 스마트폰에 속속 들어와 있습니다. 마지막으로 이걸 이용하기 위한 저렴한 요금제도 다양하게 나와 있어요. 아이, 어른을 대상으로 한 요금제가 다양하게 출시돼 있죠.

다시 말해 기기와 인프라가 있고 콘텐츠도 풍부한데 요금제까지 싼 최적의 환경이 마련돼 있는 셈이에요. 이런 환경에서 아이들이 스마트폰에 빠져드는 건 당연하지 않을까요? 이렇게 좋은 환경을 만들어놓고 쓰지 않으면 이상한 거잖아요. 하지만 우리 사회에서는 이미 스마트폰 중독으로 아이들의 뇌 균형이 깨지고 건강을 해치고 있다는 얘기들, 스마트폰에 대한 부정적이고 불편한 진실들이 논의되기 시작했어요. 부모 세대가 평생의 노력으로 기기와 기반을 다 만들어놓고, 막상 쓰니까 문제를 삼으니 아이러니도 이런 아이러니가 없죠.

어른들은 디지털 이민자라고 말씀드렸는데요. 이민자의 단점이 뭐냐면, 살면서 제대로 교육을 받아본 적이 없다는 거예요. 그렇게 교육받아 보지 못한 세대가 지금의 어린아이들을 교육시켜야 해요. 그렇다 보니 이것 자체가 어려움이자 문제점이 되는 거죠. 가정의 달만 되면 청소년의 스마트폰 중독이 심각하다는 둥 청소년 자살률이 높다는 식의 뉴스가 쏟아지는데요. 상황을 잘 모르는 성인들은 이런 뉴스를 보고 스마트폰을 그저 부정적으로만 받아들입니다.

그런가 하면 한편으로는 전혀 다른 일도 벌어지죠. 산업계를 비롯해 교육계에서 요즘 줄기차게 얘기하는 게 4차 산업혁명입니다. 이에 따라 무료 인터넷 강의인 '무크', 스마트폰·인터넷을 통해 미리 강의를 들은 다음 교실에서는 토론·협력 수업을 주로 진행하는 '거꾸로 교실'처럼 혁신적인 교육 실험도 등장하고 있어요. 한편에서는 스마트폰의 폐해 내지 중독 문제를 얘기하면서 다른 한편에서는 미디어를 적극 활용해서 4차 산업혁명을 좇아가야 한다니, 아이들로서는 어느 장단에 맞춰야 할지 도무지 감을 잡을 수가 없습니다. 심지어 2018년이 되면 소프트웨어 교육이 정규 교육 과정에 포함되잖아요.

지금 상황은 마치 맛있는 음식이 잔뜩 쌓여 있는 훌륭한 뷔페에 와 있는 것과 같아요. 게다가 집하고 가까워서 언제든 마음만 먹으면 갈 수 있고 가격도 저렴해요. 심지어 아이는 매우 배가 고픈 상황이네요. 그런데 부모는 아이가 과식을 해서 살이 찌지 않을까 걱정하며 본인이 정한 기준에서만 음식을 먹게 해요. 그러면서 부모는 한계치까지 음식을 먹고 있어요. 그러다가 부모가 힘이 드니까 아이가 무엇을 먹는지 관심조차 기울이지 못하더니 결국엔 무제한으로 허용합니다. 아이는 도대체 어떻게 해야 할지 종잡을 수 없는 것이죠.

사실 아이들은 어른들이 생각하는 것처럼 스마트폰을 마구잡이로 사용하지 않아요. 학교에서도 수업 시간에 자유롭게 스마트폰을 쓰는 아이는 많지 않아요. 나름대로 상도는 지키려고 노력하죠. 오직 교사만이 수업 시간에 자유롭게 전화를 받을 수 있어요. 집에서도 통제받지 않고 스마트폰을 쓰는 사람은 아이가 아닌 부모, 그중에서도 엄마죠. 아빠들은 엄마한테 혼나면 바로 스마트폰을 끕니다. 자녀 교육에 해를 끼친다고 생각하면 엄마들은 아빠를 큰아들 혼내듯 혼내죠. "당신이 스마트폰을 손에 달고 사니까 아이도 저러잖아" 하면서요. 그러면서 엄마는 스마트폰을 마음대로 씁니다. 결국 어른들은 안 그러면서 아이들한테만 절제를 강요하고 있는 셈이죠.

사회적으로 봐도 마찬가지입니다. 스마트폰 문제를 일거에 해결할 수 있는 방법을 우리 모두는 알고 있습니다. 조금 전 말씀드린 기기, 기반, 콘텐츠, 요금제 중 한 가지만 뒤떨어져도 지금보다는 스마트폰을 덜 쓰겠죠. 제가 프랑스나 독일에 갔을 때 사람들이 스마트폰을 덜 쓰는 걸 보고 '역시 선진국은 선진국이구나'라고 생각했습니다. 그런데 막상 그 나라에서 스마트폰으로 무엇인가를 해 보려 했더니 속도가 너무 느려서 포기하고 말았죠. 그런데 그 불편함이 그다지 큰 불편으로 여겨지지 않더라구요. 어차피 모두 다 안 되니까요. 그러면서 한국이 얼마나 대단한 나라인지 다시금 깨달았죠. 한국에 다시 돌아오니 또다시 스마트폰을 엄청나게 사용하게 되더라구요.

스마트폰 문제를 해결할 방법요? 구국의 결단으로 국가나 통신사가 나서서, 학생들의 미래를 위해 인터넷 속도를 2G로만 제한한다면 스마트폰 이용률이 훨씬 떨어질 것입니다. 스마트폰으로 게임을 20분만 하면 배터리가 다 닳아버린다거나, 요금이 몇 십만 원씩 나온다 해도 마찬가지겠죠. 하지만 그럴 리가 없잖아요? 현대 소비사회에서는 제조물에 대한 모든 사용 책임은 소비자가 지게 돼 있습니다. 하다못해 전화기가 폭발해도 그 결함을 입증할 책임이 소비자에게 있죠. 스마트폰의 경우에도 아이들이 지금 그 책임을 고스란히 떠안고 있는 셈입니다.

스마트폰 세대에게서
스마트폰을 뺏을 수 있겠는가

이런 현실에서 우리는 무엇을 해야 할까요? 디지털 이주민인 부모 세대는 어찌 보면 단군 이래 가장 재수 없는 세대라고 저는 생각합니다. 살다 보니 아날로그에서 디지털로 문명이 바뀌어버리는 바람에 남은 삶 동안 새로운 것을 평생 배워야 하기 때문이죠. 이전 세대만 하더라도 생애 초반 30년간 배운 지식을 나머지 30년 동안 쓰면서 살면 그만이었습니다. 그런데 지금 부모 세대는 앞으로도 30년 이상을 더 배워야 해요. 평생 배우면서 살아야 하는 거죠.

문제는 디지털 기기는 아이들이 부모보다 더 잘 다룬다는 겁니다. 사실 미디어에 관한 한 아이들이 우리보다 훨씬 많이 알고 있죠. 우리가 설명서를 참조하며 미디어 사용법을 익히는 데 반해 아이들은 경험으로 이를 깨쳐버립니다. 아이들과 우리 사이에 엄청난 간극이 있는 거죠.

그런 만큼 저는 부모님들께서 먼저 현실을 직시하셨으면 합니다. 일단, 아이들이 언제 미디어를 쓰는지 돌아보세요. 통상 아이들은 엄마 아빠가 바쁠 때 미디어를 소비합니다. 엄마 아빠도 자신들이 바쁠 때 그나마 안전하게 아이를 보호해주는 게 미디어라고 생각하죠. 스마트폰뿐만이 아니에요. 이런 목적으로 사용되는 건 TV나 인터넷도 마찬가지입니다. 이런 환경을 먼저 돌아봐야지, 스마트폰만 탓할 일이 아니죠.

그런데도 왜 부모님들은 스마트폰에 유독 신경을 쓸까요? 아마도 언제 어디서든 휴대할 수 있다는 점 때문일 거예요. 그렇다 보니 내 통제력을 벗어나는 것 같아 두렵다는 거죠. 아이들이 밖에 나가 스마트폰을 어떻게 쓰는지 확인할 수가 없으니까요. 그런데 이건 아셔야 해요. 요즘 아이들한테는 과거의 방식으로 인터넷·게임 중독 척도를 들이댈 수가 없습니다. 스마트폰을 이용하는 아이들은 예전처럼 게임을 못 하게 됐을 때 손을 떠는 등 금단이나 내성 증세를 보이지 않아요. 집에서 나오지 않거나 PC방에 죽치고 사는 것도 아닙니다. 공부를 하는 도중에도 서랍 속에 모바일 게임을 자동 플레이시켜 놓고 몬스터를 잡는 게 요즘 아이들이에요. 이 아이들은 지금 공부를 하는 걸까요, 아니면 게임을 하는 걸까요? 아이들한테는 이런 식의 구분이 의미가 없습니다. 오히려 자기가 굉장히 효율적으로 시간을 활용한다고 생각하죠.

이런 아이들에게 과거식 척도를 들이댄다는 게 무슨 의미가 있겠어요? 공부하면서 게임도 한다는 이런 아이들한테 "게임을 몇 시간이나 하느냐?", "게임이 몇 개가 깔려 있느냐?"라고 묻는 게 무슨 의미가 있겠느냐는 거예요. 상황이 이렇다 보니 최근에는 한국정보화진흥원에서도 새로운 스마트폰 중독 척도를 만들고 있다고 들었습니다. 이 문제에 관해서는 특별히 전문가라 할 만한 사람도 없어요. 저는 〈우리 아이가 달라졌어요〉 같은 프로그램을 보고 자기 아이를 '잠재적 중독자'인 양 평가하는 것이야말로 굉장히 위험한 행동이라고 생각합니다. 전문가들을 무시하는 것이 아니라 집집마다, 아이마다 상황이 다른 것을 간과해서는 안 되니까요. 부모님이야말로 가장 좋은 선생님이며 전문가가 아닐까요?

그러니 부모 세대로서는 중독을 염려하기보다 스마트폰이 하나의 문화 흐름임을 받아들이는 게 훨씬 더 현명한 선택일 것이라고 저는 생각합니다. 이렇게 스마트폰을 쓰기 좋은 환경을 만들어줬다면 그 안에서 아이들이 이걸 어떻게 사용하게 해야 할지 고민해야죠. 이런 고민은 하지 않은 채 문제가 생기면 그제야 아이들을 엄하게 통제한다? 이건 아니라고 봅니다.

제가 부모님들께 질문 하나 드려볼까요? 만약 구글이나 삼성 같은 대기업에서 하루에 스마트폰을 10시간 이상 사용하는 사람을 특별전형으로 채용하겠다면 어떻게 하시겠어요? 그래도 '나는 우리 아이가 중독되는 일은 안 할 거야' 하실 건가요? 아니면 '그래? 우리 애도 한번 도전해봐?' 하실 건가요? 마음의 갈등이 생긴다는 것은 결국 문제가 스마트폰이 아니라는 반증이라고 봅니다. 아마 많은 부모님들이 스마트폰을 문제 삼는 건 공부에 부정적인 영향을 미쳐서일 거예요. 아이가 대학에 입학하고 나서까지 스마트폰을 어떻게 사용하는지 상관하는 경우는 거의 없으니까요.

하지만 현실에서 보면 스마트폰으로 나쁜 짓을 하는 건 주로 어른들이죠. 폭주족 놀이하는 블랙박스 영상이나 겨드랑이로 밥을 비벼 먹는 것 같은 혐오 영상을 유튜브로 중계하는 사람 대부분이 어른들 아닌가요? 그런데도 어른들의 스마트폰 사용에 대해서는 간섭하는 이가 거의 없죠. 디지털 시민의식이나 디지털 소양 의식을 갖추려면 어려서부터 평생에 걸쳐 생애 주기 교육을 받아야 한다고 저는 생각해요. 어른들도 마찬가지죠. 그런데도 우리는 이걸 아이들한테만 강요하고 있어요. 아이들이 보기엔 이게 가장 큰 모순이지요.

이전에 겪어보지 못한 디지털 미디어에 대해 두려움을 갖고 있는 부모 세대가 자신의 두려움을 제어하기 위한 방법으로 가장 쉽게 선택하는 것이 통제와 지배일 것입니다. "하지 마!", "뺏을 거야!" 하면서 그간 익숙했던 방식으로 아이들을 통제하고 지배하려 드는 거죠. 그러나 이런 방식은 이젠 힘을 다 했습니다. 지금 아이들은 더 이상 부모나 교사에게만 경험을 제공받는 것이 아니에요. 그러니 부모나 교사에게 일방적으로 의존하거나 순종하지 않죠.

그렇다면 이제는 새로운 접근이 필요합니다. 저는 아이들 스스로 절제하고 조절하는 능력을 키워주는 것이 무엇보다 중요하다고 생각해요. 절제하고 조절하는 힘이 어느 한순간 만들어지는 것은 아닙니다. 어려서부터 꾸준히 고민하고 연습해야 성인이 돼서도 이를 스스로 절제하고 조절할 수 있어요.

부모가 날마다 스마트폰을 손에 쥐고 살면 아이는 결국 그 모습을 보면서 성장할 수밖에 없어요. 사람이 잘 바뀌지 않잖아요. 그나마 누군가 행동으로 뭔가를 보여줄 때 '아, 나도 저렇게 해야겠구나' 하면서 따라 하게 됩니다. 아이들도 마찬가지라고 생각해요. 하다못해 국회의원들도 본회의장에서 스마트폰만 들여다보잖아요. 그런 걸 보는 아이들은 억울하죠. '왜 우리만 못 쓰게 하는 거야' 싶어서요. 그러니 어른들이 먼저 미디어를 잘 쓰는 모습을 행동으로 보여줘야 할 것 같습니다.

부모와 아이가 함께 배우며 성장하는 정보화 사회

그에 앞서 스마트폰에 대한 새로운 접근 또한 필요하겠죠. 흔히 어른들은 스마트폰 하면 중독부터 떠올리는데요. 이런 고정관념에서 벗어나 스마트폰 자체가 달라진 문화의 일부임을 받아들여야 할 것 같습니다. 그러지 않고 스마트폰을 배척해야 할 대상이라 생각하면 시대에 너무 뒤처지게 되겠죠. 물론 아이 손에 무작정 스마트폰을 넘겨줄 수도 없겠습니다만.

저는 우리나라 아이들이 아주 많은 가능성을 갖고 있다고 생각해요. 흔히 북유럽이나 독일을 이상적인 교육 선진국으로 많이들 거론하는데요. 제가 독일의 교육 정책을 견학하고 와서 놀란 게 한 가지 있습니다. 우리 교육 정책에도 독일 교육 정책의 좋은 점들이 이미 다 반영돼 있다는 거예요. 그런데 이런 것들이 우리 교육에서 지금 제대로 시행이 되지 않고 있을 뿐이죠. 좋은 제도나 정책이 자리잡기 위해서는 많은 사람들의 노력과 희생, 사회적 합의, 문화적 여건 등 다양한 요소들이 고려되어야 하는데, 지금 대한민국은 조금 더 나은 국가로 발전하기 위해 성장통을 겪는 중이라 생각합니다. 시간과 고민이 좀 더 필요한 것이죠. 제가 생각하기엔 독일 사람들도 지금 한국에 데려다놓으면 한국 사람과 똑같이 살 수밖에 없을 거예요. 치열하게 경쟁하면서요. 반면 독일에 사는 한국 사람을 만나보니 그렇게 자유롭게 살 수가 없었습니다. 부러울 정도로요. 이건 결국 시스템의 문제인 거죠.

오늘날 대한민국은 정말 살기 힘든 나라죠. 자살률 1등, 산업재해 사망률 1등, 가계부채 1등…… 지금 어른들이 너무 살기 힘든 나라를 만들어놓았습니다. 하지만 그렇다고 "우린 틀렸어. 아무것도 안 돼" 하면 여기서 모든 게 멈춰버리게 되겠죠. 그래서는 안 된다는 겁니다. 새로운 방향으로 새롭게 움직여야죠. 그 움직임이 이미 시작됐다고 저는 생각합니다. 이를테면 이런 겁니다. 학교 공교육 현장에서 아이들이 자발적으로 공부하는 흐름이 조금씩 생겨나고 있어요. 세월호 참사 같은 사회 부조리를 보면서 이를 극복해야 한다는 생각에 공부를 하기 시작했다는 아이들도 있죠. 얼마 전 돌아가신 위안부 할머니의 빈소가 썰렁하다는 얘기를 SNS에서 접하고 삼삼오오 모여든 아이들의 모습도 저는 정말 감동적이었어요. 이런 게 바로 시민의식이겠죠.

어른들이 자꾸만 아이들을 가르치려 드는 경향이 있는데요. 저는 그럴 게 아니라 이 아이들이 바르게 성장할 수 있게끔 믿음과 신뢰로 지켜봐주는 게 앞으로 어른들이 해야 할 일이 아닐까라는 생각이 들어요. 예전에야 부모와 교사 외에는 아이들이 지식이나 경험을 전수받을 대상이 없었죠. 그런데 지금은 전혀 그렇지 않습니다. 그런 만큼 이제는 어른들에게도 동반자로서의 자세가 더 필요할 것 같아요.

저만 해도 아이가 성장하면서 저도 함께 성장하는 걸 느낍니다. 제가 아이를 키우지 않았다면 저를 만나는 아이에게 "아니, 왜 선생님 말을 이해 못 해?"라고 다그치기만 했을지도 몰라요. 아이를 키우면서 그 나이 특유의 인지적 특성과 사고방식을 이해하게 된 거죠. 물론 엄청 속이 터지죠. 그런 식으로 우리 아이가 6학년이 되면 제 이해의 폭도 더 넓어져 있을 것 같습니다. 부모와 아이가 함께 배우면서 성장한다는 게 바로 그런 의미가 아닐까요?

우리 사회가 지금 과도기에 있습니다만 민주 시민사회로 넘어가게 될수록 그전에는 당연하다고 생각했던 것들을 더는 당연하게 여기지 않게 될 것이라고 저는 생각합니다. 교육도 마찬가지죠. 그전에는 학생들이 '월화수목금금금'으로 살면서 열심히 과외 받고 공부하는 걸 미덕으로 여기던 시절이 있었습니다. 그 시절에는 부모님 또한 '능력이 되면 더 비싼 과외를 시켜야지'라고 믿어 의심치 않았죠. 하지만 이제는 시대가 바뀌었습니다. 아직 교육이 근본적으로 바뀐 것은 아닙니다만 아이들도 쉬어야 하고, 아이들 스스로 뭔가를 할 수 있게끔 만들어줘야 한다는 생각이 우리 사회에 점점 확산되고 있어요. 어른들이 당연하다고 여겨온 것들에 대해 아이들이 합리적 의심을 품을 수 있어야 한다는 생각 또한 마찬가지입니다. 실제로 이런 문제를 직접 들고 나온 아이들도 있죠. 18세 참정권 얘기도 과거 같으면 "너희가 뭘 알아?" 하고 그냥 넘어갔을 겁니다. 그런데 지금은 어른들 사이에서도 "일리가 있다"는 생각이 확산되기 시작했죠.

이런 과도기 속에서 1~2년 내에 눈에 띄는 변화가 나타나지는 않을 겁니다. 어쩌면 20~30년은 걸릴지도 모르죠. 그렇다면 변화된 삶의 방식을 어른들부터 보여줘야 합니다. 미디어 사용 문제도 마찬가지예요. 어른들의 참여가 아이들로 하여금 스마트폰 사용을 절제하게 만드는 지름길이 될 것입니다.

미디어 다이어트로 스마트폰 사용 시간 줄이기

제가 속한 깨미동에서는 몇 년 전부터 '스마트폰 바구니 운동'이라는 것을 하고 있어요. 집에 오면 가족 모두가 스마트폰을 이 바구니에 넣어놓고 한두 시간이라도 모든 미디어를 끄고 가족끼리 시간을 보내는 습관을 들여보자는 운동입니다. 이걸 시작한 건 미디어를 사용할 때도 다이어트가 필요하겠다는 생각이 들어서였어요. 육체적인 다이어트도 단순히 살을 빼기 위해 하는 게 아니잖아요. 너무 살이 빠진 사람은 살을 찌우고, 너무 뚱뚱한 사람은 살을 빼면서 건강한 상태를 만들어가는 게 진짜 다이어트죠. 마찬가지로 미디어 다이어트 캠페인을 하게 된 것은 정신적으로 건강한 상태를 만들기 위해서였습니다.

실태 조사를 해보면 사람들이 미디어로부터 자유로운 건 잠잘 때밖에 없더라고요. 그밖에는 이동할 때나 휴식을 취할 때도 손에서 스마트폰을 놓지 않죠. 결국 뇌를 계속 활성화시켜 사용하고 있는 셈입니다. 이러니 뇌가 얼마나 힘들겠어요? 속도에 길들여진 우리는 잠깐이라도 뇌가 쉴 수 있게 멍 때리는 걸 굉장히 두려워하는 것 같습니다. 이럴 게 아니라 뇌에도 쉴 시간을 줘야겠다는 생각에 스마트폰 바구니 운동을 하게 되었습니다. 이 같은 쉼을 자연스럽게 겪어내고 받아들일 수 있는 소양을 기르기 위해서요.

스마트폰 바구니라는 게 뭐 대단한 건 아닙니다. 과자 상자 같은 걸 주워 구멍을 뚫어 만든 거예요. 어떤 어머니들은 아이가 집에 이걸 가져가자마자 쓰레기인 줄 알고 버리시기도 했더라고요. 그래서 제가 다시 설명을 드렸죠. 그랬더니 이번에는 아빠들의 항의가 빗발쳤습니다. 집에 와서 좀 쉬려 하는데 아내가 스마트폰이고 뭐고 아무것도 못하게 한다고요. 미디어 다이어트라는 게 본래 개념이 그렇거든요. 스마트폰만 쓰지 않는 게 아니라 컴퓨터, 텔레비전,

태블릿PC 등 일체의 미디어 활용을 하지 않는 거예요. 대신 그 시간에 아이들과 놀아주라는 거죠. 그렇다 보니 아이와 놀아본 경험이 없는 아빠들이 너무 힘들어 하셨던 거예요.

이런 실천을 할 때 부모님들이 특히 거부감을 드러내시는 게 '이런다고 아이가 달라져?' 하는 생각 때문일 겁니다. 사실 아이들의 습관이 한순간에 바뀌지는 않죠. 그렇지만 '최소한 화장실에 갈 때라도 스마트폰을 갖고 가지 말자', '잠자기 전 한두 시간만이라도 바구니에 스마트폰을 넣어두자' 하는 식의 약속을 정해두고 조금씩 지켜 나가는 것만으로도 아이들의 소양이 바뀔 수 있다고 저는 생각합니다. 가랑비에 옷 젖듯이 말입니다.

주변에 보면 아이가 부모 몰래 스마트폰만 하려 든다고 고민하는 분들이 계시던데요. 무조건 "하지 마!"라고 하면 아이들은 빠져나갈 구멍을 계속해서 만들어낼 뿐입니다. 유일한 해법은 아이 스스로 미디어를 다루는 역량을 키우게 하는 것이죠. 그러니 "스마트폰은 ○시부터 ○시까지만 한다"는 식으로 아이가 자기 입으로 기준을 정하게 하고, 부모가 일관된 입장을 지켜주세요. 아빠랑 아이 단둘이 있을 때는 엄마 몰래 실컷 스마트폰을 쓰게 하는 식이어서는 곤란합니다. 이런 식의 절제가 점차 익숙해지면 긍정적인 삶의 습관이 될 것입니다.

스마트폰을 언제 사줘야 하나

"스마트폰을 언제 사줘야 하나요?"라고 묻는 분들도 많던데요. 이 문제도 마찬가지입니다. 무엇보다 지금 왜 스마트폰이 필요한지에 대해, 부모와 자녀가 터놓고 대화를 나누는 게 필요할 것 같습니다. 어떤 집은 맞벌이 가정이라 부모가 아이 위치를 파악하기 위해 스마트폰이 필요할 수도 있고, 어떤 집은 아이가 원해서 스마트폰이 필요할 수도 있겠죠. 중요한 것은 이걸 지금 왜 사주는지, 앞으로 스마트폰을 쓸 때는 어떤 시간에 어떻게 쓸지를 부모와 아이가 함께 얘기할 필요가 있다는 겁니다. 휴대전화 가격이며 요금제만 따질 게 아니라요.

이게 제대로 얘기되지 않으면 나중에 아이가 말을 안 들을 가능성이 높아져요. 처음에야 말을 잘 듣겠죠. 부모님이 스마트폰을 못 쓰게 할까 봐서요. 그런데 부모 눈을 피해 스마트폰을 제멋대로 쓰는 게 하나의 삶의 패턴으로 굳어지면 아이를 제어하기가 어려워진다는 겁니다. 그러니 아이 스스로 미디어를 다루는 역량을 갖추도록 해줘야 한다는 거예요. 스마트폰 사용을 어느 순간 끝낼지 스스로 정하고, 자기가 정한 사용 시간이 아니라면 스마트폰이 곁에 놓여 있어도 이를 쿨하게 지나칠 수 있는 소양 내지 역량을 길러줄 필요가 있다는 겁니다.

다만, 저 개인적으로는 초등학교 3학년 이후에 스마트폰을 사주시라고 말씀드리고 싶어요. 스마트폰을 되도록 늦게 만나는 게 좋지 않을까 싶어서입니다. 이유는 간단해요. 아이가 스마트폰에 빠지면 다른 세상을 쳐다보지 않으려 하니까요. 그런 만큼 아이들이 가능하면 좀 더 많은 오프라인 세상을 경험한 뒤 온라인 세상으로 넘어갔으면 하는 게 제 바람입니다.

마지막으로 아이들을 '가르쳐야 할 존재'에서 '삶의 동반자'로 바라보는 자세의 전환이 부모들에게 필요할 것 같습니다. 지금 우리는 우리 부모 세대와도 갈등을 빚고 있잖아요. 우리가 촛불을 들고 거리에 나갈 때 부모님들은 태극기를 드셨습니다. 이대로는 가족의 화합이 이뤄지지 않죠. 텔레비전에 뉴스만 나오면 싸우면서요. 제 경우는 어느 순간 '부모 세대가 그럴 수도 있겠구나' 하는 생각이 들었어요. 그래서 우리 어머니께도 이렇게 부탁드렸죠. "제가 어머니의 경험과 생각을 인정할게요. 대신 어머니도 우리 세대와 그다음 세대가 살아갈 길을 스스로 선택할 수 있게 믿어주세요. 제가 선택하고 책임질 수 있게끔 말이에요. 대신 제가 잘못된 선택을 하는 것 같아 보일 때는 어머니 세대의 경험과 지혜를 나눠주세요."

이것은 우리와 자녀 세대의 관계도 마찬가지죠. 우리가 살아온 시대와 자녀가 살아갈 시대는 완전히 다를 것입니다. 우리가 배웠던 방식으로 아이들을 교육시키면 문제가 불거질 수밖에 없어요. 부모가 아이보다 더 낫다고 말하기도 어려울 거예요. 부모가 자신의 지식이나 경험을 아이에게 무조건 강요하는 방식은 조금 위험하다고 생각합니다. 과거에 배웠던 지식이나 경험들이 미래의 세상에서는 역사의 저편으로 사라질 수도 있습니다.

지금 우리에게 가장 필요한 것은 아이는 부모를 통해 배우고, 부모 역시 아이로 인해 성장하고 있다는 사실을 받아들이는 일입니다. 성장은 양방향입니다. 오랜 시간 아이와 부모가 함께 성장해 나가면서 따로 또 같이 하나의 온전한 인격체를 이뤄간다는 믿음과 신뢰가 필요할 것 같습니다. 미디어 사용 문제도 일방적으로 가르치려 들지 마세요. 부모들이 미디어를 긍정적으로 사용하는 모습을 보면서 자란 아이들은 훗날 '그래, 우리 엄마 아빠는 미디어를 이렇게 대했지' 하고 기억을 되살리면서 방향을 찾아나갈 겁니다. 가정에서는 이런 소양을 키워주셨으면 좋겠다는 거예요. 중요한 것은 '속도'가 아니라 '방향'이라 하잖아요. 그간 우리가 속도에 치중하는 삶을 살았다면 이제부터는 방향을 찾는 쪽으로 눈을 돌려야 할 것입니다. 우리가 촛불집회에 나섰던 것 또한 내가 잘 먹고 잘살기 위해서가 아니라 우리 자녀 세대가 좀 더 밝고 건강한 대한민국에 살기를 바랐기 때문이잖아요. 이런 것들이 모두 유산이 될 것이라고 저는 생각합니다. 어떤 물질적인 것을 물려주는 것보다 부모님들이 이렇게 건강하고 모범적인 모습을 보일 때 아이들도 이걸 보면서 건강하게 따라올 수 있을 테니까요.

세상에서 가장 좋은 선생님은 부모님이라고 믿습니다. 아이들이 학교에서 선생님과 오랜 시간을 보낸다고는 하지만 아이들의 삶에서 가장 중요한 스승은 부모님일 것입니다. 삶을 대하는 방식을 가르쳐주는 사람이니까요. 그러니 단편적 경험이나 지식에 비춰 아이들을 함부로 판단하고 재단하지 말아야 할 것 같습니다. 아이들 입장에서 문제를 바라보면서 아이가 디지털 시대에 어떻게 건강한 시민으로 성장할 수 있을지를 고민해야 할 것 같습니다. 변화하는 사회에서 유연하게 대처하고 바람직한 시민으로 성장하는 힘, 그것이 디지털 시대를 살아가는 데 반드시 필요한 디지털 시민의식 Digital Citizenship이고 디지털 이주민인 부모 세대가 디지털 원주민인 자녀 세대에게 물려줄 수 있는 소중한 유산이 아닐까요?

마지막으로 저는 이렇게 말하고 싶어요. 부모가 스마트해야 아이들도 스마트하다고요. 스마트하다는 게 똑똑하고 잘났다는 뜻이 아니에요. 우리가 삶을 대하는 방식이 좀 더 바람직하고 행복하게 만들 수 있을 때 스마트하다고 생각합니다. "Are You Smart?"라는 질문에 "Yes, We are smart!"라고 누구나 대답할 수 있도록 디지털 시대의 아이들이 좀 더 건강하게, 행복하게 살 수 있게끔 우리가 좀 더 노력해야 할 것 같습니다. 감사합니다.

6강

'초4병'이 두려운 부모를 위하여

윤다옥

한성여중학교 상담 교사, 노워리상담넷 소장

우리 아이 '제대로' 자라게 돕기

부모 교육 강의에 나설수록 주춤거리게 되고 자신감이 떨어지는 것 같습니다. 저 자신이 두 아이를 키우는 엄마로서, 아이들이 클수록 그동안 제가 수많은 학부모님들께 했던 말들이 생각나면서 마음이 별로 좋지 않더라고요. 제가 과연 부모님들 얘기를 최선을 다해 들어주고 함께 마음 아파 했던 걸까, 제 입장에서 너무 편하게만 얘기했던 건 아니었을까 싶어서요.

제가 이런 생각을 하게 된 것은 두 아이를 키우는 동안 수많은 갈등을 겪었기 때문이에요. 남들이 쉽게 키웠다고 말하는 큰애와 달리 둘째를 키우면서 특히 반성을 많이 했습니다. 둘째가 올해 중1이 됐는데요. 아이가 특별한 사고를 친 것도 아닌데, 사춘기를 거치며 너무 힘이 들더라고요. 어떨 때는 내가 상담 교사인데도 아이를 다른 곳에 상담 보내고 싶을 정도였어요. 때론 '정말 미치겠네' 싶으면서 누가 저 대신 아이 얘길 들어주고 가이드를 해줬으면 좋겠더라고요.

이런 일들을 겪다 보니 "아이 키우면서 자신만만해하는 게 아니다"라던 어른들 말씀도 새삼 다가왔어요. 사춘기 아이를 키운다는 게 날마다 기복이 있더라고요. 어떤 날은 사람이 미칠 것 같다가 또 하루 이틀은 살짝 편해져요. 그러다 다시 힘들어지는 거죠. 그나마 얼마 전 본 동영상에서 "각자가 겪는 어려움은 비교 대상이 될 수 없다"라는 말을 접하고 조금 위안을 받았어요. 그 누구도 "뭘 그 정도를 가지고 힘들다고 그러느냐. 우리 집을 한번 봐라"라고 상대에게 함부로 말할 수는 없다는 내용이었는데, 보면서 크게 공감했습니다. 부모든 아이든 각자 겪는 어려움이 있고, 그것이 당사자에게는 가장 큰 문제일 것이기 때문이죠.

오늘 얘기를 풀어가면서 우리 집 사례를 간혹 들 텐데요, 미리 말씀드리지만 이게 훌륭한 양육 방식이라거나 정답이어서가 아니에요. 제가 상담을 전공하고 배운 사람이지만, 저마다 경우가 다르다는 걸 매일매일 느끼고 있습니다. 그러니 "이럴 땐 이렇게 해야 해요", "저럴 땐 저렇게 하는 게 맞아요"라고 쉽게 말하지 않으려 합니다. 각자 처지에 맞게 판단해주시면 됩니다.

오늘 강의 주제가 '멀지 않은 사춘기, 우리 아이 발달 단계와 관계 맺기'인데, 저는 거기에 '우리 아이 제대로 자라게 돕기'라는 소제목을 붙이고 싶어요. '제대로'라는 말을 사전에서 찾아봤더니 '마땅하고 알맞은 정도로', '마음먹은 대로' '제 규격이나 격식대로 또는 있는 그대로' 등의 뜻이 있더군요. 이렇게 아이가 있는 그대로, 제 나름의 규격과 격식에 맞게 자랄 수 있도록 도와주는 게 부모 역할일 것 같습니다. 물론 이는 아이마다, 부모마다, 가정마다 다를 수밖에 없겠지요. 부모 교육을 할 때 "이럴 땐 이렇게 해야 해요", "이게 맞아요"라고 쉽게 말할 수 없는 것도 이 때문입니다. 앞으로 자세히 얘기하겠지만, 이렇게 아이가 제대로 자라게 도우려면 부모의 선택과 용기가 필요하다는 게 오늘 제 이야기의 핵심입니다.

부모를 괴롭히는 몇 가지 질문

강의를 시작하면서 먼저 몇 가지 질문을 던져볼까요? 첫 번째 질문은 '내 아이가 좋은 사람이 되기를 바라나요, 아니면 똑똑한 사람이 되기를 바라나요?'입니다. 대답하기 막연하시죠? 좋은 사람 하면 아무래도 착한 사람, 선한 사람을 떠올릴 텐데 부모님들께서는 내 아이가 이런 사람이 되길 원하시나요? 아니면 똑똑한 사람이 되길 원하시나요? 어느 한쪽도 놓치기 힘들죠. 그런데 이 두 가지를 다 갖추기는 어렵다는 것, 부모님들께서도 다들 알고 계시죠? 그런데 우리 부모들이 이중 어느 쪽도 놓칠 수 없어 하기에 우리 아이들이 더 힘들어지는 건 아닐까, 저는 잠깐씩 그런 생각을 해보곤 합니다.

부모님들이 또 많이 고민하시는 게 '우리 아이가 과연 나중에 어른이 되어 성공할 수 있을까? 행복하게 살 수 있을까?'일 거예요. 자연스레 '지금 내가 무엇을 해야 아이가 성공할 수 있을까?' 싶어지면서 마음이 절로 시달리게 되죠. 지금 내가 뭔가를 하지 않으면 큰일 날 것 같다는 불안감을 느끼면서요. 아마 이런 생각을 하는 분도 계실 거예요. '아이가 유치원 때 또는 초등학교 저학년 때 내가 제대로 해줬어야 할 걸 못 해줘서 우리 아이가 지금 이런 게 아닐까?'라고요. 어쩌면 이는 아이가 성인이 되고 난 뒤로도 마찬가지겠죠. '어릴 적에 사랑을 제대로 못 줘서 아이가 이렇게 매몰찬 사람이 돼버린 걸까?', '내가 제대로 팍팍 밀어주지 못해서 아이가 성공하지 못한 걸까?' 그런데 그 대답을 지금 시점에서 어떻게 알 수가 있겠어요? 아무도 알 수 없죠. 그런데 이렇게 답이 없는 문제를 들고 부모들이 근심하고 불안해하는 것이 현실입니다.

세 번째 질문은 '아이가 경쟁에서 살아남을 수 있게끔 최선의 노력을 다하지 않는 부모는 태만한 부모인가?'입니다. 자기 자신에게 이런 질문을 던지는 부모님도 많을 거예요. 실제로 사교육 시장이나 이른바 '옆집 엄마'들이 부추기는 것도 바로 이 지점이죠. '아이가 좀 더 나아질 수 있게끔 부모가 최선의 노력을 다해야지, 그냥 내버려두다니 이거야말로 방임 아냐?' 하면서요. 그러면서 부모들로 하여금 죄인이 되게 만들죠. 아마 자기 자신을 '이기적인 엄마'라고 여기는 분들은 대부분 마음 한편에 이런 생각들을 품고 계실 거예요. '내가 너무 내 것만 챙겼나?' 하면서요. 저 자신도 이런 고민들로부터 자유롭지 않습니다. 학교에서도 보면 교사라는 자기 직분에 충실하면서도 자기 아이에게 집중하는 엄마 교사들도 많아요. '그에 비하면 나는 너무 밖으로 나돌았던 것은 아닐까?' 하면서 저 자신을 돌아보게 되는 거죠.

네 번째 질문은 '부모는 자신의 인생을 살아야 할까, 아니면 자신의 인생을 포기하더라도 아이들이 모든 기회를 누릴 수 있게 해줘야 할까?'입니다. 세 번째 질문과도 연결이 되는 내용이죠. 포기 내지는 희생·헌신이라 하기엔 좀 거창하기는 합니다만, 어쨌거나 '내 인생은 작은 부분으로 놔두고 아이가 모든 기회를 누릴 수 있게끔 전력을 다해야 하지 않을까?'라고 고민하는 분들이 적지 않을 겁니다. 과연 이런 질문의 정답은 무엇일까요? 우리가 이미 머릿속으로는 알고 있죠. 아무리 풍성한 기회나 좋은 자극을 준다 하더라도 그것이 아이의 미래 성공을 보장할 수는 없다는 것을 말입니다. 그럼에도 부모들은 아이를 이대로 놔두는 건 아닌 것 같아, 스스로 선을 설정하고 '그래도 이 선까지는 최선을 다해야지'라는 식으로 스스로를 몰아갑니다.

그렇다면 지금까지 던진 질문들에 대해 좀 더 본격적인 검증을 해볼까요? 먼저 이런 생각을 가진 부모님들이 있습니다.

"아이가 인생에서 성공하려면 좋은 대학에 가야 한다. 좋은 대학에 가려면 유치원부터 제대로 선택해야 한다. 운동은 아주 일찍 시작해야 한다. 방학은 특별한 재능을 키울 수 있는 절호의 기회이다. 과외 활동은 당연히 해야 한다. 학년, 흥미, 활동 내용, 추구하는 목적에 따라 우리 아이들이 학교에서 좋은 성적을 내느냐 그렇지 못하느냐가 결정된다. 아이들은 외부에서 철저히 관리되어야 한다."〔〈내 아이를 위한 심리 코칭〉 중에서(매들린 러빈, 문학동네, 2015)〕

그런가 하면 '이건 아닌데' 하는 생각을 가진 분들도 계실 겁니다. 지금의 젊은 세대는 부모 세대와는 또 다릅니다. 부모에 비해 교육 수준도 높고 경제적 여유도 있죠. 사회적 이슈에 대한 관심도 높은 편이고요. 이런 부모들은 아이를 무지막지하게 키우고 싶지는 않다고 생각하는 경향이 있습니다. 그건 틀린 방식이라는 가치판단도 갖고 있고요. 이분들의 생각을 정리하자면 대략 이럴 겁니다.

"한편으로는, 이제는 학교 성적보다 건강하게 성장하는 것이 아이에게 훨씬 중요하다는 사실을 알고 있다. 또한 소유한 물질보다 정신적 성숙이 아이의 삶을 더 풍요롭게 할 것이라는 사실을

안다."〔〈내 아이를 위한 심리 코칭〉 중에서(매들린 러빈, 문학동네, 2015)〕

하지만 이런 이상을 따라간다는 게 쉽지는 않죠. 때로는 더 혼란스러워지고 괴로움에 빠질 때도 있습니다. 나름 의식이 있다는 분들조차 "저도 아이를 외부에서 관리하는 식으로 키우고 싶지는 않아요. 그렇지만 저 또한 기존 관념과 교육 속에서 자랐기 때문에 그 틀에서 자유롭지 못합니다"라고 고백합니다. 남들은 다 저쪽으로 가는데 나 혼자 다른 방향으로 가는 것 같아 외롭고 힘이 달린다고 호소하는 분들도 있죠. 그래서 일부러 이런 자리를 찾아 강의를 듣는 분들도 계실 거고요.

그렇다면 하나씩 따져봅시다. 똑똑한 아이는 당연히 성적이 좋은 것 아니냐고요? 그렇지 않죠. 학교 성적이 좋을 수도, 좋지 않을 수도 있습니다. 똑똑하다는 건 종이와 연필로만 측정할 수 있는 게 아니니까요. 아이가 세상을 살아가는 데 필요한 현명함이나 지혜는 눈에 보이지 않습니다.

요즘 시대에 성공하는 아이로 기르려면 과외 활동을 다양하게 시키는 게 좋다는 생각은 또 어떨까요? 실제로 이런 생각으로 수영, 발레, 태권도, 피아노 같은 예·체능 활동은 기본이고 방학 캠프, 역사 캠프 등을 아이에게 다양하게 시키는 분들이 적지 않죠. 아이들이 다양한 경험을 해봐야 좀 더 풍부한 자산을 가지고 준비된 어른이 될 수 있지 않을까 하는 기대에서요. 그런데 아이들한테 무엇보다 필요한 것은 과외 활동 그 자체가 아니라 세상을 살아나가는 데 필요한 자아 정체성, 책임감 같은 것들일 겁니다. 곧 아이가 다양한 과외 활동을 하면서도 '나는 한심해. 이렇게 많은 활동을 하는 데도 역량이 받쳐주질 않아', '나는 부모님한테 사랑받을 자격이 없어' 같은 생각을 하고 있다면 아무 소용이 없다는 것입니다. 이런 바탕이 갖춰져 있을 때만이 과외 활동도 플러스가 되어 효과를 발휘할 수 있겠죠.

'일류 대학에 입학하면 엄청나게 유리한 고지를 차지할 수 있지 않을까? 그래야 좋은 인맥도 쌓을 수 있을 거야'라는 생각에 대해서도 따져봅시다. 한국에 사는 부모와 학생이라면 누구나 서울대 입학을 목표로 삼으니까요. 주변에 보면 공부에 재능이 있고 성실한데다 심지어는 운까지 따라주는 아이들이 간혹 있습니다. 이런 아이들을 보면 참 놀랍기도 하고 부럽기도 하죠. 반면 일류 대학을 목표로 시간, 놀이, 정서 등 많은 것들을 빼앗기는 대가를 치르고서도 실패하는 아이들 또한 엄연히 존재합니다. 그런 만큼 우리 아이가 어떤 아이인가, 객관적으로 바라볼 필요가 있을 것 같아요. 자칫하면 아이가 후자 쪽일 수도 있으니까요. 무사히 일류 대학에 입학했다 하더라도 안심할 일은 아니죠. 대학 상담소의 상황을 보면 정신과 약을 먹어야 할 만큼 정신적으로 힘들어하는 대학생들도 적지 않습니다.

그러니 '내가 저만큼을 감수하고라도 대가를 치를 것인가 말 것인가' 결정해야 한다는 거죠. 우리 부모 세대나 제 또래 세대까지만 하더라도 교육을 통한 계층 이동이 어느 정도는 가능했던 것 같습니다. 지금도 이게 아예 불가능한 건 아니죠. 다만 대가를 치러야 한다는 겁니다. 그러니 우리 아이가 감당해야 할 대가를 꼭 먼저 생각해보시라는 거예요.

저는 그에 앞서 필요한 것이 '우리 아이가 이룩해야 할 삶이 어떤 삶일까'라는 질문이라고 생각합니다. 학업 성취가 더 이상 성공을 보장하지는 않는다는 정도는 모든 부모님들이 감으로 느끼고 계실 겁니다. '행복한 삶이란 곧 어려움이 없는 삶일까?'라는 질문 또한 스스로에게 꼭 던져보셔야 할 것 같습니다. 어려움이 없는 삶이 곧 잘사는 삶이고 성공한 삶일까요? 여러분은 이미 겪어보셔서 알 것입니다. 고통이 없는 삶은 없다는 것을. 삶에는 항상 굴곡이며 좌절, 고통이 따를 수밖에 없다는 것을. 겉으로 완벽하고 평온해 보이는 가정일지라도 나름의 고통과 아픔이 있을 수밖에 없죠. 그런대로 무난하게 살아왔다는 분들조차 스스로의 삶을 돌이켜보면 그 안에 나름의 시련, 고통, 좌절이 있었다고 말씀하실 것입니다. 그렇다고 '나는 이미 시련, 고통, 좌절을 많이 겪었으니까 내 아이는 그런 걸 겪지 않게 해주고 싶어'라고 할 수는 없다는 거죠. 이런 어려움을 별로 겪지 않고 부모의 철저한 보호 아래 성장한 아이들도 있을 겁니다. 그런데 이렇게 키운 아이들은 단 한 번의 좌절에도 나가떨어지는 경향이 있습니다. 그러고는 잘 회복하지도 못하죠. 곧 자잘한 좌절들을 경험할 수 있어야 이를 통해 예방주사도 맞고, 다음번엔 어떻게 대처할지 맷집을 키우면서 전략도 짤 수 있게 된다는 겁니다.

그러니 단순히 행복한 삶을 떠나 '내가 될 수 있는 최상의 나'가 되는 것이 성공적인 삶이 아닐까라고 저는 생각합니다. 아이 각자가 가진 장점이나 단점, 특색 등을 최대한 발휘할 수 있는 삶 말입니다. 여기서 나아가 공동체의 일원으로서 사회적 의미와 관계 속에서 '최상의 나'가 될 수 있을 때 진정한 성공적인 삶이 될 수 있겠죠.

이런 삶이 성공적인 삶이라는 데 동의하신다면 우리 부모들에게 필요한 것은 선택과 용기일 것입니다. '나는 삶에서 무엇을 중요하게 생각하고, 무엇을 최선의 가치라 생각할 것인가. 그리고 내 아이는 어떻게 키울 것인가.' 이런 질문들 앞에서 선택과 용기를 가져야 한다는 거죠. 일례로 아이들이 노는 게 중요하다고 생각하면서도 그랬다가는 아이가 뒤처질지도 모른다는 불안 때문에 자꾸 과외 활동에 집어넣는다든가, 아이가 누구나 다니는 예·체능학원에 다니는 것만으로는 뭔가 아쉬운 것 같다는 생각에 좀 더 특별한 프로그램을 찾는 부모들이 있습니다. 멀리 갈 것 없이 바로 제 얘기예요. 미술학원에서 그냥 똑같은 그림만 그리게 하는 건 별로 좋지 않다는 얘기를 어디선가 듣고 아이가 직접 스토리를 만들고 그림도 그릴 수 있다는 책 만들기 프로그램엘 몇 년간 보냈었죠. 다행히도 아이가 굉장히 좋아해서 꾸준히 했습니다만…….

부모로서 한정된 자원과 에너지를 어떻게 쓸 것인지에 대해서도 고심하셔야 할 것 같습니다. 저는 엄마지만 친구들도 필요합니다. 모임도 필요하고, 내일을 위해 준비할 시간도 필요하죠. 그런데 아이의 학원 스케줄에 맞춰 데려가고 데려오고, 캠프 알아보고, 봉사활동 알아보느라 많은 엄마들이 제 시간을 갖지 못합니다. 친구들과 약속이 미리 돼 있던 날 선생님과 상담이 잡히면 당연히 내 약속을 포기하고 아이 일에 전력을 다하게 되잖아요. 물론 아이가 어릴 적에는 이렇게 뒤따라 다니면서 챙겨주고 보살펴주는 게 필요하죠. 하지만 초등학교 시기에 접어들면 그렇게까지 할 필요는 없습니다. 그런데도 아이를 싸고돌면서 모든 스케줄을 다 직접 짜주고 관리하는 부모님들이 적지 않죠. 자기 인생을 다 포기하면서 말예요.

그런데 제가 가끔 상담을 하다 보면 이런 친구들을 만나게 됩니다. 엄마는 분명 아이한테 '올인'하는 것 같은데, 아이는 자기밖에 몰라요. 굉장히 이기적입니다. 자기 스케줄이 생기면 "엄마가 이건 당연히 해줘야지" 하는 식으로 나오죠. 엄마가 바쁘다고 해도 "그래도 내 걸 먼저 해줘야지"라고 요구합니다. 발표회 같은 건 엄마가 만사 제치고 당연히 참석해야 하는 것으로 알고요. 이런 아이들은 자기 것이 우선이 되는 것을 너무도 당연하게 생각합니다. 엄마는 당연히 내 것이라고 생각하죠. 엄마의 희생, 헌신 같은 것들은 돌아보지 않습니다. 곰곰 생각해보면 아이를 이렇게 키운 건 결국 어른들이에요. 부모의 시간이나 에너지, 정성을 아이보다 항상 아래 순위에 놓았기에, 아이가 부모의 희생 내지 헌신을 너무나 당연한 권리로 받아들이게 된 거죠.

그러니 선택을 하셔야 할 것 같습니다. 모두가 한 방향으로 가고 있을 때 내가 옳다고 생각하는 다른 방향으로 가려면 정말 큰 용기가 필요하죠. 아마 혼자라면 더더욱 용기가 나지 않을 거예요. 이렇게 고민하는 부모들이 자리를 함께하는 게 그나마 도움이 될 겁니다.

아이의 자아 개념 확립을 위해 부모가 해야 할 일

그렇다면 이제부터 본격적으로 초등학교 시기 아이가 수행해야 할 과업과 그에 따른 부모 역할에 대해 알아볼게요. 전문가들은 흔히 초등학교 시기 수행해야 할 과업으로 크게 세 가지를 꼽습니다. 자아 개념의 확립, 학습과 근면성 발달, 또래 관계의 형성이 그것이죠.

사실 아이가 초등학교에 입학하고 나면 부모님들이 걱정이 많습니다. 제 경우엔 담임선생님과 면담할 때마다 아이의 사회성을 항상 먼저 묻곤 했어요. 우리 큰아이는 늘 혼자 노는 것 같아서, 둘째는 보기와 달리 자기 의견을 말 못 하고 속으로 끙끙거려서 고민이 많았거든요. 그다음엔 아이가 공부를 제대로 잘하고 있는지 궁금해했죠. 대개 많은 부모님들이 비슷하실 겁니다. 그것도 그냥 잘한다, 못한다 정도가 아니라 그 반에서 아이가 어느 정도 수준인지 비교를 해보곤 하시죠. 그 결과 반 평균보다 아이가 높은 수준이라면 안심하면서 '이 수준을 유지할 수 있게 계속 신경을 써야겠군' 하고 생각할 것이고, 평균보다 낮은 수준이라면 '기분은 나쁘지만 어쨌거나 앞으로 더 철저히 공부를 시켜야겠어'라고 결심을 하게 되죠.

그런가 하면 또 한 가지 요즘 부모님들이 많이 신경을 쓰는 게 아이의 자존감일 겁니다. 아이가 스스로를 괜찮은 사람이라고 여기게끔 신경들을 많이 쓰시죠. 부모 마음에 안 드는 행동을 할지라도 함부로 혼내지도 않고요. 칭찬도 많이 해주시는 편이죠. 칭찬을 너무 많이 해주다 보면 효과가 없어지는 건 아닌가, 가끔씩 걱정도 하면서요. 언제, 어느 정도로 칭찬하고 혼내야 아이 자존감을 지켜줄 수 있을지, 이런 걸 따지자면 참 머리가 아프죠.

그렇다면 이 시기 부모가 수행해야 할 주요 과업은 무엇일까요? 초등 시기가 되면 유아기 때와 달리 아이의 세상 경험이 넓어지죠. 한 살 차이밖에 안 나지만 일곱 살인 유치원생과 여덟 살인 초등학교 1학년 간에는 격차가 상당합니다. 초등학교에 입학하면서 아이들은 현실 사회와 날것 그대로 부딪치게 되죠. 부모에게 직접 말하지는 않을지라도 그곳에서 온갖 경험과 좌절을 자기 혼자 생생하게 겪고 느끼게 됩니다. 그러니 학교를 마치고 집에 돌아온 아이에게는 "정말 애썼다"라고 말해주세요. "애썼다", "고생했다", "힘들었지?" 이건 본래 어른들끼리 하는 말인데, 실은 아이들도 이런 말 듣는 걸 굉장히 좋아합니다. 이런 말을 해주지 않으면 자신을 알아주지 않는다고 생각해 오히려 서운해하고 힘들어 하는 듯해요.

초등학생인 아이에게는 여러 가지 사실과 당면한 현실을 잘 설명해주고, 아이들의 질문에 성실하게 답해주는 자세 또한 필요합니다. 저절로 아는 아이들은 많지 않아요. 하다못해 남의 물건에 손을 대서는 안 된다는 것조차 아이들은 가르쳐주지 않으면 모릅니다. 그저 친구 것이 예뻐 보여 잠시 쓰고 다시 갖다놓으면 되는 것으로 생각하니까요. 이런 걸 부모님들이 하나하나 설명해주셔야 합니다.

아이가 뭔가를 물어볼 때 힘들고 피곤하다고 외면해서는 안 돼요. 본래 말이 많던 아이라도 때가 되면 말이 없어집니다. 특별히 부모와 얘기할 가치를 못 느끼면서 귀찮아하죠. 그러니 그나마 아이가 부모와 얘기를 하고 싶어 할 때 충분히 귀를 기울여주셔야 합니다. 아이들은 자기가 좋아하고 소중히 여기는 것에 대해 부모와 나누고 싶어 합니다. 저도 큰아이가 기계음으로 만들어진 게임 배경 음악을 자꾸 들려주려 해 괴로웠던 경험이 있어요. 그나마 제가 컨디션이 좋은 날은 "그런 소리를 어떻게 만든대?"라는 식으로 대꾸를 해줬죠. 그러면 아이는 신이 나서 설명을 하곤 했고요. 하지만 제가 기력이 없는 날엔 뭐라 대꾸해주기도 힘이 들었습니다. 너무 힘이 없는데다 제가 좋아하는 소리도 아니었으니까요. 그런데 나중에야 알게 됐죠. 아이는 자기가 좋아하는 것에 대해 부모가 반응을 해줘야만 자신에게 일어난 일들을 얘기하면서 부모에게 자기 자신을 열어 보인다는 것을요. 이게 통하지 않는다 싶으면 어느 순간 입을 닫아버리는 거죠.

아이가 다른 사람의 평가와 판단에 잘 대처하도록 도와주는 것도 초등 시기 부모가 할 일이죠. 초등학생이 되고 나면 아이들도 "세상에서 네가 제일 예뻐"라는 부모의 말을 믿지 않기 시작합니다. "우리 엄마 아빠니까 나한테 저런 말을 하지"라는 식이에요. 설사 객관적으로 얘기를 해줘도 엄마 아빠가 하는 말은 잘 믿으려 들지 않습니다. 왜냐구요? 아이들도 이제는 비교를 할 수 있게 됐거든요. 나름 현실을 볼 수도 있게 됐고요. 그런 만큼 초등 시기 부모님들은 객관적 현실을 알려주되 아이가 자기 자신을 어떻게 평가하고 판단하는지 잘 알아차려, 아이에게 긍정적인 자아 개념이 형성될 수 있게끔 끊임없이 뒷받침을 해줄 필요가 있습니다. 이 나이 때는 자아 개념이 아직 탄탄한 것은 아니죠. 그래도 초등학교 때 긍정적인 자아 개념이 잘 형성된 아이는 훗날 사춘기를 극심하게 겪는다 해도 별다른 손상을 받지 않고 제자리로 돌아오는 경향이 있습니다.

부모 입장에서 아이의 자아 개념이 잘 형성되기를 바란다면 먼저 내가 아이를 얼마나 감독하고, 얼마나 자유롭게 해줄 것인지 선택하셔야 해요. 일단 안전과 관련된 문제라면 부모님이 명확한 선을 긋고 "이 부분은 네가 지켜줘야 할 부분이다"라고 지시·명령을 내리는 게 필요하겠죠. 그런데 때로는 이조차 '지금이 과연 그럴 만한 상황인가' 헷갈릴 때가 있을 겁니다. 이럴 때는 주변의 지혜로운 분이나 상담실 도움을 받아보세요. 혼자 판단하기 힘들 때는 함께 의논해가면서 해야죠.

자아 개념이라고는 합니다만, 사실 초등학교 시기만 해도 '나는 어떤 사람인가'에 대한 개념이 탄탄한 것은 아닙니다. 자기가 좋아하는 것에 대해서도 아직 정확하게 모르고요. 우리 큰아이도 초등학교 1~2학년 때는 장래 희망이 축구선수라고 했어요. 그 시기엔 축구 클럽에 다니고 있었거든요. 이 시기 아이들이 그렇습니다. 자기가 주로 노출되고 활동하는 걸 좋아하는 걸로 착각하는 경향이 있죠. 나중에 성장하고 보니 우리 아이는 운동을 즐기지 않을뿐더러 하다못해 관람하는 것도 흥미 없어하는 성향이었습니다. 지금은 "네가 옛날엔 축구선수가 되고 싶다고 장래 희망란에 썼었어"라고 말해주면 오히려 본인이 "말도 안 돼"라며 웃더라고요. 그러니 아이가 성장하는 데 따른 다양한 충동, 욕구 등을 잘 살피면서 부모가 그때그때 적절하게 반응 내지 상호작용을 해줄 필요가 있습니다. 그에 따라 아이의 생각하는 폭이나 힘이 길러질 테니까요.

아이의 자아 개념이 형성되는 데는 부모가 허용해주는 범위를 어떻게 잡느냐도 중요합니다. 물론 아이에게는 자발적으로 성장하는 힘이 있지만 부모의 가치나 세계관이 미치는 영향력 또한 무시할 수 없죠. 부모에게 확실한 기준이 서 있으면 아이에게도 그것이 편안하게 전달됩니다. 반면 부모가 맨날 혼란스러워하고 힘들어하면 아이도 힘들고 혼란스러워져요. 제가 상담 받으러 온 아이들에게 "엄마하고는 의논해봤어?"라고 물어보면 "엄마한테는 얘기 안 했어요" 하는 경우가 적지 않습니다. 왜냐고 물어보면 엄마한테 얘기해봐야 도움이 안 될뿐더러 오히려 더 분란이 생기거나 감당하기 힘들어질 때가 많다는 거예요. 그러니 해도 되는 것과 하면 안 되는 것에 대한 경계를 부모님들께서 분명하게 정해줄 필요가 있습니다. 이런 것들이 사소한 부분부터 일상에서 쌓여야 나중에 정말 중대한 것까지 아이들이 헷갈리지 않을 수 있죠.

초등 시기 아이는 자신의 죄책감보다 부모의 고통에 더 민감하게 반응한다는 것 또한 기억하셔야 합니다. 곧 아이는 '이게 옳은 길이겠거니' 생각해서라기보다 자신이 그렇게 하지 않을 경우 부모가 너무 힘들어하고 아파하는 것을 알기에 부모가 원하는 방향으로 행동할 가능성이 높아요. '나는 엄마 아빠한테 좋은 사람이 되고 싶은데, 내가 이런 행동을 하면 엄마 아빠가 너무 괴로워하는구나' 싶어 부모 말을 듣는 거죠. 이는 부모의 고통을 덜어주기 위해 하는 일일 뿐 스스로 하는 일은 아니라는 얘깁니다.

이 시기에는 이렇게 부모님의 영향력이 막강한 만큼, 이를 이용해 아이의 기초적인 부분들을 다져주시는 게 좋습니다. 초등학교 4학년 이전만 하더라도 아이들이 부모님의 영향을 많이 받으니까요. 초등학교 선생님들을 만나보면 고학년만 돼도 손쓰기가 어렵다는 얘기들을 많이 하시더라고요. 중학교 선생님들은 중학교 선생님대로 "이런 건 초등학교 때 잡아줬어야 하는 건데"라고 아쉬워하시고요. 사실 중학교에 들어와서 사고 치는 아이들은 고치기가 어렵습니다. 그래도 고등학교 때 사고 치는 아이들보다는 훨씬 낫겠죠. 물론 포기해야 할 때란 없습니다. 그때그때 현재에 집중해야죠.

학습 의욕을 키워주려면 어떻게 해야 할까

이번에는 자아 개념에 이어 두 번째 과업인 학습과 근면성 발달에 대해 살펴볼게요. 영유아기 때만 해도 아이들이 부모가 제시하는 학습 방향을 잘 따라오죠. 덕분에 많은 부모들이 '우리 아이가 혹시 영재가 아닐까?'라고 착각하시기도 합니다. 영어나 중국어로 숫자도 잘 세고, 정말이지 스펀지처럼 모든 것을 빨아들이니까요. 그런데 신기하게도 아이들이 초등학교에만 입학하면 다들 약속이나 한 것처럼 영재 기운이 사라지죠. 아이 스스로도 "난 머리가 나빠"라는 말을 스스럼없이 합니다. 돌이켜보면 이건 자연스러운 일이에요. 어릴 적엔 "코 어딨지?"라는 말에 아이가 손가락으로 자기 코를 가리키기만 해도 어른들이 자지러질 듯 열렬한 반응을 보이곤 했죠. 그런 특별한 호응을 받았으니 뭔들 안 배우고 싶었겠어요? 늘 의욕 넘치고 자신감이 넘쳤겠죠.

그런데 요즘에는 초등학교, 아니 유치원에만 입학해도 상황이 달라지죠. 여러분도 학교 공개 수업 때 가보면 초등학교 저학년 때까지만 해도 아이들이 막 손을 드는 걸 보실 겁니다. 그랬다가 선생님이 대답을 해보라고 시키면 아이가 우물쭈물하는 걸 보고 뒤에 있던 부모님이 오히려 당황하죠. '넌 왜 알지도 못하면서 손을 들었니?' 하는 무언의 메시지를 계속해서 접하다 보면 아이들도 변하기 시작합니다. 자기를 보는 눈빛이 이상하다는 걸 느끼면서 '아, 난 아닌가 봐' 생각하게 되는 거죠. 더 머리가 굵어지면 다른 아이와 자신을 비교하게 되는 데다 시험에서 자기는 네 개 맞았는데, 짝꿍은 열 개 맞는 걸 보게 된다면 아이들은 더 자신감이 떨어질 수밖에 없습니다. 이것도 하기 싫고 저것도 하기 싫어지는 거죠. 어차피 칭찬을 못 받을 테니까요. 학습 의욕이 떨어지는 겁니다.

아이가 학습 의욕을 갖게 하려면 아이가 세상에 대해 느끼는 호기심을 함부로 차단해서는 안 됩니다. 게임 음악에 빠져 있던 우리 아이처럼 제가 가르치는 중학생들 또한 자기가 좋아하는 것에 관심을 가져주면 눈빛이 반짝거려요. 아이가 좋아하는 배우, 노래, 애니메이션 그런 것들에 대해 아는 체하면서 "언제부터 좋아했니?"라고 물어보면 무척 기뻐합니다. 중학생도 이럴진대 초등학생은 더하죠. 그러니 아이로 하여금 자기가 좋아하는 것들에 대해 말할 수 있게 해줘야 합니다.

아이가 틀린 답을 얘기했을 때 호응해주는 것도 중요합니다. "넌 그걸 답이라고 얘기하니?"라고 잘라버릴 일이 아니에요. 부모 입장에선 내심 걱정이 될 수도 있죠. '얘는 초등학생이 됐는데 왜 저렇게 말도 안 되는 대답을 하지?' 싶어서요. 그럴 때조차도 "아, 그렇게 생각할 수도 있겠구나. 어떻게 그런 생각을 하게 됐니?"라고 한 번 더 물어줄 수 있어야 합니다. 처음부터 부정당하지 않으면 그래도 부모 자식 간 대화의 끈이 끊기지 않고 이어질 수 있어요. 물론 쉽지는 않습니다. 저 같은 경우도 늘 피곤하고 시간이 부족하다 보니 아이 말을 자꾸 자르고 싶어지곤 해요.

주변에 보면 다른 건 그냥 내버려둔 채 아이의 공부 습관만 바로잡히기를 바라는 부모님들도 계시던데요. 다른 건 엉망이면서 공부 습관만 좋기란 사실 쉽지 않죠. 공부 습관은 아이의 기질이나 성격, 생활 전반의 영향 등이 한데 합쳐져 만들어진다는 점 또한 기억하셔야 합니다. 이를테면 나름 학습 의욕이나 동기는 있는데 결과물이 시원찮은 친구들이 있죠. 그렇다고 '우리 애는 머리가 나빠서 안 돼'라고 할 일이 아닙니다. 물론 인지적인 문제가 있을 수도 있겠지만, 아이의 공부 방법이나 전략이 잘못된 것일 수도 있어요. 제대로 하는 방법을 모를 수도 있고요. 이럴 때는 아이가 어디서부터 헤매고 있는 건지 부모가 함께 들여다보고 점검해주실 필요가 있는 거죠.

반면 굉장히 쉬운 것 또는 잘하는 것만 하려는 아이들도 있습니다. 뭔가 새로운 걸 배우려는 시도를 하지 않죠. 이런 아이들의 경우 스스로가 꼼꼼하고 완벽을 추구하는 성격일 수도 있고, 부모의 기준이 너무 높아 틀리거나 실수하는 것에 대해 스트레스를 많이 받아서일 수도 있습니다. 그도 아니면 정서나 친구 관계에 문제가 있어 새롭게 배우는 일에 에너지를 쓰지 못하는 것일 수도 있고요. 실험 결과를 보면 학습과 관련된 경쟁 상황에서 과도한 스트레스를 받다 보면 아이들의 기억력이나 여타 수행 능력이 오히려 떨어진다고 하죠. 실제로 요즘 아이들을 만나보면 '별것 아닌 일에 왜 이렇게 날카롭게 반응하지?' 싶을 때가 있습니다. 별것 아닌 일에 떼를 지어 공격을 하기도 하고, 눈빛도 곱지가 않죠. 개별적으로 만나보면 무척 괜찮은 아이들인데도 그래요. 저는 아이들이 이렇게 날서 있는 눈빛과 말투로 무장한 걸 볼 때마다 '아이들이 경쟁 스트레스의 영향을 받고 있구나' 하고 생각합니다.

학습 의욕 얘기가 나온 김에 엄마들이 털어놓는 고민 한두 가지만 더 짚어볼까요. 주변에 보면 아이 방이 너무 엉망이라며 그 안에서 아이가 과연 집중력을 갖고 공부할 수 있을지 고민이라는 분들이 있습니다. 저도 그래요. 집에 들어가 보면 아이가 지나간 자리마다 신발주머니, 가방, 겉옷이 하나씩 떨어져 있습니다. 안 보고도 아이가 지나간 경로를 맞출 수 있을 정도예요. 제가 이걸 갖고 수없이 잔소리를 해봤는데도 잘 고쳐지질 않더라고요. 그런데 전문가들이 발표한 연구 결과를 보면 아이에게는 물리적인 환경보다 심리적인 환경이 더 중요하다고 합니다. 제게는 정말 큰 위안이죠. 물론 책상에 너무 잡다한 물건이 널려 있다 보면 주의 집중이 흐트러질 수밖에 없겠습니다만, 어쨌거나 이런 것보다는 심리적으로 편안하게 느낄 수 있는 환경이 훨씬 더 중요하다는 겁니다. 쉽게 말해 아이에게 근심 걱정이 적고 다른 스트레스가 없으면 공부도 더 잘 할 수 있다는 거죠.

그런가 하면 이어폰으로 음악을 들으면서 공부를 하겠다는 아이와 실랑이를 벌이는 부모님들도 적지 않던데요. 일단 음악 또한 공부를 방해하는 요인인 것은 맞습니다. 소리 때문에 우리 뇌에서 처리해야 할 정보가 늘어나는 셈이니까요. 그렇지만 공부 때문에 스트레스를 받는 아이에게는 음악이 그 스트레스를 완화하는 기능을 할 수 있다는 연구 결과도 나와 있습니다. 그런 만큼 "난 음악을 듣지 않고는 도저히 공부를 시작할 수가 없어"라는 아이에게는 음악 듣는 걸 허용하는 편이 나을 겁니다. 대신 음악 듣는 시간을 조금씩 줄여보자든가, 몇 곡만 듣고 멈추는 게 좋겠다든가 하는 선택지를 아이에게 주면 좋을 듯합니다.

공부할 때 아이 옆에 있어주는 게 좋은지 아닌지 고민하는 부모님들도 계시죠. 우리 큰아이는 혼자 공부하는 스타일이었던 데 반해 둘째인 딸아이는 제가 꼭 곁에 붙어 있기를 바랐습니다. 한동안은 이게 너무 이해도 안 되고, 힘이 들더라고요. 저도 할 일이 있고 바쁜데 꼭 벌 서는 것처럼 피곤하고 답답하니까요. 그런데 알고 본즉 둘째는 사회적 존재 효과에 충실한 유형이었다고나 할까요? 다시 말해 누군가 옆에 있어줄 때 더 열심히 공부하고 성과도 좋은 그런 유형이었어요. 저는 그 사실을 아이가 초등학교 4학년이 돼서야 알았습니다. 이런 아이들한테는 곁에 있어주는 게 굉장한 심리적 안정을 주면서 지지가 된다고 하더라고요. 물론 알고 난 뒤로도 아이 옆에 있어주는 게 여전히 곤혹스럽긴 했습니다만, 어쨌거나 아이 기질이나 성격을 알아야 그에 맞는 공부법도 찾을 수 있을 것 같습니다.

우리 아이 친구와 어떻게 놀고 있을까

세 번째로 친구 관계의 형성에 대해 알아볼게요. 아이가 초등학교에 입학하고 나면 부모도 덩달아 불안해지죠. 아이가 제대로 친구를 사귈 수 있을까 싶어서요. 초등학교 저학년인 아이가 단짝 친구도 없이 늘 혼자 덩그러니 앉아 있다고 걱정하는 엄마들도 많습니다. 저도 큰아이가 친구에게 먼저 말을 걸거나 같이 놀자고 하는 법이 없어 걱정을 많이 했어요. 막상 어울리고 나면 잘 노는 편인데, 자기가 먼저 나서지는 않더라고요. 여자아이들은 4~5학년쯤 되면 단짝 친구들이 생기기 시작하죠. 이르면 3학년부터 생기는 아이들도 있고요.

하지만 아이가 우울감을 느끼거나 스트레스를 받지 않는 한 친구가 없다는 사실 자체가 문제가 되지는 않는다고 전문가들은 말합니다. 엄마가 지레 애태울 필요는 없다는 거죠. 물론 아이가 친구를 간절히 원하는데도 친구가 없을 때는 부모님이 적절히 개입을 하셔야 합니다. 우리 아이를 아무도 생일에 초대하지 않고, 아이가 생일 초대를 해도 온다는 아이들이 없을 때도 마찬가지죠. 혹시 아이가 친구들 사이에서 자기 욕심만 고집하는 등 비호감 행동을 한다거나 친구들을 좌지우지하려 해 문제가 생긴 건 아닌지 확인할 필요가 있습니다.

친구를 사귀기 위해서는 다른 사람의 마음을 헤아리는 연습도 꾸준히 시켜줄 필요가 있죠. 초등학교 저학년 때는 누구나 자기중심적인 면을 갖고 있습니다. 그렇다고 아이한테 "너는 어쩌면 그렇게 못됐니?"라고 탓할 일은 아닙니다. "네가 그렇게 했을 때 그 친구 마음이 어땠을까?", "너라면 마음이 어땠겠니?" 같은 질문을 계속 던지면서 아이의 공감 능력을 키워줄 필요가 있어요. 이런 공감 능력이 키워질수록 아이가 친구들한테 훨씬 더 호감을 살 수 있을 것입니다.

아이의 다양한 재능을 발견하고, 이런 재능이 발전될 수 있도록 돕는 과정에서 친구들을 사귀게 할 수도 있을 것입니다. 이를테면 아이가 자기 반에서 친구들과 잘 못 어울린다 싶을 때는 아이 취미에 맞는 과외 활동을 만들어주는 것도 한 방법이죠. 여기서 취미 또는 취향이 맞는 다른 아이들을 만나면서 행복감을 느낄 수도 있을 테니까요.

아이가 우정과 관련한 고민을 할 때는 아무리 사소해 보이는 고민일지라도 하찮게 여기지 마세요. "야, 인사만 잘해도 돼. 네가 먼저 인사를 해봐"라는 식으로 얘기하지도 마시고요. 그건 부모의 기준일 뿐입니다. 아이들은 어떤 타이밍에 어떤 목소리, 어떤 표정으로 인사를 해야 할지 잘 몰라요. 그런 만큼 "친구를 만나면 '안녕~' 하면서 웃는 얼굴로 인사를 해봐"라고 구체적으로 설명을 해줄 필요가 있어요. 친구들에게 친절하게 대하라고도 알려주시고요.

남의 험담처럼 부정적인 말은 하지 말아야 한다는 것도 가르쳐주셔야 합니다. 이 세 가지만 제대로 돼도 친구를 사귀는 데 큰 문제가 없죠. 아이들이 남을 욕하면서 친해지는 전략을 쓰는 경우가 많더라고요. "쟤가 너에 대해 이렇게 흉을 보더라" 하면서 말을 옮기는 식으로요. 실제로 초등학교 고학년이 되면 이런 일들로 인해 아이들 사이에 관계가 나빠지는 경우가 많으니 주의하셔야 할 것 같습니다.

그 어떤 상황에서든 잊지 말아야 할 것은 아이가 관계 맺는 법을 배우는 기본 터전이 가정이라는 사실이에요. 당연한 얘기이긴 합니다만, 집에서 따뜻한 눈길로 바라봐준 아이들이 밖에 나가서도 다른 사람을 따뜻한 눈길로 바라볼 수 있습니다. 그러니 아주 소소한 것에서부터 아이들의 공감 능력을 키워주고, 내 행동이 다른 사람한테 미칠 영향에 대해 설명해주시길 바랍니다. 아이의 일상에서 생기는 문제들로부터 윤리 의식을 형성시키는 것도 좋은 방법이에요. 이를테면 옆에 있는 친구가 자꾸 숙제를 베끼려 할 경우 그냥 보여줄 수도 있지만, "이럴 때 너는 어떻게 하고 싶니?"라는 식으로 아이의 의견을 물어보는 것도 좋습니다. 토론은 하되 부모가 미리 결론을 낼 필요가 없어요. "아, 그렇게 생각할 수도 있겠구나" 라고 아이 생각을 지지해주면서 사고만 살짝 열어주셔도 됩니다.

초등 시기 놀이의 중요성에 대해서는 다른 선생님도 많이들 강조하셨을 테니 특별히 길게 얘기하진 않을게요. 다만 저는 요즘엔 왜 소풍이라 하지 않고 현장 학습이라 표현할까, 하는 것에서부터 여러 가지 생각을 해보게 됩니다. 물론 놀이도 큰 의미에서 보자면 교육의 연장선에 있는 게 맞죠. 하지만 현실적으로는 부모님들이 아이에게 자유놀이 시간을 주는 것에 대해 두려움을 갖고 있는 것은 아닐까요? 놀이 때문에 다른 소중한 기회를 놓치는 건 아닐까, 걱정하면서요. 요즘에는 교육적인 장난감임을 내세운 것들이 고가에 팔리곤 합니다만, 교육적인 장난감이라고 해서 결코 교육적인 것만은 아니라는 걸 부모님들도 아실 겁니다. 요즘에는 놀이 대신 스마트폰이나 텔레비전 같은 걸 즐겨 보는 아이들도 많을 텐데요. 이럴 때는 화면 앞에 앉아 있어도 되는 시간을 꼭 정해주셔야 한다는 걸 잊지 마세요.

부모 자신이 노는 법을 잊어버린 경우 아이들에게 놀이 시간이 왜 필요한지 이해를 못 하는 경향이 있죠. "쓸데없는 건 지금 안 해도 돼. 나중에 다 할 수 있어"라면서 아이를 이른바 생산적인 일로 몰아가려 합니다. 그러나 심리적 발달은 결코 뒤로 미룰 수 없죠. 제 여동생의 경우 어릴 적 마론 인형을 너무 좋아했는데 집안 형편이 좋지 않아 부모님이 사주질 못하셨어요. 그러다 고등학생이 된 뒤에야 엄마가 인형을 사주셨죠. 여러분은 아마도 '설마 고등학생이 인형을 갖고 놀겠어'라고 생각하시겠죠? 그런데 아니더라고요. 제 동생이 그걸 너무도 좋아했어요. 여러분도 어릴 적 갖지 못한 것에 대한 아쉬움을 하나쯤은 갖고 계실 거예요. 이처럼 어린 시절 채워지지 않은 욕구가 결국에는 성장 이후까지 문제를 일으킨다는 것도 많이들 아실 거고요.

흔히 어린 시절 누려야 할 보호 요인이 다음 네 가지라고 합니다. 첫째 뚜렷한 성과를 내지 않아도 되는 자유, 둘째 마음대로 놀 권리, 셋째 용기 있게 탐색할 자유, 넷째 충분한 휴식 시간. 사실 이것 말고도 여러 가지가 있겠습니다만, 현실에서는 이 네 가지를 지키기도 쉽지가 않죠. 당장 아이들이 방학 때 이부자리에서 뒹굴고 있는 걸 보면 속에서 천불이 나는 게 부모 마음이니까요. "언제까지 누워 있을 거냐? 숙제는 안 해?" 하면서 아이들을 다그치죠. 그런데 사실 이런 과정이 있어야만 아이는 다음 단계로 넘어갈 수가 있습니다. 그런데도 어른들이 이걸 자꾸 잊어버려요. 아이들이 해야 할 일은 제대로 못 해내고 뒤처진다고 생각해 속이 타는 겁니다. 그러다 보니 요즘 아이들이 정서적으로 문제가 많죠.

초등 시기 발달 단계: 1, 2, 3학년에 겪는 일들

제 경험을 돌이켜보면 두 아이를 키우면서 별별 일을 다 겪었던 것 같아요. 지금부터는 이런 경험을 바탕으로 부모님들이 아이 학년별로 겪을 수 있는 여러 가지 문제들에 대해 말씀드려볼게요.

사실 1, 2학년은 너무 오래돼 기억이 잘 나지 않습니다. 몇 가지 기억나는 것 중 하나가 공개 수업이에요. 제가 공개 수업에 가보면 큰애는 거의 손을 드는 법이 없었어요. 나름 아이가 똑똑하다고 생각했던 저로서는 고민이었죠. 초등 1학년 공개 수업의 경우는 반 아이 20명 중 5명 정도만 빼고는 전부 손을 들거든요. 아마 아이 기질상 친구들끼리 경쟁적으로 손을 드는 분위기가 불편했을 수도 있겠습니다만, 저는 너무 답답했어요. 그런가 하면 둘째아이 공개 수업 때는 아이가 손을 들었는데도 선생님이 지목을 해주시지 않는 걸 보며 '혹시 아이가 사랑받지 못하는 건 아닌가' 싶어 걱정이 되더라고요. 이런 경험들을 거치면서 우리 아이가 어떤 아이인지에 대해 계속 생각하게 되었습니다. 이런 경험 속에 아이의 특성이 드러난다고 판단했으니까요.

스티커도 기억나네요. 첫아이 때는 부모님들이 다양한 시도를 해보시죠. 저희도 첫애 때 칭찬 스티커를 시도해보았는데요. 아이가 이런 것에 잘 반응을 하지 않더라고요. 물론 제가 꾸준히 성실하게 스티커 작업을 한 것도 아니었습니다만, 나중에 동네 공부방에서 숙제를 잘해온 아이들에게 스티커를 나눠주고 그 스티커가 일정 개수 이상 모이면 문화상품권으로 바꿔주는 이벤트를 했는데도 아이가 반응하지 않는 걸 보고 '아, 저건 우리 아이의 기본적인 기질 내지 특성이구나'라고 이해하게 됐죠. 그래서 아이에게 뭘 하도록 유도하기 위한 쿠폰 방식의 강화제 사용은 포기했습니다. 대신 아이 스스로 마음이 움직일 수 있도록 정보를 제공하거나 흥미를 가지는 것을 눈여겨봤다가 물어보는 식으로 관심이 커질 수 있도록 도우려 했어요. 아이를 키울 때는 환경도 중요하겠지만 아이만의 이런 기질 내지 특성을 이해하는 것도 매우 중요한 일인 것 같습니다.

부정교합 교정도 초등학교 1학년 때 했네요. 우리 아이는 윗니와 아랫니의 발달 상태가 심각할 정도로 달랐어요. 그 바람에 페이스 마스크라는 외부 교정기를 끼고 학교에 다녀야 했죠. 그런데 이 나이 때 아이들은 자기와 조금만 달라도 상대를 놀림감으로 삼잖아요. 그럴 경우 아이의 자아 의식에 문제가 생기지 않을까 싶어 제가 많이 걱정스러웠습니다. 그래서 당시 저는 아이가 집에 돌아올 때마다 일부러 가벼운 분위기를 만들어주려고 노력했어요. 3개월쯤 지나니 아이 치아 상태도 내부 교정기로 갈아 끼울 수 있을 만큼 좋아졌죠. 다행히 그 3개월 동안 아이는 놀림을 받지 않았어요. 반 아이들이 그냥 신기해했대요. 그 당시 아이가 정말 어떤 마음이었는지는 모르겠지만, 호기심을 보이는 아이들에게 이런저런 장치의 원리 등에 대해 설명도 하고 그랬나 봐요. 무척 걱정되고 불안했지만, 이런 마음이 아이 앞에서 드러나지 않도록 조심했습니다. 이럴 때 부모가 너무 걱정하고 불안해하면 아이가 이런 부모의 심리 상태를 알아차리고 오히려 더 불안해할 수도 있으니까요.

이 시기에 또 생각나는 게 닌텐도예요. 아이는 초등학교 1학년 크리스마스 선물로 닌텐도 게임기를 원했습니다. 크리스마스가 되기 몇 달 전 아이가 저한테 게임기를 사달라기에 안 된다고 했더니 산타할아버지에게 소원을 빌더라고요. 그래도 끝까지 안 된다고 했죠. "엄마는 그렇게 비싼 돈을 주고 게임기를 사는 것은 아니라고 생각한다"라고 설득하면서요. 그 뒤로도 아이는 다른 집 아이들이 닌텐도 게임기를 갖고 놀 때마다 간절한 눈빛으로 그걸 쳐다보곤 하더라고요. 그걸 볼 때마다 마음이 너무 좋지 않아 '내가 차라리 한 대 사주고 말까'라는 생각이 들곤 했습니다만 결국에는 참았습니다. 그건 제 나름으로 중요하다고 생각해온 원칙을 지키는 일이었으니까요.

옆 반 아이와 벌어졌던 일도 생각나네요. 우리 큰아이는 남자아이지만 소심하고 약한 편이었어요. 이런 아이가 만만해 보였던지 옆 반에 있던 한 아이가 '돈을 가져오라'고 시켰던 모양입니다. 잠자리에서 아이가 저한테 그러더라고요. "엄마, 우리 옆 반 ○○가 내일까지 돈을 가져오래"라고요. 그 말을 듣고 얼마나 열이 뻗치던지……. 밤새 어떡해야 할지 고민했습니다. '그 아이 엄마한테 전화를 해야 하나? 아니면 편지를 써야 하나?' 하면서요. 너무 극성스럽지 않으면서 아이를 제대로 보호하는 엄마로 보이려면 어떻게 해야 하나, 수없이 많은 고민을 한 거죠. 다음 날 제가 선택한 방법은, A4 용지에 아이가 겪은 일을 써서 알림장에 붙여 보낸 것이었습니다. 그랬더니 담임선생님이 옆 반 담임선생님한테 상황을 얘기하면서 아주 깔끔하게 해결됐어요. 아마 저학년이어서 그럴 수 있었던 건지도 모르겠습니다. 그때 제가 이 문제를 처리하면서 아이와 많은 대화를 나누었습니다. 엄마가 어떻게 하면 좋을지, 엄마가 생각하는 여러 가지 해법을 얘기해주고 아이가 선택할 수 있게 했던 거죠.

이 시기에는 과외 활동도 참 다양하게 시켰습니다. 큰아이는 주말 축구반에 들게 했는데 1, 2학년 동안 계속해도 결국에는 흥미를 못 가졌어요. 그때 '아, 이건 나의 욕심이었구나' 하고 깨달았죠. 저는 큰아이가 남자아이답게 놀기를 바랐지만 아이는 그런 걸 잘못했던 거죠. 작은아이는 동요 교실을 다녔습니다. 1학년 담임선생님이 아이에게 노래 잘하는 재능이 있는 것 같다고 말씀하셨거든요. 그래서 아파트 안에 있는 동요 교실에 보내고 나름 최선을 다해 뒷받침했습니다만 이것도 참 쉬운 일이 아니더라고요. '누가누가 잘

하나' 같은 대회가 열리면 직접 만든 피켓을 들고 가 응원도 해야 하고요. 아이가 더 이상 흥미를 느끼지 못할 때까지 제가 할 수 있는 지원을 다 했죠. 아이가 이 재능과 특기를 살리길 바라면서요. 그런데 이것도 아이는 제 마음과 다르더라고요. 그만두면서 이젠 그만 따라다녀도 되니 시원하면서도 아쉬웠습니다.

다음으로는 초등학교 3학년 때 있었던 일들을 떠올려볼게요. 3학년 학기 초에는 큰아이가 옆에 있는 짝한테 무시를 당하는 사건이 있었습니다. 제가 1, 2학년 때와 달리 3학년 때는 색연필, 사인펜 세트를 새로 사주지 않고 중고로 짝을 맞춰 쓰라 했거든요. 그런데 그것 때문에 아이가 짝한테 무시를 당한 거예요. 초등학교 1학년 때부터 들고 다니던 가방을 3학년 때까지 들고 다닌 것도 '없어 보였던' 모양입니다. 나중에 아이가 짝한테 시달림당한 일들을 얘기하기에 제가 속상해서 그랬죠. "색연필 세트 새로 사줄까?", "가방도 새로 사줄까?" 그런데 아이가 원한 건 엄마의 이 같은 적극적인 행동이 아니었어요. 아이는 그저 자기가 짝한테 시달림을 당하는 걸 엄마한테 얘기하고 싶었던 거예요. 그걸 엄마가 들어주는 것만으로도 위안이 됐던 거죠.

하지만 방과 후 수업 때 괴롭히던 아이에 대해서는 좀 더 적극적으로 대응했습니다. 당시 아이가 학교에서 방과 후 영어 수업을 듣고 있었는데, 수업 시간마다 뒤에서 툭툭 치고 지우개를 가루로 만들어 뿌리는 아이가 있었던 모양이에요. 그 얘길 듣고 방과 후 수업 관리 교사한테 장문의 편지를 쓰고 통화도 했죠. 그런 다음 직장을 조퇴하고 아이 학교로 출동했어요. 그날 방과 후 수업을 마치고 나오는 아이들을 기다렸다가 우리 아이를 괴롭힌다는 아이에게 말을 걸었죠. "네가 ○○니? 난 □□ 엄마야. □□한테 네 얘기 많이 들었단다. 앞으로 사이좋게 지내렴." 아주 친절한 얼굴로 가볍게 1차 경고를 준 셈이에요. 그로부터 일주일 뒤 운동회가 열린다기에 제가 또다시 출동을 했어요. 그러고는 이번에도 그 애에게 다가가 한 번 더 눈도장을 찍어줬죠. "○○야, 나 기억나지? □□ 엄마야. 잘 지냈니?" 그 뒤 괴롭힘은 끝났어요. 방과 후 수업 관리 교사도 이 아이에게 뭔가 따끔하게 얘기를 했던 모양이고요.

반에서도 비슷하게 집적거리는 아이가 있었는데, 교실 급식을 하던 때라 반찬 같은 거 흘리면 우리 아이 자리 쪽으로 밀어놓기도 하고요. 소소한 집적거림에 스트레스를 좀 받았어요. 이때도 아이와 제가 대화를 많이 나눴는데요. "그런 일이 있으면 걔한테 하지 말라고 해야지" 또는 "선생님한테 말씀드려야지"라고 얘기해주면 아이가 "아냐, 그러면 선생님이 떠든다고 싫어하셔", "선생님은 고자질하는 건 안 된다고 하셨어"라는 식의 반응을 보이더라고요. "그러면 차라리 소리를 질러봐. 아니면 걔를 확 밀치든가, 의자를 발로 뻥 차버려", "차라리 그렇게 눈에 띄게 하면 선생님이 문제가 있는 줄 알고 처리해주셔. 혼내시면 엄마가 가서 잘 설명해줄 수 있어." 제가 이런 얘기들도 했었는데요. 돌이켜 생각하면 저의 이런 말들이 아이에게는 부담만 줬던 것 같습니다. 아이로서는 실행할 수 없는 목록들이었으니까요. 나중에는 아이가 "엄마, 꼭 그렇게까지 해야 해?"라고 반문하더라고요. 어쨌거나 이런 일련의 시행착오를 거치면서 상황을 해결해 나갔던 것 같습니다.

그런가 하면 둘째는 3학년 무렵 갑자기 '사람 피하기 놀이'를 말하는 거예요. "엄마, 애들이 놀 때 나만 피해"라고 말하더라고요. 깜짝 놀라 그게 무슨 말이냐고 물었더니, 아이들이 놀 때 자기를 계속 술래를 시킨대요. 술래가 끝나고 놀 때도 우리 아이가 앉아 있으면 바로 그 옆자리를 비워둔 채 한 자리 건너 아이들이 앉고요. 이 얘길 듣고 '또 출동을 해, 말아' 고민이 됐지만 일단은 그 방과 후 교실 선생님께 상황을 말씀드리는 것으로 넘어갔어요. 그런데 2학기가 되고 나선 의사 놀이를 한다면서 우리 아이를 눕혀놓고 지퍼를 여는 일이 벌어진 거예요. 그날 아이가 너무 충격을 받았는지 엉엉 울면서 집에 왔어요. '이번에는 그냥 넘어가면 안 되겠구나' 싶어 선생님께 다시 전화를 드렸죠. 그러고는 "그 아이들이 반드시 우리 아이한테 사과를 해야 한다. 그러지 않으면 그냥 넘어가지 않겠다"고 말씀드렸어요. 이 선생님이 영민한 분이어서 상황의 심각성을 이해하고 곧바로 아이들 부모님한테 연락을 드렸던 모양이에요. 그런 다음 이 아이들을 이끌고 우리 집에 데려오셨죠. 그날 제가 어떻게 했을까요? 아이들을 위해 한 상 제대로 차렸습니다. 왜냐구요? 이 아이들은 앞으로 계속 우리 아이들과 함께 한 동네에서 놀면서 같이 지낼 아이들이니까요. 제가 이걸 너무 무거운 분위기로 몰아가면 안 되겠다 싶었던 거죠. 그날 일은 선생님이 먼저 나서 "네가 △△였다면 기분이 어땠겠어?"라고 아이들을 반성시키고 사과를 받게 하는 수준에서 마무리됐어요.

그 사건을 겪으며 여러 가지로 화가 많이 났죠. 그 상대 애들이 너무 못됐고 밉다는 생각에 화가 났고, 또 한편으로는 우리 애한테도 화가 나기도 했어요. '왜 이런 일에 제대로 대처를 못할까' 싶어서요. 그 속에는 나 자신에 대한 화도 있었습니다. 애를 제대로 키우지 못한 건 아닐까 하는……. 다행히 아이한테 화를 내지는 않았습니다. 불안해하거나 지나치게 분개하는 모습을 보이지도 않았어요. 부모가 그런 모습을 보이면 아이가 더 놀라고 무서워할 수 있으니까요.

초등학교 3학년 학기 초에는 큰아이한테 틱 장애가 발생하는 일도 있었습니다. 다행히 일시적인 틱으로 넘어가긴 했습니다만, 요즘에는 생리화학적 요인이나 스트레스 요인 등으로 인해 틱 장애를 보이는 아이들이 꽤 많다고 들었어요. 이럴 때 아이 상태에 신경을 쓰면 증상이 더 심해진다는 건 부모님들도 이젠 상식으로 알고 계실 거예요. 그렇지만 알면서도 못 참고 "ㅁㅁ야, 그만해!" 하게 되더라고요. 짜증도 나고 '이게 안 고쳐지면 어쩌지?' 하는 걱정도 들고요. 그러다 정신을 차리고 우리 아이가 처한 생활을 돌아보게 됐죠. 당시 아이가 여러 가지 과외 활동을 하고 있었어요. 방과후 영어에 바둑 교실에 로봇 교실에 태권도학원도 매일 다니고 있었고요, 책 만드는 수업도 일주일에 한 번씩 다니고 있었죠. 그런가 하면 3학년 담임선생님은 학습을 굉장히 강조하시던 분이라 매일 수학 문제집을 한 쪽씩 풀어야 한다는 숙제를 내주셨어요. 그렇다 보니 아이 삶이 너무 팍팍했던 거예요. 전부 자기가 좋아하는 일이었는데도 그랬어요. 그래서 제가 아이와 얘기를 나누고 이것들을 다 정리해줬습니다. 아이가 가장 좋아하는 것 한두 가지만 남기고요. 그러고 나니 어느 순간 아이의 틱 증상이 없어지더라고요. 대개의 틱은 이런 식으로 없어진다는군요. 물론 일 년 이상 증상이 지속될 때는 치료를 받아야겠지만요.

딸아이는 초등학교 3학년 때 성 조숙증 검사도 받았습니다. 아이가 어려서부터 또래보다 머리통 하나가 컸거든요. 제법 살집도 있고요. 마음은 어린데 몸은 폭풍 성장을 하더라고요. 그래서 초등학교 1학년 때부터 성장 클리닉에 다니면서 6개월에 한 번씩 호르몬 검사를 받았습니다. 아실지 모르겠는데, 만 9세 이전 어린이가 성 조숙증 진단을 받으면 보험 처리가 가능합니다. 그래서 만 9세가 되기 직전에 온갖 검사를 서둘러 받았죠. 다행히 아이는 성 조숙증 진단을 받지는 않았습니다. 대신 그 추세로 가면 초경이 너무 일찍 올 수도 있으니 생리를 늦추는 호르몬 주사를 한 달에 한 번씩 맞겠느냐고 해서 고민했었죠. 결국 안 맞는 걸로 결정했지만, 초경을 시작할 때까지 한참을 전전긍긍했습니다. 하루라도 늦게 생리가 시작되길 바라면서요.

이 무렵 수학 때문에 곤혹스러웠던 일도 생각나네요. 제 경우는 아이들 공부에 거의 신경을 써주질 않았어요. 학습지도 안 하고 숙제도 잘 안 봐주면서 아이들을 방치하다시피 했죠. 그런데도 큰애는 별 문제가 없어 그런가 보다 하고 넘어갔어요. 문제는 둘째가 3학년 후반부에 접어들면서 나타났죠. 가만 보니 아이가 세 자릿수 덧셈과 뺄셈, 받아올림과 받아내림을 잘 못하더라고요. 수업 시간에 선생님이 수학 익힘책을 풀라고 하면 잘 모르니 짝에게 물어보기도 하면서 해왔던 것 같은데, 매번 그렇게 하는 게 얼마나 곤혹스러웠겠어요. 몰라서 힘들고 답답한 상태를 한참 동안 이어왔던 거였어요. 부모가 계속 아이 공부를 봐주지 않다 보니 학습 결손이 누적되고 있었던 거예요. 그래서 과외라도 시켜봐야겠다 했는데, 남편이 과외 금액을 듣더니 너무 비싸다며 자기가 가르쳐 보겠대요. 그래서 맡겨놨다가 그해 겨울 아이랑 아빠 관계가 엄청나게 안 좋아졌죠. 우리 아이를 봐줄 수 있는 시스템을 갖춘 학원은 찾을 수가 없었어요. 그러다 요행히도 아파트 단지 내에 초등생 수학만 일대일로 봐준다는 분을 소개받을 수 있었죠. 가격도 수업도 무척 만족스러웠어요. 이곳을 다니면서 딸아이는 비록 속도는 더뎠지만 다행스럽게 수학 진도를 따라잡을 수 있었습니다.

하지만 주변에 보면 중학생인데도 알파벳 쓰기나 덧셈, 뺄셈이 제대로 안 되는 아이들이 있는 게 현실이죠. 우리야 그래도 아이 교육에 관심이 있는 부모니까 적절한 시기에 돈과 관심을 쏟아 문제를 해결할 수 있었지만, 돈도 관심도 여력도 없는 가정의 아이들은 그냥 누락되기 쉽죠. 그렇다면 이걸 부모 책임으로만 맡겨둘 게 아니라 우리 사회가 함께 책임져야 하는 것이 아닌가, 제 개인적인 경험을 통해 그런 생각들도 많이 해보게 됐습니다.

초등 시기 발달 단계: 4, 5, 6학년에 겪는 일들

4학년이 되니 아이들의 사회성에 대한 걱정은 덜해졌는데, 엉뚱한 사건이 터졌어요. 당시 딸아이 선생님이 미혼에 의욕이 넘치는 분이셨는데요. 그 반에 따돌림당하는 아이가 있었어요. 이걸 해결하고 싶었던 선생님이 '일일 왕따 체험'을 반 아이들한테 제안하신 거예요. 그날의 왕따를 남학생 한 명, 여학생 한 명 정해서 반 아이들이 하루 동안 이 아이들한테 말을 걸지 않는 식으로요. 어느 금요일 저녁에 아이가 와서 그런 얘기를 하더라구요. 그것만으로도 엄청 놀랐는데, 그 첫 번째 대상이 우리 딸아이가 된 거죠. 그날 또 엄청 고민을 하고, 동네 다른 엄마들한테도 물어보고서 다음 날 휴일인 토요일에 긴장된 마음으로 담임선생님께 전화를 드렸어요. 선생님의 교육 방침에 대해서 뭐라고 말씀드리는 게 참 부담스럽기도 했고, 웬만하면 개입을 안 하는 스타일이라 쉽지가 않더라고요. 그날따라 선생님이 감기로 고생을 하고 있는 중이었는지, 컨디션이 좋지 않았어요. 선생님이 어떤 의도로 이걸 계획하신 건지는 잘 이해가 된다, 개입이 필요한 일이라고 생각하고 지지한다, 단지 딸아이가 보기와 달리 강단이 있지 못하고 여리다, 왕따 체험을 시키는 게 참 조심스럽다는 등의 얘기를 공손하게 했어요. 결론은 '어머님이 원치 않으시면 안 시키겠습니다'였어요. 통화를 끝내고 나서도 마음이 영 찜찜했어요. 선생님은 좋은 의도에서 이런 체험을 제안하셨을 텐데 제가 이런 선생님의 의욕에 찬물을 끼얹은 학부모가 된 셈이니까요.

그래도 어쨌건 해결은 된 거라 월요일에 아이를 마음 편히 학교에 보냈는데요. 학교를 마치고 집에 온 아이가 대성통곡을 하는 거예요. 알고 보니 선생님이 아침 시간부터 다른 일로 정신이 없어서 아이들한테 왕따 체험 안 한다는 말을 깜빡 잊고 안 하신 거예요. 그러니 아이들은 예정대로 진행을 했고, 우리 아이는 하루 종일 아이들의 적극적인 왕따 연극의 대상이 된 거죠. 딸아이는 아이들이 일부러 그런다는 걸 머리로는 알고 있으면서도 아이들이 대놓고 자기들끼리 모여서 수군거리는 걸 보면서 상처를 입은 거예요. 점심시간이 끝날 즈음에서야 아이가 힘들어 하는 걸 보고서, 담임선생님이 안 하기로 했다는 말씀을 하셨다네요. "체험이 끝나고 나서, 그 경험이 어땠는지 서로서로 얘기를 나눠보는 시간을 가졌니?"라는 제 질문에 아이가 아니라고 대답하는 걸 듣고 이건 좀 문제가 있다고 느꼈습니다. 이런 체험을 했다면 그 경험에서 느낀 것들을 충분히 나눴어야 할 텐데, 선생님께서 이런 지점을 섬세하게 짚어내지 못했던 것 같아요. 그렇게 그 사건은 그 하루의 경험으로 끝나버렸어요. 우리 아이만 혹독하게 왕따 체험을 한 채로요. 너무 화가 나서 바로 따지고 싶었지만, 그러진 못했어요. 마침 그 주가 학부모 상담 주간이라 상담이 잡혀 있어서 그날 방문해서 말씀을 드렸습니다. 월요일에 그렇게 진행이 되어서 그날 집에 와서 아이가 많이 울었다, 우리 아이가 보기와 달리 마음이 많이 여리다고 말씀도 드리고, 아이 마음을 따로 챙겨주시면 힘이 많이 될 거라고 또 공손하게 말씀드렸어요. 제 나름대로는요. 이런 말씀을 드리면서도 '제가 상담 교사다, 상담 전공이다'는 얘기는 안 했어요. '왕따 체험을 그렇게 하는 건 굉장히 거칠게 접근하는 거라 위험하다, 아이들에게 상처가 될 수 있다'는 얘기도 못 했어요. 학부모 입장이다 보니 감히 담임선생님에게 가르친다는 느낌을 줄까 꺼려졌고요. 그 뒤로도 간간이 뉴스에서 왕따 체험을 시킨 교사 얘기를 접할 수 있었는데, 부정적인 내용이죠. 왕따 체험은 참 조심스럽게 준비하고 진행해야 하는 거거든요. 하루라는 긴 시간 동안 하는 것도 무리지만, 활동 마무리 시간에 아이들의 생각과 마음을 충분히 나누는 것 또한 중요하고요. 그 과정에 다친 마음은 없는지도 살피고, 의도한 대로 진행되었는지도 체크해야 하는데, 그렇게 활동만 하고 끝내버리면 안 되는 일이죠.

그런가 하면 큰아이는 4학년 때 수학 교과서를 잃어버려 한 달 동안 교과서도 없이 수업을 받은 일이 있어요. 저는 아이 담임선생님의 전화를 받고서야 그 사실을 알았습니다. 선생님 말로는 "집에 가서 교과서를 다시 사달라고 말씀드려라" 했는데도 아이가 "말씀드렸다"고만 할 뿐 책을 사오지 않더래요. 도대체 왜 부모한테 그 얘길 하지 않았을까요? 우리가 너무 엄격한 부모 유형이라 무서워서 그랬던 걸까요? 어쨌거나 제가 그 사건을 겪으면서 교훈을 얻은 것은 아이들이 이 무렵부터 본격적으로 거짓말을 한다는 사실이었습니다. 정말 그 착한 아이가 눈도 깜빡하지 않고 거짓말을 했던 거니까요.

4학년 겨울방학 즈음부터는 아이가 자꾸 밖에 있던 내게 전화를 걸어오더라고요. "엄마, 집에 언제쯤 와?" 하면서요. 순진하게도 저는 아이가 엄마를 보고 싶어 해 그러는 줄 알았어요. 그런데 나중에 알고 보니 엄마가 집에 없는 사이 아이가 컴퓨터로 '야동'을 보고 있었더라고요. 그래도 제가 그전에 성 교육을 받은 바가 있었던 지라, 이럴 때 아이를 쥐 잡듯 잡으면 안 된다는 건 알고 있었죠. 그래서 그간 배운 것들을 떠올리며 나름 침착하게 대처했습니다. "네가 이런 건 하루라도 늦게 접했으면 좋겠어. 게다가 저런 건 다 가

짜야"라고 설득하는 한편 남편이 비 오는 날 우산을 쓰고 아이와 산책하면서 자연스럽게 성교육을 하도록 유도했죠. 〈소년의 성, 보이튼〉, 〈사춘기와 성〉 같은 책도 사다가 아이 방에 넣어주면서요.

게임을 둘러싸고 문제가 불거진 것도 이 즈음입니다. 초등학교 1학년 때만 해도 닌텐도를 사달라고 노래를 부르던 아이는 제가 전혀 반응을 하지 않자 3학년 무렵부터 스스로 플래시 게임을 만들기 시작했어요. 그래서 속으로 쾌재를 불렀죠. 엄마 입장에선 아이가 게임 욕심을 나름 생산적으로 승화시킨 셈이니까요. 그런데 아이가 '테일즈런너'라는 게임에 새로 재미를 붙이면서 문제가 시작됐어요. 이 게임은 캐릭터들이 맨발로 열심히 달리다가 아이템을 획득하는 비교적 건전한 게임인데, 게임이 진행될수록 아이가 이런 아이템들을 돈으로 사고 싶어 했어요. 돈을 쓰지 않고 아이템을 얻으려면 너무 많은 시간과 공력을 들여야 했기 때문이죠. 아이템을 사야 더 잘 달릴 수 있는 거예요. 아니면 계속 맨발로 달리거나, 그다음엔 양말로, 그다음엔 슬리퍼, 그다음엔 운동화 이런 식인 거죠. 그걸 보면서 속이 상하기는 했지만, 나중에 한국인터넷진흥원에서 만난 강사로부터 "아이템을 한번 돈으로 사주기 시작하면 끝이 없다"는 말을 듣고 다시 마음을 다잡을 수 있었습니다. 실제로 주변에 보면 게임 아이템을 사줄수록 엄마를 더 괴롭히는 아이들도 적지 않아요. 아이템이라는 게 돈으로 한번 사준다고 해결되는 게 결코 아니니까요.

5~6학년 즈음이 되면 아이들의 사춘기가 본격적으로 시작됩니다. 큰아이는 본래 너무 작아서 걱정이었는데, 5학년에 접어들면

서부터는 일 년에 10센티미터씩 성장했어요. 그런데 이때 커버리면 정작 키가 커야 할 중학교 2, 3학년이 되기 전에 성장이 멈춰버린다는 얘길 듣고 성장주사를 맞힐 것인가 말 것인가 고민하기 시작했어요. 남편 집안이나 제 집안이나 다들 키가 작았거든요. 제 남동생도 키가 168센티미터라 "요즘 같았으면 장가도 못 갔다"는 놀림을 받았고요. 그런데 한 달에 한 번 맞으면 되는 성 호르몬 주사와 달리 성장주사는 매일 한 대씩 맞아야 한다더군요. 비용도 한 달에 80만 원 정도 들고요. 그런데도 주변에는 성장주사를 맞히는 분들이 적지 않았어요. 그걸 보면서 고민에 고민을 거듭하다 저는 결국 주사를 맞히지 않는 걸로 결정을 내렸습니다. 특별히 이상이 나타나지도 않은 아이에게 매일 주사를 놓는 건 못할 짓이겠다는 생각이 들더라고요. 큰아이는 고1 때 170센티미터를 넘기더니 지금은 남편보다 약간 큰 173.4센티미터입니다. 이것만으로도 저는 너무 행복합니다.

그런가 하면 딸아이인 둘째는 사춘기에 접어들면서부터 친구 관계에서 롤러코스터를 탔어요. 날마다 울고불고 하면서 부모를 붙들고 자기와 '베프' 사이에 벌어진 모든 일들을 얘기하고 싶어 하더라고요. 그러다 어느 순간에는 아무 일도 없었다는 듯 키득거리고요. 이럴 때마다 최선을 다해 들어주는 척은 했지만 속으로는 미칠 지경이었어요. 학교 '킹카'한테 고백을 받았다며 안절부절못한 일도 있어요. 아이가 가슴이 너무 벅찼던지 울다 웃다 하더라고요. 그러면서 사귈지 말지 계속 고민을 하는 거예요. "친구랑 남자친구랑 뭐가 달라? 남자친구랑 여자친구는 뭐하고 놀아?" 이런 질문을 저랑 남편이 아이한테 하면서 한 일주일을 서로 얘기를 나눴구요. 그러다 아이는 결국 고백을 받아들이지 않는 쪽으로 결론을 내리더라고요. 너무 부담스럽다면서요.

6학년이 돼서는 자기가 활동하는 인터넷 카페에서 전국 정모(정기모임)를 하기로 했다며 대전에 가겠다고 떼를 쓴 일도 있어요. 속으론 식겁했지만 "모임 아이들한테 아빠가 따라갈 거라고 얘기해 줘라. 바로 옆에서 지켜보기만 할 거라고. 그래도 괜찮다면 가도 좋다"라고 조건부 허락을 해줬죠. 다행히 그 모임은 무산이 됐어요. 모임은 모임대로 무산되고, 우리는 우리대로 '쿨한 부모'가 됐으니 괜찮은 결말이었던 셈입니다.

자생력을 키워주는 아이와의 관계 맺기

이상 초등 시기의 발달 단계에 대해 제 경험을 기반으로 말씀드렸는데요. 이런 여러 발달 단계를 거치며 아이들은 자생력을 키워 갑니다. 자생력은 자립심과는 또 다릅니다. 혼자 해결할 수 있는 것은 혼자 해결하되, 혼자 해결할 수 없는 일이 닥쳤을 때 이에 대처할 수 있는 지혜를 발휘하는 게 자생력이죠. 실제로 초등 시기 아이들은 혼자 해결할 수 없는 일들과 적지 않게 마주칩니다. 이럴 때 믿을 만한 어른에게 도움을 청할 수 있게끔 부모들이 신뢰를 주셔야 합니다. 아무래도 믿을 만한 첫 번째 어른은 부모일 테니까요.

아이의 자생력을 키우기 위해서는 부모님들께서 '너무 빨리 끼어들지 않기'를 유념하셔야 해요. 부모 눈에는 아이가 하는 일이 못 미더워 보이기가 쉽죠. 그렇다고 늘 "엄마가 해줄게" 하고 대신 나서는 식이어서는 아이가 스스로 해결하는 능력을 키울 수 없습니다. 상황에 지혜롭게 대처하는 힘이 점점 더 떨어지게 되는 거죠. 그렇다고 "네가 알아서 해"라고 방임하는 식으로 던져주는 것도 곤란합니다. 필요에 따라서는 "이런저런 방법들이 있으니, 네가 선택해봐"라는 식으로 부모가 지혜를 빌려줄 수도 있어야겠죠.

아이가 '어디에' 열정을 쏟는지보다 '얼마만큼' 열정을 쏟는지에 관심을 가지는 것 또한 필요할 것입니다. 아이가 뮤지컬 배우가 되고 싶다면 부모는 금세 "넌 노래도 잘하고 얼굴도 예쁘니까 그거 잘됐네"라며 좋은 선생님을 알아보는 등 진로 계획을 짜는 일에 나서죠. 하지만 일 년도 채 되지 않아 "난 무대에 서는 게 너무 부담스러워"라며 마음을 바꿔버리는 게 이 시기 아이들입니다. 한동안 열정을 쏟아 하던 일을 금방 접어버리는 거죠. 이럴 때 너무 실망하실 필요는 없습니다. 아이와 부모의 표현 방식이 다를 뿐이라는 것만 기억하시면 됩니다. 아이를 이끌어주는 건 필요하겠지만 부모가 지나치게 앞서가는 것은 금물이에요.

대신 아이가 뭔가 건강한 것에 관심을 보인다면, 부모 눈에 아무리 하찮아 보일지라도 기뻐하며 이를 격려해주세요. 아이가 계속해서 흥미를 가질 수 있게 말입니다. 아이를 지나치게 풍족하게 만들어줄 필요도 없습니다. 때로는 지나치게 풍족한 환경이 아이의 열의를 꺾을 수도 있으니까요.

아이가 창의성을 발휘할 수 있게끔 도와주시는 것도 중요한데,

창의성에 대해서는 요즘 여기저기서 많이 강조하니 제가 더 덧붙이지는 않겠습니다. 다만 아이가 창의성을 발휘할 수 있게끔 자유롭게 놀 수 있는 시간을 주고 스스로 즐기고 느낄 수 있게끔 기회를 주되, 부모가 뭔가 개입해야 할 때는 아이가 도와달라는 신호를 보낼 때까지 기다려야 한다는 점만은 잊지 마시기 바랍니다. 부모가 아이에게 기회를 주고 이끌어주는 것은 필요하죠. 그렇지만 아이 속도를 앞질러 좋은 선생님을 모셔다 붙여주는 식의 방식은 아이에게 오히려 불필요하게 작용할 수도 있다는 겁니다.

자생력을 키우기 위해서는 근면함도 익혀야죠. 아이가 "계속해볼래" 하면서 힘든 일도 버티고 최선을 다할 수 있게끔 도와줘야 합니다. 학업 성취 또한 근면성과 나란히 발달하죠. 근면을 통해 얻을 수 있는 자부심과 성취감을 알려주되, 아이에게 너무 어려운 과제가 주어진 것은 아닌지 확인하는 자세가 필요할 것 같습니다. 한 가지, 아이들 모두가 같은 정도로 노력할 수 있다고는 생각하지 마세요. 이 또한 아이들의 기질에 따라 다르게 접근할 필요가 있습니다. 모든 일에 최선을 다해야 한다고 강요하지는 마시기 바랍니다.

요즘은 자기 관리 능력을 갖춰야 한다는 얘기들도 많이 하는데, 사실 아이 혼자 자기 관리 능력을 기르는 건 불가능하죠. 일상에서 부모가 늘 모범을 보여주어야 합니다. 열정도, 근면도 부모가 먼저 보여줘야 하고, 자기 욕구를 다스리는 모습도 부모가 먼저 보여주는 식으로요. 그런데 누구나 아는 이 얘기를 실천하는 게 참 쉽지 않죠. 저도 몰랐으니 아이를 둘씩이나 낳았지, 알았다면 용기를 내기 어려웠을 겁니다.

저는 큰아이가 1~2학년일 때만 해도 "왜 네 일을 네가 못 해?"라는 식이었어요. 알림장도 1학년 초반에 두어 달 봐주고 말았습니다. 나중에 알고 보니 그보다 훨씬 늦게, 아이가 자기 관리 능력을 갖출 때까지 부모가 챙겨줬어야 했는데도 말이죠. 그 바람에 우리 큰아이는 준비물을 날마다 빠뜨리고 다녔습니다. 덕분에 임기응변 내지 자립심은 많이 키워졌을 거예요. 대신 곤란도 많이 당했겠죠. 자기 관리 능력을 키울 때 아이가 겪는 정서적인 문제를 그냥 지나쳐서는 안 된다는 것도 강조하고 싶습니다. 특히 친구들과의 관계에서 오는 스트레스처럼 부정적인 감정은 절대로 그냥 넘어가시면 안 돼요.

자존감을 키우는 것도 자생력을 갖는 데 중요합니다. 요즘에는 아이 자존감이 상할까 봐 혼내야 할 때도 제대로 혼내지 않으면서 "잘했다"고만 하는 부모님들도 계시던데요. 이건 아이를 돕는 길이 아닙니다. 수영 대회에서 충분히 1등을 할 수 있는 실력을 갖췄음에도 2등에 그친 아이가 있었어요. 이때 그 부모님이 어떻게 반응했느냐면, 그냥 "잘했다", "수고했다"라고만 하신 게 아니었어요. 아이를 꽉 끌어안으면서 이렇게 말씀하셨죠. "네가 이번엔 속도도, 시간도 많이 단축했구나. 애썼다. 그런데 네가 1등을 하려면 연습을 더 많이 해야 할 것 같아. 연습 시간이 부족했네?" 곧 이 부모님은 아이를 충분히 격려해주면서도 현실적인 상황을 객관적으로 확인시켰던 거예요. 아이가 '나는 괜찮은 사람인 것 같아'라는 자세를 갖출 수 있게끔 돕되, 조금 더 어려운 일을 하도록 격려하는 것, 이것이 진정한 자존감을 키우는 방법이라고 저는 생각합니다.

아이의 재능을 믿으면서 자신이 해낼 수 있다고 믿는 일을 훨씬 더 잘해낼 수 있다고 알려주시는 식으로요.

자존감 못지않게 중요한 것 한 가지가 자기효능감입니다. '나는 다른 결과를 만들 수 있어'라는 자세를 갖게 하는 게 바로 자기효능감이죠. 이런 자기효능감을 키워주려면 집안일을 돕게 하는 등 어려서부터 가정에 기여할 수 있는 기회를 주는 게 좋습니다. 아이가 앞으로 나아갈 때 불안해하지 않도록, 실패할 수 있는 기회를 빼앗지 않는 것도 필요하죠.

이렇게 보면 아이가 초등학교 시기 부모라는 존재는 정말 다양한 역할을 수행해야 한다는 것을 알 수 있습니다. 일단은 아이들에게 신경을 써야 할 것이고요. 필요할 때는 조언을 하면서, 아이에게 닥칠 수 있는 위험을 줄여야 하겠죠. 무엇보다 감정적으로 아이를 내팽개치는 일은 절대 없어야 할 것이고요. 아이가 여러 상황에 대처하는 기술을 충분히 기를 수 있게끔 의미 있는 인생 경험도 많이 하게 해줘야 할 것입니다. 물론 초등 시기뿐 아니라 다른 모든 시기에도 이런 부모 역할이 필요하겠습니다만……. 한 가지, 여기서 많은 부모님들이 놓치곤 하는 게 아이에게 내면의 공간을 충분히 확보해주는 일인 것 같습니다. 요즘 부모들은 아이들에게 너무 많은 것을 줬다 뺏었다 하죠.

부모라면 세상의 변화에도 민감하게 반응해야 할 것 같습니다. 흔히 교육 제도가 바뀌어야 한다는 얘기들을 많이 하는데요. 저는 교육 제도가 바뀌기를 기다리기보다 부모가 먼저 바뀔 준비를 해야 한다고 생각합니다. 아이와 관련된 일인 만큼 부모가 더 절박하고 다급하니까요. 이런 강의 자리도 그래서 필요한 것이라고 생각합니다.

아이와의 관계 맺기도 부모가 기본적으로 수행해야 할 역할이죠. 아이와 관계를 맺을 때는 내가 주고 싶은 게 아니라 아이가 원하는 걸 주는 부모가 되셨으면 합니다. 아이에게는 아이만의 공간이 있습니다. 이런 아이들의 세계를 관찰하면서 시간적 여유를 두고 그들의 얘기를 들어주셨으면 합니다. 아이의 시나리오가 궁금하다면 아이에게 먼저 물어보세요.

부모라 해서 아이를 다 안다고 착각하는 것은 금물입니다. 그래도 아이를 가장 가까이서 지켜보는 건 바로 부모죠. 제 경험담이 도움이 됐을지 모르겠습니다만, 오늘 얘기를 들어주신 부모님들이 아이에게 가장 적절한 방법을 찾으실 수 있기를 기원합니다.

7강

사교육 걱정 없이 우리 아이 키우기

윤지희

사교육걱정없는세상 공동대표

사교육 받고 자란 부모의 자녀 교육

저는 딸만 둘입니다. 큰딸이 2년 전에 결혼했어요. 올해 10월이면 첫아이를 낳을 예정입니다. 큰딸이 초등학교 3학년 때부터 제가 참교육학부모회라는 교육 시민 단체에서 교육운동을 시작했어요. 당시 제가 서울 노원구에 살고 있었는데, 지금도 그렇지만 노원구가 알아주는 사교육 과열 지구 중 한 곳이었어요. '그래 봐야 그때 당시에 얼마나 사교육을 시켰겠어?'라고 반문하시는 분들도 계시겠지만, 그때도 사교육이 꽤나 극성이었습니다. 주변에서 사교육 시키는 엄마들을 보며 고민을 많이 했지요. 그러다 교육운동 단체에 가입하게 된 겁니다. 그 뒤로는 아이들에게 강압적으로 공부를 시키지는 않았습니다. 그럼에도 불구하고 제 마음속에 '그래도 아이가 남보다 공부를 더 잘했으면 좋겠다' 내지는 '내가 이루지 못한 꿈을 아이가 이뤄줬으면 좋겠다' 하는 욕망이 없었던 건 아니었어요. 다만 교육운동을 하는 사람으로서 이런 감정을 억누를 수밖에 없게끔 외부적 환경을 만들어놨던 셈이죠.

당시 제가 살던 동네에 만화 대여점이 세 곳 있었는데요. 큰아이는 이 세 곳에서 만화책을 각 1천 권씩, 도합 3천 권은 족히 봤을 거예요. "네가 만화책만 덜 봤어도 우리가 집 한 채는 샀을 거다"라고 농담을 할 정도로요. 판타지 소설도 수백 권은 봤을 겁니다. 그 경험이 아이 삶에 어떤 영향을 줬는지는 잘 모르지요. 다만 고1 때까지 정말 신나게 놀던 아이가 겨울방학쯤 되니 이런 말을 하더라고요. "엄마, 나도 대학이라는 델 가봐야겠어." 대학을 향해 달려가는 주변 아이들 분위기에 큰애가 나름 자극을 받았던 모양이에요. 그 뒤 공부를 시작한 아이가 고3 즈음에는 또 이런 얘길 하더군요. "엄마, 우리 반에 그동안 맨날 1등 하던 아이가 있는데 걔는 초등학교 때부터 사교육을 엄청 하면서 계속 공부를 해왔더니 너무 지쳐서 이제는 공부하기가 너무 싫대. 지금이 제일 열심히 해야 할 시기인데 말야. 그에 비하면 나는 얼마나 다행인지 몰라. 난 할 걸 다 해봐서 여한이 없어. 컴퓨터도 무한대로 해봤지, 만화책도 무한대로 읽어봤지, 친구들하고도 무한대로 놀러다녀 봤잖아" 하더군요. 자랄 때 시기별로 갖게 되는 성장통을 자연스럽게 겪고 자란 아이들은 때가 되면 자유의지에 따라 새로운 목표에 도전할 에너지를 갖게 되는 것 같습니다.

그런 아이가 어느새 결혼을 해서 한 생명을 키우게 된 거죠. 오랫동안 기다려온 임신이라 기쁘긴 합니다만, 새로 태어날 손자가 살아갈 세상을 생각하면 마음이 착잡하기도 합니다. 사위는 사교육 과열 지구인 경기도 분당에서 태어나고 자란지라 어려서부터 사교육을 많이 받았다고 해요. 집에서나 학교에서 공부 스트레스가 심했고 특히 고등학교에 가서는 성적으로 차별하는 학교 분위기가 너무 싫어서 곧잘 했던 공부를 팽개쳤던 경험이 있어서, 아이는 그렇게 키우고 싶지 않다고 했대요. 자라온 환경은 다르지만 다행이지요. 우리 단체 상근자 중에도 이런 분이 있었어요. 맞벌이 가정이어서 아이를 친어머니에게 맡겼는데, 어머니가 초등학교 교사 출신이라 교육에 열의가 대단하셨다 합니다. 그래서 아이를 자꾸 학원에 보내는가 하면, 학원 다녀온 손자를 다시 앉혀놓고 공부를 시키곤 하신 거예요. 그러다 보니 '사교육걱정없는세상' 단체의 가치관을 가진 아들 부부와 어머니 사이에 교육관을 두고 마찰이 생겼고, 결국 어머니를 피해 지방행을 선택해 이사했어요.

요즘 초등학생 부모들을 보면 사교육과 관련된 두 가지 상반된 양육 태도를 보이는 경향이 있어요. 한편에는 본인이 어려서부터 사교육을 받으며 자란 만큼 이를 그대로 수용하면서 습관적으로 자기 자식도 사교육을 시키려는 부모가 있죠. 그런가 하면 또 한편에는 자신이 사교육을 받아봤더니 괴롭기만 하고 별 효과가 없었다며 '내 아이는 다르게 키우겠어'라는 생각으로 다른 선택을 하는 분들도 있습니다. 반면 그 부모 세대는 대체로 자녀를 열심히 공부시켜 출세시켰던 경험이 있는 만큼 이런 자녀의 교육관을 이해하지 못하는 경향이 있어요. 그러면서 갈등이 빚어지는 거죠.

4차 산업혁명 시대를 살아가야 할 아이들의 선택

요즘을 저출산 시대, 인구 절벽 시대라 하는데요. 얼마 전 나온 기사를 보니 2017년 1월 출생자 수가 3만 5천100명으로, 월별 인구 동향 집계를 시작한 2000년 1월 이래 가장 적었다 하더군요. 2000년 1월 출생자 수가 6만 1천200명이었다니, 불과 17년 사이에 월별 출생자 수가 절반 가까이 줄어든 셈입니다. 그런가 하면 2016년 한 해

출생자 수는 40만 6천여 명으로, 이 또한 연도별 출산율로는 역대 최저 기록이었다 합니다. 우리가 현상 유지를 하려면 합계 출산율(출산 가능한 15~49세 여성이 평생 낳는 자녀 수)이 2명 이상은 되어야 하는데 지금은 1.17명입니다. 그렇다 보니 유엔미래포럼 박영숙 대표 같은 분은 2350년 대한민국이 지구상에서 사라진다는 비관적인 예측을 하시기도 합니다. 어떤 분들은 '350년 뒤면 내가 죽어 백골이 진토되고도 남을 시간인데, 어찌 되든 무슨 상관이야?' 하실 수도 있겠습니다만, 100세 시대를 맞은 지금은 그리 멀지 않은 미래입니다. 올해 태어날 제 손자가 서른 살 정도가 되면 또 자식을 낳을 텐데 어쩌면 내가 죽기 전에 볼 수도 있을 증손자가 과연 행복한 세상에서 살아갈까, 아니면 지금보다 더 양육강식의 질서가 지배하는 세상에서 기계·인공지능과 경쟁하며 힘들게 살아갈까……. 이는 '내가 오늘을 어떻게 살 것인가'와도 직결되는 문제라고 생각합니다. 결코 쉽지 않은 문제죠.

2016년에 선대인경제연구소의 선대인 소장님이 우리 단체에 오셔서 진로 강좌를 하신 일이 있는데요. 당시 소개해주신 통계청 자료를 보면 우리나라의 생산 가능 인구는 2016년 3천763만 명을 정점으로 2017년부터 매년 30만~40만 명씩 감소하기 시작하는 것으로 나옵니다. 그 결과 2060년이 되면 생산 가능 인구 1.2명이 고령 인구 1명을 먹여 살리게 될 거라는 거죠. 통상 전체 인구 중에서 65세 이상 노령 인구가 차지하는 비율이 20% 이상이면 초고령화 사회라고 하는데, 한국은 2040년에 벌써 65세 이상 인구 비율이 32.3%에 달할 것이라는 전망입니다. 2040년이면 정말 얼마 남지 않았죠? 다시 말해 생산 가능 연령을 지나서도 30~40년 이상을 살면서 그 숫자가 현격히 줄어드는 자녀 세대의 부양을 받으며 무사히 살아갈 수 있을지 걱정스러운 것입니다. 이것이 우리의 미래 모습입니다.

결정적인 것은 이른바 4차 산업혁명 시대의 도래입니다. 요즘에는 너나없이 4차 산업혁명을 얘기합니다. 전문가들은 이미 2015년부터 인공지능 시대가 시작됐다고 말하던데요. 우리도 2016년 이세돌과 알파고의 대국을 보면서 이를 똑똑히 실감했죠. 두려움과 공포도 갖게 되었고요. 이런 시대를 앞두고 우리가 가장 걱정하는 건 아마도 일자리 감소일 것입니다. 미래학자들은 20년 안에 현존하는 직업의 47%가 사라질 거라고 말합니다. 20년 후면 지금 초등학생들이 직업을 갖는 시기입니다. 2013년 옥스퍼드 대학이 20년 이내에 사라질 가능성이 있는 직업 리스트를 산출한 일이 있는데 그에 따르면 텔레마케터는 99%, 스포츠 심판은 98%, 회계사는 94%, 택시기사는 89% 사라질 가능성이 높다고 했습니다. 경제학자나 판사 직업이 사라질 확률도 각각 43%와 40%에 달했죠. 반면 사라질 가능성이 거의 없는 직업으로는 초등학교 교사, 사회복지사, 레크리에이션 치료사 등이 꼽혔습니다. 사람과 대면하는 직업 정도가 살아남는다는 뜻이죠.

그런가 하면 한국은 로봇 밀도(노동자 1만 명당 산업용 로봇 수)가 전 세계에서 가장 높은 나라이기도 하죠. 그런 만큼 인간의 직업이 인공지능으로 대체되는 속도는 더 빨라질 수 있습니다. 2016년 세계경제포럼에 참석한 주요 15개국 대기업 임원들 또한 앞으로 5년 내에 제조·예술·미디어 분야 등에서 일자리 710만 개가 사라지고 컴퓨터·수학 분야 등에서 일자리가 200만 개가량 창출될 거라 답변했다 합니다. 다시 말해 총 500만 개가량의 일자리가 줄어든다는 얘기죠. 이 같은 현실을 두고 선대인 소장은 이렇게 비유했습니다. "우리가 징검다리를 딛고 강을 건너가야 하는데, 기존의 징검다리는 빠르게 물속으로 빠져들고 있고 새 징검다리는 지극히 더딘 속도로 만들어지고 있다"고요. 그 속에서 우리는 불안과 공포에 맞닥뜨릴 수밖에 없다는 거죠. 세계경제포럼 회장인 클라우스 슈밥Klaus Schwab은 이렇게 말했습니다. "기술 혁명으로 인한 급격한 사회·경제적 변화로 인해 직업에 대한 개념이 근본적으로 달라질 것이다. 대량실업 등 최악의 시나리오를 피하려면 각국 정부는 로봇이 대체할 수 있는 단순 기술을 가르치기보다 창조력과 고도의 문제 해결 능력을 기를 수 있는 교육·훈련에 집중해야 할 것이다."

이런 거대한 변화의 물결 앞에서 우리가 도출할 수 있는 결론은 다음 세 가지일 것 같습니다. 첫째, 특정 회사나 기업이 일자리를 보장해주지 못한다는 겁니다. 기업의 평균 존속 기간은 과거 60년에서 지금은 15년 정도로 단축됐다고 합니다. 이런 현실에서는 지금은 선망의 대상인 대기업을 목표로 준비를 한다는 게 의미가 없죠. 굳지의 대기업에 들어가봐야 이들 기업의 생존 여부가 불투명하기 때문입니다. 둘째로는 특정 직업을 목표로 하는 것 또한 의미가 없다는 겁니다. 지금 아이들이 성인이 됐을 때는 그 부모 세대가 알고 있는 직업의 47%가 사라져 있을 테니까요. 곧 부모 세대가 자신의 지식과 경험에 기반해 "네가 이런 일을 했으면 좋겠어"라고 아이에게 권하는 건 위험천만한 일일 수도 있습니다. 셋째로 도출할 수 있는 결론은 인공지능으로 대체할 수 없는 인간의 고유 능력을 키워줘야겠다는 것이겠죠. 그게 뭔지는 요즘 온갖 곳에서 강조하고 있으니 제가 굳이 덧붙이지는 않겠습니다. 공감 능력, 비판적 사고 능력, 창의성, 협업 능력, 문제 해결 능력 등 여러분이 익히 들어오신 것들입니다. 그렇지만 우리가 처한 현실은 이런 능력을 키우는 환경과 거리가 멀죠. 새벽부터 밤 12시까지 책상머리에서 문제풀이와 암기식 공부를 하느라 다른 아이들과 어울려 놀 시간조차 없는 아이들에게 무슨 공감 능력이나 비판적 사고 능력이 키워지기를 기대하겠습니까?

'사교육걱정없는세상'이 벌이는 교육운동

지금 아이들의 삶은 너무 심각한 상태죠. 얼마 전 텔레비전에서 가슴 아픈 장면을 봤습니다. 초등학교 1학년쯤 되어 보이는 여자아이가 나오는 프로그램이었는데요. 이 아이는 늘 바쁩니다. 학교가 끝나면 학원에 가느라 바쁘고, 학원을 마치고 집에 오면 밀린 학원 숙제를 하느라 놀 시간이 없죠. 그래도 엄마의 설득에 책상 앞에 앉아 숙제를 하던 아이는 노래 테이프에서 나오는 동요를 따라 부르다 그만 눈물을 흘리고 맙니다. "나의 꿈이 이뤄지는 날 환하게 웃으세요/ 엄마를 생각하면 왜 눈물이 나지"라는 대목을 따라 부르다가요. 이 아이는 분명 엄마를 사랑합니다. 그런데도 엄마를 생각하면 눈물이 난다는 가사에 자기도 모르게 공감이 되어 울어버리는 거예요. 그건, 아이가 인지적으로 알아채지 못할 뿐 자기 본성에 맞지 않는 생활을 하고 있기 때문일 것입니다.

제가 교육운동을 하면서 만난 엄마들은 대부분 이렇게 말했습니다. "우리 아이는 학원에 다니고 싶어 해요. 제가 억지로 보내는 게 아니에요." 물론 고등학생쯤 되면 아이가 대학에 가겠다는 생각으로 자발적으로 학원에 다닐 수도 있겠죠. 하지만 아직 자의식이 성숙하지 못한 초등학생은 부모가 세상의 전부지요. 그래서 자신이 어떻게 행동할 때 엄마 아빠가 기뻐하는지 잘 알기에 해바라기처럼 부모의 기대를 좇으며 행동할 가능성이 높죠.

그렇다 보니 간혹 극단적인 선택을 하는 초등학생이 나오기도 합니다. 오늘도 사교육걱정없는세상 인터넷 카페 게시판에 보니 옆 동네 초등학생 아이가 자살했다는 안타까운 소식을 들었다는 댓글이 달렸더군요. 학원을 7~8개씩 다니고 공부를 잘하는 아이였다네요. 이런 안타까운 일이 계속해서 벌어지고 있습니다. 매년 성적 비관으로 자살하는 초·중·고생 숫자가 세월호 참사로 죽은 아이들 숫자와 맞먹어요. "문제 한두 개 틀렸다고 자살을 해? 요즘 애들 정신력이 너무 약한 거 아냐?"라고 탓할 일이 아닙니다. "너, 실수도 실력이야. 이런 식으로 실수하면 안 돼"라고 시험 보고 올 때마다 다그치는 부모를 보며 자란 아이들에게는 그게 세상의 전부가 되는 것입니다.

제가 활동하고 있는 사교육걱정없는세상은 이렇게 '성적 비관으로 죽어가는 아이가 더 이상 단 한 명도 없는 세상'을 꿈꾸며

2008년 생겨난 단체입니다. 우리 단체가 2012년 선포한 것이 '입시 사교육비 ZERO 7대 특별 공약 운동'이에요. 그 일곱 가지는 ①선행학습 금지 ②영유아 조기 사교육 금지 ③특목고·자사고 입학전형 문제 해결 ④선진국형 학교 성적 제도 도입 ⑤수능 절대평가·자격고사화 ⑥대학 서열화 해소 ⑦학력·학벌 차별 금지법 도입 등이 주된 내용입니다.

이중 일부는 이미 현실화됐죠. '입시 사교육비 ZERO 7대 특별 공약 운동'을 선포한 뒤 우리가 한 활동이 2012년 대선 후보들에게 이를 반영하라고 요구하는 일이었어요. 그 결과 선행학습금지법이 발의됐고, 2014년 국회를 통과해서 이미 시행 중에 있습니다. 이번 2017년 대선을 앞두고도 우리가 사교육 금지 공약 컨퍼런스를 열었습니다. 7개 공약을 좀 더 세분화해 16개 공약을 제시했어요. 그러고는 문재인·안철수·홍준표·유승민·심상정 후보 등을 불러 교육 공약 평가 작업도 벌였죠.

그 첫 번째로 요구한 것이 출신학교차별금지법(가칭) 제정이었습니다. 홍준표 후보는 의미 있는 교육 공약이라 할 게 거의 없었기에 논외로 하고요, 문재인 후보와 안철수 후보는 출신학교금지법 제정에 찬성하면서 대통령에 당선되는 즉시 이를 이행하겠다고 약속했습니다(이 강의가 진행된 것은 19대 대선이 치러지기 직전인 2017년 4월 25일이었다-편집자 주). 이른바 SKY 대학의 경우 신입생의 절반 가까이를 특목고·자사고 출신들이 차지하고 있는 것이 현실이죠. 출신학교차별금지법이 시행되면 대학 입학전형을 실시할 때 출신학교(고교)를 가리게 함으로써 이런 불합리한 현실을 어느 정도는 바로잡을 수 있습니다. 문재인 후보는 나아가 기업들이 신입사원을 뽑을 때도 블라인드 테스트를 도입하게끔 하겠다고 밝혔습니다.

두 번째로 요구한 것은 대학 서열화 해소를 위한 대학 체제 개편이었습니다. 이에 대해 문재인 후보는 국립대학들이 연합 네트워크를 구성한 다음, 네트워크를 공유한 국립대학끼리 학생을 공동 선발하고 공동 학위를 수여하게끔 하겠다는 구상을 밝혔죠. 나아가 문 후보는 국립대 외에 공영형 사립대학도 포함시켜 보다 광범위한 네트워크를 구성하겠다고도 말했습니다. 안철수 후보 또한 지역별로 거점 국립대와 거점 대학을 육성하는 한편 지역 고교를 졸업한 뒤 지역 대학에 진학하는 학생에 대해서는 지역 공공기관 우선 선발권을 확대 적용할 계획이라고 밝혔죠. 이런 구상이 현실화하면 지금의 서열화한 대학 체제가 크게 개선될 것으로 기대됩니다.

우리 단체는 여기서 나아가 '대학입학 보장제 국민운동'도 펼치고 있어요. 곧 학생을 공동 선발하고 공동 학위를 수여하는 데 그칠 게 아니라 입학 단계에서 일정한 학력만 갖추고 있다면 희망자들을 전부 받아들여 추첨으로 학생을 선발하자는 게 바로 대학입학 보장제입니다. 이 부분에 대해서는 언급을 피한 다른 후보들과 달리 문재인 후보는 이 또한 충분히 고려할 수 있다는 입장을 밝혔어요.

이게 터무니없는 주장이라고 생각하시나요? 해외에는 이런 사례들이 적지 않습니다. 미국 캘리포니아 주립대학의 경우 학교가 정한 적격성 지표를 만족시킨 학생은 자동으로 입학 자격을 부여받아요. 프랑스 또한 바칼로레아(대입 자격고사) 시험에서 일정한 점수 이상을 받은 학생이라면 누구나 파리 1대학, 2대학 등에 지원

할 수 있게 돼 있죠. 네덜란드는 의대, 법대처럼 인기가 높은 전공 분야에서 가중치를 둔 추첨제 전형을 실시하고 있습니다. 곧 성적이 아주 우수한 학생은 미리 학교별 전형을 통해 선발하되, 여기에 해당되지 않지만 의대·법대에 진학하고 싶어 하는 학생이 있다면 이들 지망생에 한해 추첨을 통해 입학 여부를 결정하게 돼 있는 것이죠. 여기에는 물론 전제가 있어야 합니다. 네덜란드는 직업 간 임금 격차가 크지 않은 나라죠. 그렇다 보니 자기가 아주 좋아하지 않는 이상 굳이 고생을 하면서까지 의대·법대 공부를 할 필요가 없습니다. 우리나라도 직업 간 임금 격차가 줄고 사회보장제도가 지금보다 나아지는 단계가 오면 일정한 학력만 취득하면 추첨을 통해 대학에 진학하는 '대학입학 보장제'라는 대학 입시제도가 설득력을 가질 때가 올 것입니다.

세 번째로는 특목고와 자사고 문제를 해결하라고 요구했는데요. 문재인 후보는 이들 학교에 부여된 학생 우선 선발권을 없애고, 일반고와 동시에 학생을 선발하게끔 하겠다고 밝혔습니다. 궁극적으로는 자사고·국제고·외국어고등학교를 일반고로 전환시키고, 과학고의 경우 유지는 하되 과학고 입시를 위해 과도한 사교육이 유발되는 문제는 개선해 나가겠다는 것이 문 후보가 밝힌 구상이었어요. 이와 별도로 안철수 후보는 과학고나 영재고를 위탁 교육기관으로 전환하겠다고 밝혔습니다. 일반고에서 과학을 특별히 잘하는 학생이 있을 경우 이들 기관에서 위탁 교육을 시키겠다는 건데요. 이 부분은 문 후보보다 안 후보 쪽 공약이 한 단계 진보한 것으로 평가됩니다. 특목고·자사고 문제는 지난 10년 보수 정권은 물론 김대중·노무현 정부 때도 손대지 못한 부분이죠. 그러나 이로 인해 우리 사회에 너무 많은 문제가 발생했고, 따라서 이들 학교를 일반고로 전환해야 한다는 기본 인식은 이미 모든 후보가 공유하고 있는 것으로 보입니다.

그밖에도 이번 대선 과정에서 공유된 인식 하나가 현재의 수능 체제에 문제가 있다는 것입니다. 일단 대입 논술전형을 없애는 것에는 홍준표 후보를 제외한 모든 후보가 찬성했어요. 그리고 수능이 절대평가로 바뀌어야 하며, 장기적으로는 자격고사화해야 한다는 인식이 확산됐다는 점이 무척 고무적입니다. 수능 시험 제도는 전국의 고3 학생, 재수생까지 합쳐 하나의 시험으로 1등부터 꼴등, 즉 60만 명까지 한 줄로 세우는 것입니다. 이 오지선다 수능 시험 점수만으로 학생을 선발하는 입시 제도가 존재하는 한 학생들은 수능 기출문제, 예상문제 풀이 연습에서 놓여날 수 없고, 학교 교육 역시 수능 대비 교육에서 벗어날 수 없습니다. 전 세계에 이렇게 전국 학생을 줄 세운 시험 점수로만 대학에 진학하는 제도가 어디에 존재합니까? 대선 후보들이나 국가적으로는 수능 제도가 상대평가에서 절대평가로 바뀌어야 하고 장기적으로는 자격고사화 해야 한다는 데 이의가 없는 것 같습니다. 그런데 문제는, 우리 부모들과 학생들이 수능 시험이 객관적이고 공정하다는 인식을 갖고 있어 절대평가하는 데 반대하는 목소리가 높다는 것입니다. 또 사교육 업계 쪽에서도 패턴화한 수능 시험에 대비하기가 더 쉬워 수능 상대평가를 지지하고 있기도 합니다. 수능이 절대평가로 실현되기 위해서는 사교육 업계의 비교육적 논리를 제압할 수 있어야 하고,

현재 학부모들과 학생들이 불공정하다고 느끼는 학생부종합전형도 함께 개선되어야 할 것입니다.

사교육이 끼어들기 쉬운 학교의 평가 제도를 바꿔야 한다는 요구도 있었습니다. 중·고등학교에서 한 학년이 한꺼번에 하나의 시험으로 평가받는, 중간고사·기말고사 식의 평가 제도를 폐지하고, 교사별 평가를 전면 도입하자는 내용이 대표적입니다. 현재의 중·고등학교는 학년별 평가 체제를 따르고 있죠. 즉 한 학년에 10개 반이 있을 경우 3명의 선생님이 따로 반을 나눠 수학을 가르친다 해도 시험은 똑같이 치러 등수를 나누게끔 돼 있습니다. 이렇게 되면 선생님들이 각자의 방식으로 공부를 가르칠 수가 없죠. 자칫하면 학생들이 시험에서 손해를 보게 될 테니까요. 그런 만큼 학년별 평가가 아닌 교사가 가르친 학생들만을 대상으로 평가하는 교사별 평가로 평가 방식이 바뀌어야 한다는 게 우리 단체의 주장이었는데, 이 또한 후보들에게 긍정적으로 검토되고 있습니다.

여기에다 문재인 후보는 고교 학점제 공약도 제기했는데요. 고1 단계에서는 공통 과정을 배우되 고2, 3부터는 자기가 원하는 과목을 신청하고 이수하게 하자는 것이 고교 학점제입니다. 이렇게 학점제를 하게 되면 자연스럽게 교사별 평가는 물론 절대평가를 할 수밖에 없어요. 개중에는 적은 학생들만 선택하는 과목도 있을 텐데, 이럴 경우 9등급 상대평가를 하게 되면 학생들로서는 불이익을 받게 되기 때문입니다. 그래서 학점제를 제대로 한다는 것은 내신도 절대평가를 해야 한다는 것이지요. 이렇게 되면 학교 교육도 크게 바뀌게 되겠죠.

선행학습 금지, 수능 자격고사화, 대학 서열화 해소, 학원 심야 영업 제한

돌이켜보면 참 놀라운 일입니다. 그전까지만 해도 이런 주장은 거의 받아들여지질 못했어요. 수능의 경우도 이른바 대학의 선발 변별력이 중요시되면서 지금껏 거의 손을 대지 못했죠. 그런데 이번에는 대선 후보들이 절대평가에 자격고사화까지 거론하는 상황에 이른 겁니다. 촛불 민심과 박근혜 대통령 탄핵이라는 특수 상황이 이를 가능케 했던 것 같습니다. 곧 우리 사회에 묵은 적폐를 해소하고 새로운 사회를 만들고자 하는 국민적 요구가 워낙 거세다 보니 교육 부문에서도 획기적인 공약들이 채택된 셈이죠.

다만 한 가지 아쉬운 것은 학원 휴일 휴무제와 학원 심야 영업시간 제한 조치를 문재인·안철수 후보가 공약으로 받아들이지 않았다는 것입니다. 어찌 보면 이는 수능 절대평가나 출신학교차별금지법 제정 같은 어마어마한 정책에 비해 한결 상식적으로 풀 수 있는 작은 문제입니다. 일요일 하루만큼은 아이들이 학원에 가지 않아도 되게 하자, 초등학생은 밤 8시(중학생 밤 9시, 고등학생 밤 10시)까지만 학원에 붙들어놓게 하고 그 이상은 학원 영업을 못 하게 하자는 내용이니까요. 곧 아이들의 삶에 급격한 변화를 초래하자는 것도 아니고, 그저 아이들에게 최소한의 생활만은 보장해주자는 거죠. 그런데 이 제안에 대해서만은 후보들이 수용하지 않았습니다. 왜일까요? 저는 결국 학원총연합회 등의 로비에 밀려서였을 것이라고 짐작합니다. 전국의 학원 종사자가 50만 명이고, 이들의 가족까지 더하면 200만 명가량이 된다니 후보들이 이를 무시하지 못한 거죠. 저희가 이 문제로 후보 사무실과도 여러 차례 통화를 했는데, 담당자들 얘기가 전화통에 불이 났대요. 전화 거는 사람들이 누군지 밝히지는 않았다지만 그게 뭐 학부모들이었겠어요?

제가 얼마 전 주말에 서울 도심에 나갔다가 시급 최저임금 1만 원 쟁취를 위한 노동자 걷기대회가 열린 것을 보고 너무 부러웠습니다. 학부모들도 이렇게 수십만 명이 거리에 나와 '우리 아이에게 행복한 교육을 달라'고 시위할 수 있게 된다면 얼마나 많은 것이 달라질까 싶어서죠. 교육 문제에 관한 한 우리 부모들은 '내 가정에서 내 아이만 잘 키워야지' 하는 식으로 세상 돌아가는 것에 너무 무관심한 것 같습니다. 그렇지 않다면 어른들은 이미 주5일 근무제를 누리면서 어떻게 아이들에게만 '월화수목금금금'을 강요하는 이런 체제를 내버려둘 수 있나요? 어떻게 4차 산업혁명 시대에 대비해 우리 사회의 모든 것을 바꿔야 한다고 말하면서 아이들에게 최소한의 시간도 주지 않으려 하느냐는 말입니다. 이런 체제는 누구 때문인가요? 또 누구를 위한 건가요? 저는 학원 휴일 휴무제와 학원 심야 영업시간 제한 조처는 누가 뭐래도 꼭 관철돼야 한다고 생각합니다. 이 부분만 아쉬울 따름입니다.

물론 학원 휴일 휴무제 등 나쁜 사교육 문제가 공약에서 빠졌다고 해서 저희들이 손 놓고 있을 사람들이 아니지요. 문재인 후보는 '칼퇴근법'을 제정해서 성인들의 저녁이 있는 삶, 쉼이 있는 삶을 보장하겠다고 하잖아요. 어른들이 저녁이 있는 삶을 누릴 때 집에 아이들이 없는 것을 두고만 보겠습니까? 반드시 이 문제도 해결될 것이라 자신합니다. 두고 보십시오. 어쨌든 이런 획기적인 대선 공약들이 앞으로 5년 동안 추진되면 교육 분야에서도 놀라운 변화가 올 것입니다.

2017년 대선에서 사교육걱정없는세상이 제안한 공약을 말씀드린 김에 그간 우리 단체가 걸어온 길에 대해서도 짤막하게 말씀드릴게요. 앞서 말씀드린 대로 사교육걱정없는세상은 2008년 출범 이후 '입시 사교육비 ZERO 7대 특별 공약 운동'을 선포하고, 차근차근 교육 현실을 바꿔왔습니다.

당장 올해부터 도입된 '2015 개정 교육 과정'에 따라 초등학교 1학년 한글 교육 시간이 27차시(단위 활동)에서 62차시로 늘어나는 데 기여한 것이 사교육걱정없는세상입니다. 그전 교육 과정에서는 초등학교에 입학하면 27차시, 그러니까 한 달 반 만에 한글을 떼야 했어요. 그러다 보니 유치원 때 한글 선행학습을 할 수밖에 없다는 것이 학부모들의 불만이었습니다. 이런 현실을 바꾸려면 한글 수업 시간을 한 학기 남짓 늘려야 한다고 우리 단체가 줄기차게 요구해왔고, 이를 교육부가 받아들인 것이죠.

또 2014년 선행교육금지법을 통과시킴으로써 학교에서의 선행교육 내지는 선행학습을 유발하는 일체의 평가 방식이 금지된 것 또한 우리 단체 활동의 결과입니다. 이 법안 도입을 놓고 많은 논란이 있었지만, 어쨌거나 이 일을 계기로 우리 사회가 선행학습이라는 용어 자체를 하나의 고유명사처럼 당연한 듯 받아들이는 것을 뒤집게 되었죠. 선행학습은 우유를 먹어야 할 아이에게 거친 곡물을 먹이는 것과 같이 아무런 소용이 없고 오히려 해를 입히는 불량

학습이라는 인식이 확고하게 자리 잡히게 되었습니다. 나아가 이를 법률로 금지하게 된 것 또한 큰 의미가 있는 일입니다. 다만 학교와 달리 학원의 선행 교육은 학원 업계의 엄청난 반대에 부딪혀 법적 규제에서 제외되었기에 우리 단체가 지금도 계속해서 이를 요구하는 중이에요.

출신학교차별금지법도 작년부터 제정을 요구해왔죠. 현재 이와 관련된 법안도 이미 4개가 국회에 발의되어 있습니다. 대선 후보들도 이를 공약으로 채택했고요. 그런데 대다수 국민들은 여전히 어떤 일이 벌어지고 있는지 모르고 계세요. 이 법안이 통과된다면 어떤 일이 벌어질까요? 일단은 대학에서 학생을 선발할 때 어떤 학교를 졸업했는지 모르게 됩니다. 현재는 전체 고등학생의 5%도 안 되는 특목고·자사고 출신이 SKY 대학 신입생의 절반 가까이를 차지하고 있죠. 아무리 성적순이라지만 이 정도 비율이라면 뭔가 불합리한 게 아니냐는 의심을 하게 되는데, 출신학교차별금지법이 통과되면 어느 고교 출신인지 노출하지 않고 입학전형을 실시하게 되어 이런 일도 대폭 줄어들 것으로 기대됩니다. 사교육걱정없는세상이 제출한 법안에는 민간기업 지원 시에도 어느 대학 출신인지 일절 표시하지 못하게 돼 있어요. 이렇게 되면 학별 말고 자기 실력을 증명할 수 있는 다른 것들을 내세워야겠죠. 우리가 출신학교차별금지법을 추진하게 된 것은 일반 국민들의 의식 때문입니다. 통계청이 매년 사교육비 조사·통계를 진행하고 있는데, 거기 보면 일반 국민이 사교육을 할 수밖에 없는 첫째 이유로 꼽은 것이 '출신 대학이 중요하기 때문에'입니다. 이게 수년 동안 늘 부동의 1위예요. 그래서 출신 학교 차별을 금지하는 법·제도가 필요하다고 판단하게 된 거죠. 이 법이 통과되고 시행되면 특목고 진학 열풍이나 이른바 명문 대학 입학 경쟁도 상당히 사라지게 될 것입니다.

임금 격차 해소와 교육의 가치·철학 세우는 일부터 해야

최근 몇 년 사이 역점을 두고 추진한 것은 수학 고통 경감 운동입니다. 수학에 대한 학생·학부모 의식 조사를 해보면 수학으로 인해 '매우 고통 받고 있다'는 응답자가 71%, '고통 받는 편이다'라는 응답자가 28%로 나와요. 모두 99%가 수학으로 인해 고통 받고 있는 셈이니, 기가 막힌 현실이죠. 우리가 초·중·고생 수만 명을 상대로 설문조사도 벌여봤어요. 그랬더니 고등학생의 60%가 스스로를 '수포자'(수학 포기자)라 진단하더라고요. 이제 막 수학을 배우기 시작한 초등학생도 37%가 스스로를 수포자라 말하고요.

어떻게 이런 일이 있을 수 있나 싶어 다른 나라들의 수학 교육 과정을 살펴봤습니다. 국가별 수학 교과서를 비교·분석하는 대규모 컨퍼런스도 열었어요. 교육부나 국책 연구기관에 관련 자료가 없어 해외에 있는 우리 회원들의 네트워크를 총 가동했죠. 그 결과 알게 된 게 한국의 수학 교육 내용이 다른 나라에 비해 너무 많다는 것이었습니다. 교과서 또한 복습 과정이나 개념을 심화시키는 과정이 생략된 채 교사가 일방적으로 주입식 교육을 할 수밖에 없게끔 짜

〈그림 7-1〉 수학에 대한 학부모 의식 조사

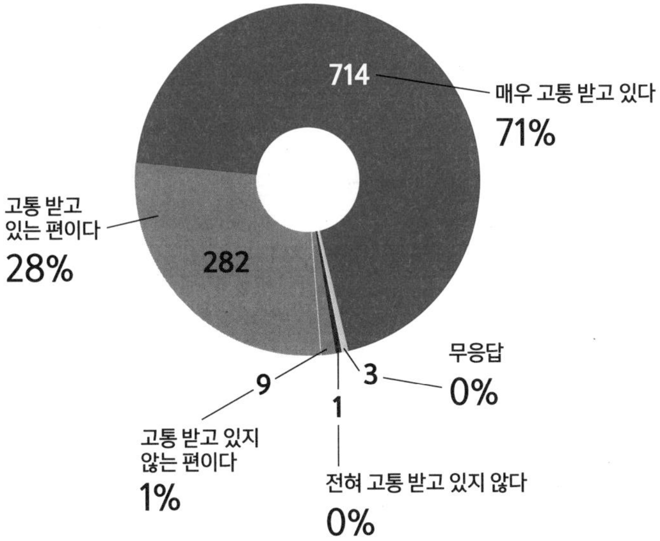

* 출처: 사교육걱정없는세상

여 있었고요. 이런 문제를 집중 제기한 결과 2015 개정 교육 과정에서는 수학 교과 내용이 그전에 비해 19.8%가량 줄었습니다.

최근에는 현직 교사 38명이 참여해 대안 수학 교과서도 만드는 중입니다. 복습 과정이 살아 있고, 풍부한 사고력을 키울 수 있으며, 연결과 통합을 가능케 하는 중학 1, 2, 3학년 교과서를 앞으로 5년 안에 만들어보자는 게 목표죠. 현재는 중학교 1학년용 실험본 교과서를 만들어 10개 실험학교 학생들을 상대로 적용해보고 있습니다. 이 실험 과정을 일일이 카메라로 찍고 문제점을 보완하여 올해 안에 1학년 교과서를 완성할 것입니다. 내년에 또 2학년 교과서를 완성하고요. 한 학년 교과서 만드는 비용이 총 1억 5천만 원

든다기에 모금 운동도 열심히 벌여서 확보했습니다. 1억 5천만 원이면 큰돈 같죠? 그런데 미래창조과학부가 고등학교 과학 교과서를 새로 만드는 데 든 비용이 8억 원 정도였다고 합니다. 거기 비하면 아무것도 아니죠. 우리는 집필진 선생님들께 저녁 식사만 겨우 사드리면서 지금 교과서를 개발하는 중입니다. 이미 창비 출판사와 출판 계약도 맺은 상태입니다. 나중에 출판이 이뤄지면 가정에서 개별적으로 사볼 수도 있고, 학교 단위에서 보조 교과서로 이를 활용할 수도 있을 거예요. 교육청 차원에서도 이를 인정 교과서로 등록해달라고 요구할 계획입니다. 이 대안 교과서를 전국 모든 중학교에서 다 사용하지 않더라도 수십 종의 다른 수학 교과서들도 이 대안 교과서를 닮아갈 것입니다. 새로운 교과서에 대한 상상력이 이 교과서로 인해 폭발하게 될 것입니다.

영어 조기 사교육에 대해서도 제동을 걸고 있습니다. 영어 사교육이 이미 유치원 단계까지 내려가 있는데, 이렇게 된 데는 사립초등학교 영향도 컸다고 봐요. 초등학교 3학년 때부터 영어를 배우는 공립학교와 달리 사립초등학교에서는 1학년 때부터 영어 몰입교육을 실시하고 있죠. 학원 교재를 그대로 들여와 수업을 하고 있기도 하고요. 사교육걱정없는세상은 사립초등학교의 이 같은 영어 몰입교육 실태를 몇 년간 집중적으로 모니터링해왔습니다. 그 결과를 가지고 사립초등학교가 이처럼 1학년 때부터 영어 몰입교육을 시키고 학원 교재를 들여와 수업을 진행하는 건 현행 교육법을 위반한 거라고 문제 제기를 해왔죠. 이에 교육부가 우리 단체의 문제 제기를 받아들여 시정권고를 내렸어요. 그랬더니 이들 사립초등학교 학부모들이 헌법재판소에 위헌 청구 소송을 제기했어요. 당시 사립초 학부모 800여 명이 정부청사 앞에 몰려가 시위를 벌인 장면이 지금도 생생하게 기억납니다. 그분들이 그때 이렇게 항의를 했었죠. "17년간 계속해온 교육을 이제 와서 왜 금지시키느냐"고요. 억울한 마음도 없지 않았을 겁니다. 교육부가 잘못한 거죠. 사립학교에서 17년 동안 다른 교과까지 영어로 수업하고, 국가 교육 과정에는 3학년부터 하도록 되어 있는 영어 과목을 1학년부터 가르쳐온 것을 그대로 방치한 것이니까요. 2016년 헌법재판소가 마침내 최종 판결을 내렸죠. 사립초등학교의 영어 몰입교육을 제한하는 조치는 합헌이라고요. 헌재 판결 이후 사립초등학교 입학 경쟁률이 계속 떨어지고 있다 합니다. 그러나 이 정도로 끝이 아닙니다. 사교육걱정없는세상은 일명 영어유치원에 대해서도 3년 넘게 꾸준히 문제 제기를 하고 있습니다. 중학교 2학년 수업 시수만큼이나 많은 시간 동안 유아들에게 영어 수업을 하고 있으니까요.

다음으로는 소책자 배포 운동도 하고 있어요. 현재까지 사교육걱정없는세상이 발간한 소책자는 〈아깝다 학원비!〉, 〈아깝다! 영어 헛고생〉, 〈찾았다 진로!〉, 〈웃어라, 수포자!〉 이렇게 총 4종입니다. 각 권당 수십만 부씩 배포했어요. 처음에는 무료로 배포했는데 아무래도 인쇄비, 종잇값을 감당할 수 없어 지금은 권당 천 원꼴로 받고 있습니다. 이 소책자는 50회 가까이 이뤄진 토론회 내용들을 바탕으로 핵심만 추린 겁니다. 굉장히 알찬 내용들이 들어 있어요. 특히 〈웃어라, 수포자!〉 소책자를 보면 '초중고 수학 개념 연결 로드맵'이라는 부록이 있어요. 이걸 보면 초등학교 1학년 때부터 고등학교 3학년 때까지 배우는 수학 교육 과정이 일목요연하게 정리돼 있을뿐더러 각각의 개념들이 어떻게 이어져 있는지 지도로 다 표시돼 있습니다. 이를테면 초등학교 5학년 1학기 때 배운 '다각형의 넓이'는 중학교 1학년 때 배우는 '평면도형'으로 개념이 연결된다는 식으로요. 이런 내용은 선생님들에게도 굉장히 유용한 정보라고 합니다. 초등학교, 중학교, 고등학교 선생님들도 각자 교육 과정이 어떻게 연결되는지 잘 모르시니까요. 그래서 아이가 뒤처질 때 어디서부터 가르쳐줘야 할지 막막했는데, 이 지도를 보면서 '아, ○학년 ○학기에 나왔던 개념을 가져다 다시 설명해주면 되겠구나' 하고 감을 잡을 수 있게 됐다는 거죠. 학생 스스로 복습을 할 때도 유용합니다. 수포자들의 통념 중 하나가 '수학은 한번 뒤처지면 따라잡을 수 없다'는 거잖아요. 그래서 학원을 그만두면 끝장나는 줄 알고 학원 의존도가 가장 높은 과목이 수학 과목이 되어 있고요. 그런데 이 지도를 보게 되면 자기가 현재 막힌 부분이 어디에서 시작되었는지 알게 되니 그 부분으로 찾아들어가 스스로 복습을 할 수 있게 되는 거지요.

이 4종 외에 오는 9월에는 영유아 사교육을 주제로 한 소책자가 새로 나올 계획입니다. 이름 하여 〈걱정 마 아가야〉(가칭). 정식 제목은 아니고요, 제가 한번 미리 붙여본 겁니다. 요즘도 '3세 이전에 인간의 뇌가 80% 이상 결정된다'는 식의 광고를 하는 사교육 업체들이 있던데요. 새 소책자에는 영유아 사교육과 관련된 잘못된 통념 12가지를 파고드는 내용이 담길 것입니다. '유아기에도 독서는 반드시 필요한 것 아닌가요?', '본격적인 학습은 안 되지만 놀이기

구로 학습하는 건 괜찮지 않나요?' 같은 질문들에 대한 답도 실릴 거고요.

그런가 하면 우리 단체는 '줄 세우기 없는 학교 만들기'처럼 부모들의 피부에 즉각적으로 와 닿는 캠페인도 벌이고 있어요. 줄 세우기 경쟁이 사라지려면 궁극적으로는 교육 정책 전반이 바뀌어야 하겠지만, 그전에 즉각적으로 해결해야 하는 현안들이 전국에 산재해 있죠. 그간 사교육걱정없는세상에 신고된 사례를 보면 성적 순으로 급식을 주거나 자습실을 제공하는 학교 정도는 약과예요. 심하게는 공부 잘하는 아이들에게만 따뜻한 장판과 난방시설이 있는 자습실을 제공하는 학교도 있었습니다. 나머지 학생들은 차가운 바닥에서 공부를 하게 하고요. 이런 신고가 접수되면 우리 단체는 즉각 해당 교육청에 상황을 알리고 시정을 요구합니다. 그러니 이런 일이 있을 때는 언제라도 사교육걱정없는세상http://cafe.daum.net/no-worry에 신고를 해주세요.

비록 더디기는 합니다만, 오늘 말씀드린 것처럼 지난 몇 년간 교육 분야에서 여러 제도적 변화가 이뤄져 왔습니다. 이번 대선 때는 더더욱 다양한 교육 개혁 공약들이 쏟아졌죠. 이대로 지켜지기만 한다면 사교육걱정없는세상도 조만간 문을 닫아야 할 날이 올지 모릅니다. 그럼에도 불구하고 앞으로 더 해야만 할 일들이 남아 있습니다. 그중 가장 긴급한 두 가지만 말씀드릴게요.

하나는 임금 격차 해소 문제입니다. 이번 대선 때 문재인 후보는 중소기업 노동자의 임금을 대기업 노동자의 80% 수준까지 끌어올리겠다고 공약했죠. 안철수 후보는 중소기업에 취업한 청년들에게 2년간 월 50만 원씩 총 1천200만 원을 지원하겠다고 약속했습니다. 유승민 후보는 최저임금 1만 원 시대를 3년 내에 실현하겠다고 밝혔고요, 심상정 후보 또한 최저임금제를 도입하고 국민 임금 300만 원 시대를 열겠다고 공약했죠. 이런 직접적인 임금 보전책도 중요하겠지만, 임금 격차 해소도 매우 중요한 문제라고 저는 생각합니다. 기업 간·직업 간 임금 격차가 해소되고 복지가 좀 더 튼튼해진다면 입시 경쟁도 상당 부분 해소될 것입니다. 아까 네덜란드 사례를 말씀드렸습니다만, 직업 간 임금 격차가 크지 않은 이런 나라에서는 고임금을 받으려고 의사나 판사가 되는 것이 아녜요. 자기 적성에 따라 정말 하고 싶은 사람만 의사, 판사가 되죠. 기업 내 최고 연봉과 최저 연봉 사이에 격차가 너무 크게 나는 것도 바로잡아야 할 것입니다. 이런 문제가 해소된다면 우리 아이들에게도 자기 적성에 따라 진로를 결정하는 사회가 열릴 것입니다. 교육 문제는 교육 문제 자체만으로 해결되는 것이 아니라 사회 문제, 경제 문제와 연결되어 있는데, 다른 사회 문제까지야 저희가 다 관여할 수는 없겠지만, 교육을 왜곡시키는 주범으로 직업 간·기업 간 임금 격차 해소 문제는 꼭 해결되어야 할 과제이지요.

둘째는 흔들리지 않는 올바른 교육 가치와 교육철학을 세우는 일입니다. 흔히 교육은 백년지대계라고 하죠. 언젠가 〈오마이뉴스〉의 오연호 대표가 덴마크 교육을 소개하는 것을 듣고 너무 부러웠습니다. 〈우리도 행복할 수 있을까〉라는 책에서도 소개가 되었지요. '덴마크의 국부'라 불리는 그룬트비Nikolai F. S. Grundtvig, 1783~1872가 제창한 자유·평등·평화의 정신이 그가 타계한 뒤 지금까지도 교육·노동 등 사회 전반에 스며들어 계승되고 있다는 얘기를 듣고서요. 반면 한국은 어떤가요? 대학입시 제도가 지난 70년간 17번 바뀌었다는데도 우린 계속 또 바꾸라고 요구하고 있습니다. 나쁘니까 바꾸고, 바꿨는데 또 나쁜 악순환이 계속 반복되고 있는 것이죠. 이제는 우리도 100년, 200년을 가더라도 흔들리지 않는 교육의 가치·철학을 사회적으로 세울 수 있었으면 합니다. 남은 생애에 능력과 여력이 닿는 한 이 일에 매진하고 싶어요. 어른들의 상충된 교육 이념 때문에 교육 정책이 조변석개하면서 아이들이 그 피해를 고스란히 떠안는 일은 더 이상 반복되지 않았으면 좋겠어요. 우리 아이들에게 온전히 자신의 성장에 도움이 될 교육 체계는 무엇인지 온 국민이, 전국에서 오랜 시간이 걸리더라도 끈기 있게 토론하고 사회적으로 합의하여 흔들리지 않고 지켜갔으면 좋겠습니다. 사교육걱정없는 세상은 처음부터 '성적 비관으로 죽는 아이가 단 한 명도 없는 세상, 불필요한 입시 사교육비를 단 만 원도 사용하지 않는 세상'을 목표로 여기까지 달려왔습니다. 그 세상이 멀지 않았기를 바랍니다.

세월호 이전으로 돌아갈 수는 없다

마지막으로, 앞으로 우리 부모들은 어떻게 살아야 할지에 대한 얘기를 나누며 강의를 끝마치도록 하겠습니다. 우선은, 부모의 존재 안에 아이가 갇히지 않도록 해야 할 것 같습니다. 세상은 무섭게 바뀌고 있죠. 미래는 나도, 아이도 처음 경험해보는 것입니다. 그런데도 내가 아이에게 자꾸 '이래라, 저래라' 한다면 아이를 내 과거와 내 경험 속으로 축소시키는 결과를 낳을 수도 있습니다. 잘해봐야 내 수준으로, 나와 유사한 형태로 아이를 만드는 정도겠죠. 저도 아이를 키우면서 비슷한 고민이 많았습니다. 그런데 가만 보니까 아이가 저보다 나은 것 같더라고요. 새로운 유전자도 섞여 있고요. 그런 만큼 제 틀로 아이를 키우기보다는 아이 스스로 자기 스타일을 찾을 수 있게끔 내버려두는 편이 좋겠다는 생각을 하게 됐습니다. 내 아이가 너무 내 눈만 바라보고 자라지 않게, 나를 떠나 더 넓은 세상을 보게 해주셨으면 좋겠어요.

둘째로는 부모도 자신의 삶을 살아가자는 것입니다. 사실, 나의 삶을 살아가기도 바쁘고, 제대로 잘살기는 무척 어렵죠. 그러니 부모와 자녀가 손잡고 다독이며 함께 살아가는 정도면 충분할 것 같습니다. 부모가 늘 곁에 있다는 믿음만 줄 수 있으면 되지 않을까요. 넘어질 때 손잡아주고, 울 때면 함께 울어줄 부모가 있다는 것만으로도 아이에게는 위로와 안정감을 줄 것입니다. 자신을 부단히 성찰하며 삶을 개척해 나가는 부모를 보고 자란 아이는 부모가 세상을 떠나 곁에 없을지라도 부모의 모습을 기억하며 살아갈 거예요. 류시화 시인이 쓴 〈새는 날아가면서 뒤돌아보지 않는다〉라는 책에 보면 '퀘렌시아Querencia'라는 스페인 말이 나옵니다. 스페인은 투우가 유명하잖아요? 소가 투우장에 나가 싸우다 투우사를 피해 잠시 쉬다 나오는 장소를 퀘렌시아라고 합니다. 소가 퀘렌시아에 들어가면 자기만의 방식으로 힘을 축적한 뒤 굉장히 힘이 강해진 상태로 다시 나오기 때문에 투우사는 소가 이곳에 들어가지 못하게 결사적으로 막는다고 해요. 부모 또한 아이에게 퀘렌시아 같은 존재가 되어 주어야 하지 않을까 생각해봅니다. 세상에 나아가 싸우는 것은 아이 본인의 몫이어야 할 테고, 부모는 그 아이가 싸우다 지쳐 돌아왔을 때 힘을 얻을 수 있는 장소가 되어주면 충분한 거겠죠.

'새는 날아가면서 뒤돌아보지 않는다'라는 책 제목도 의미심장한데요. 우리 인간은 과거의 상처 또는 후회 때문에 굉장히 고통스러워하는 존재죠. 그런가 하면 다가오지 않은, 경험하지 않은 미래 때문에 불안해하고 걱정하는 데 많은 시간을 씁니다. 그런데 그럴 필요가 없다는 거예요. 새는 그저 날면서 지금 불고 있는 바람으로 인해 행복해할 뿐이니까요. 저 또한 성격이 좀 깐깐한 편이다 보니, 늘 내일 할 일을 미리 걱정하고, 그다음 날 할 것을 또 챙기면서 초조하게 사는 것이 제 특성이었던 듯합니다. 그런데 언젠가부터는 제가 바뀌더라고요. 살아갈 날이 살아온 날보다 짧다고 느끼면서부터였건 것 같아요. 과거의 삶, 오지 않은 미래의 삶에 매이지 말고 현재의 삶을 살자는 쪽으로요. 나이 들수록 하루하루가 너무 귀하고 소중하게 여겨지면서 내일을 걱정하고 살기에는 너무 아깝다는 생각도 들었어요. 이제는 정신력도 체력도 예전 같지 않지만 그래도 과거로 돌아가고 싶지는 않아요. 어설프고 미숙했던 과거보다는 나이 든 지금이 훨씬 만족스럽고 행복합니다. 이렇게 부모가 자신의 삶을 만족스러워하며 열심히 살아가는 모습을 보여주는 게 아이들에게도 힘이 되지 않을까요?

셋째로는 부모들이 작은 변화부터 시도했으면 좋겠다는 말씀을 드리고 싶습니다. 큰 변화를 원하거든 작은 변화부터 시도하라는 말이 있지요. 부모님들도 학교운영위원회에 참여하는 등의 방법으로 내 아이가 다니는 학교를 바꾸는 일부터 시작하시면 좋겠습니다. 저는 1996년 학교운영위원회 제도가 만들어질 때부터 시작해 학교운영위원 활동을 13년간 계속했어요. 이게 참 고단한 일이죠. 활동을 하다 보면 마음이 맞지 않는 학부모도 있고, 때로는 교장선생님에게도 언짢은 얘기를 해야 합니다. 그런다고 학교가 빨리 바뀌지도 않으니 내가 쏟는 시간이나 정성에 비해 성과가 없다는 생각에 힘이 빠질 때도 많죠. 실제로 학교가 달라지고는 있다지만 크게 변화한 것은 아닙니다. 제가 생각하기엔, 깨어 있는 학부모일수록 학교를 멀리하기 때문에 그렇다고 생각합니다. 성적이 좋은 아이들의 부모들, 경제력이 있는 부모들이 주로 학교운영위원회나 학교 임원을 차지하니까 학교가 그런 부모들 입김에 휘둘리는 것 같아요. 부모님들이 먼 거리에 있는 광화문 촛불집회에는 여러 번 갑니다만, 오히려 학교운영위원회 같은 데는 별로 참여를 안 하시죠. 하지만 저는 세상의 변화를 원한다면 나로부터 시작해, 나의 가장 가까운 곳부터 변화시켜야 한다고 생각해요. 제가 13년간 학교운영위원회 활동을 하면서 겪었던 일에 대해 좀 더 자세히 말씀드리고 싶으나 이 얘기를 하려면 책 한 권 분량은 되기에 오늘은 생략하겠습니다(웃음). 대신 작은 것에서부터 변화를 시작하자는 의미에서 제가 좋아하는 글귀를 읽어드릴게요. 〈길 잃은 날의 지혜〉라는 박노해 시인의 시입니다.

큰 것을 잃어버렸을 때는

작은 진실부터 살려 가십시오

큰 강물이 말라갈 때는
작은 물길부터 살펴 주십시오

꽃과 열매를 보려거든
먼저 흙과 뿌리를 보살펴 주십시오

오늘 비록 앞이 안 보인다고
그저 손 놓고 흘러가지 마십시오

현실을 긍정하고
세상을 배우면서도

세상을 닮지 마십시오
세상을 따르지 마십시오

작은 일
작은 옳음
작은 차이
작은 진보를 소중히 여기십시오

작은 것 속에

이미 큰 길로 나가는 빛이 있고

큰 것은
작은 것들을 비추는 방편일 뿐입니다

현실 속에
생활 속에 이미 와 있는
좋은 세상을 앞서 사는 희망이 되십시오

-박노해 〈사람만이 희망이다〉 중에서(느린걸음, 2015)

마지막으로 지역 모임에 적극 참여하자는 말씀도 드리고 싶습니다. 흔히 '한 아이를 키우는 데는 마을 하나가 필요하다'고 하는데요. 이곳에 오셔서 좋은 강의를 듣고 자극을 받으셨다 해도 집에 돌아가자마자 소파에 널브러져 있는 아이를 보면 속에서 '욱' 하고 올라올 수도 있습니다. 그러면서 '내가 왜 이럴까' 싶어지기도 할 거예요. 이성적으로 옳은 게 뭔지는 알겠는데, 실제로 행동을 하기는 어려운 게 인간이니까요. 그럴 때 곁에서 함께 고민하고 생각을 나누는 사람이 있다는 게 자기를 지켜주는 큰 힘이 됩니다. 저도 아이들을 키우면서 학부모 단체 운동을 시작하지 않았다면 제가 가진 적극적인 성격이나 열정, 이런 것들을 아이들한테 쏟아부으면서 아이들을 괴롭혔을 것 같아요. 그나마 사회적으로 이런 열정들을 풀 수 있었던 걸 천만다행으로 생각하고 있습니다. 사교육걱정없는세상은 현재 '등대모임'이라는 지역 모임을 전국에 70곳 정도 운영하고 있는데요. 여러분 또한 이런 지역 모임을 함께 하면서 평생의 '도반'을 사귀는 기쁨을 누리셨으면 좋겠습니다. 사교육걱정없는세상 회원으로도 적극 참여하셔서 세상을 바꾸는 일에도 함께 나서주세요. 우리 단체가 지난 9년간 참 많은 일을 하기도 했습니다만, 이렇게 이뤄낸 눈에 보이는 성과보다 회원들이 함께하면서 누렸던 기쁨이 더 컸던 것 같습니다. 좋은 세상을 일구어가기 위해 땀 흘리는 이웃들과 공동체를 이루어 살아가는 기쁨이 얼마나 크겠습니까.

우리 모두는 4·16을 함께 겪었죠. 세월호가 거꾸로 처박혀 검은 바다 속으로 사라지는 광경을 눈앞에 보면서 몇 날 며칠을 함께 몸부림쳤습니다. 우리가 일상으로 돌아간 뒤로도 그 부모님들은 3년 세월을 그렇게 보내셨죠. 우리는 말합니다. 세월호 참사를 결코 잊지 않겠다고요. 이는 단순히 당시의 사고를 잊지 않겠다는 얘기가 아닐 겁니다. 꽃다운 나이의 아이들이 억울하게 죽어가야 했던 이 사회의 부조리함, 부패함, 부정의함, 이런 것들을 더는 가만 놔두지 않겠다는 다짐이겠죠. 대한민국의 역사는 4·16 이전과 4·16 이후로 나뉠 거라고 학자들도 얘기하던데요. 우리는 결국 그 운명을 함께 짊어진 운명 공동체입니다. 탐욕과 이기, 부정의가 판을 치는 세상을 바로잡고 새롭게 해서 우리 후손들에게 물려줘야 하는 운명 공동체이지요. 이런 거대한 짐을 일개 개인이 어떻게 평생 짊어지고 갈 수 있겠습니까? 혼자가 아니라 함께할 때만이 그 사명을 완수할 수 있겠죠. 이 자리를 빌려 장담컨대, 그 길을 가는 데 사교육걱정없는세상이 힘이 되어드릴 것입니다. 그 길로, 함께 가십시다.

엮은이의 말

불안한 부모들에게 든든한 길잡이가 되어줄 책

아이가 초등학교에 입학하던 날이 기억납니다. 강당에 아무리 수많은 아이들이 모여 있어도 내 아이는 한눈에 들어오는 법. 특유의 구부정한 자세로 교장선생님 인사말을 듣고 있는 아이를 보며 대견한 마음과 착잡한 마음이 동시에 밀려들었죠.

아이를 초등학교에 보낸 부모님이라면 아마도 대부분이 저처럼 설렘 반, 불안 반의 심정을 느껴보셨을 것입니다. 일하는 엄마들은 이중에서도 어쩌면 불안 쪽이 더 클지도 모르겠습니다. 출산 때도 단념하지 않고 계속 다녔던 회사를 이때 그만두는 여성들도 적지 않다고 하니까요.

입학 때뿐만이 아닙니다. 새 학기가 시작될 때마다 설렘과 불안은 끊임없이 반복·변주되죠. '이번에는 어떤 담임선생님을 만나게 될까?', '짝꿍이 우리 아이를 괴롭히지는 않을까?', '올해는 어떤 학원을 끊고, 어떤 학원을 보내야 하나?' 등등……. 돌이켜보면 아이

학년이 올라갈수록 설렘은 줄고 불안은 해마다 늘어갔던 것 같습니다.

문제는 이 같은 불안이 잘못된 정보로 인해 더 강화될 수 있다는 것이죠. 사실 아이를 키우다 보면 '내가 이중인격자는 아닐까' 의심스러워질 때가 있습니다. 말로는 "네가 건강한 게 최고야", "엄마는 네가 행복하길 바라" 하면서도 뒤로는 '그래도 중간은 가야지' 하면서 아이 등을 떠미는 자신을 발견하기 때문입니다. 하지만 이게 과연 저만의 고민일까요? "학교 끝나면 학원, 학원 끝나면 숙제"인 아이가 안타깝지만, 현실을 외면하기는 어렵다는 부모님들이 적지 않습니다. 때로는 '옆집 엄마' 한마디에 좋다는 학습지며 학원을 기웃거리기도 하죠.

'사교육 걱정 없는 초등 사용 설명서'는 시민단체인 사교육걱정없는세상이 이런 엄마 아빠를 위해 2017년 봄 진행한 강좌 시리즈입니다. 잠깐, 여기서 강좌 이름을 다시 한 번 눈여겨봐주세요. '사교육 없는'이 아니라 '사교육 걱정 없는'입니다. 현실적으로 우리가 사교육을 외면하고 살기는 쉽지 않죠. 때로는 예·체능처럼 사교육이 일정하게 필요한 분야도 있고, 맞벌이 부부처럼 사교육 기관에 아이를 보육 삼아 맡겨야 하는 경우도 있습니다. 부진한 학습을 만회하기 위해 사교육이 필요할 때도 있죠.

문제는 부모와 아이의 불안감을 파고들어 불필요한 수요를 창출하는 사교육일 것입니다. 이 책에서 여러 강사분들이 지적하듯, 이런 사교육은 아이를 일찍부터 과도한 경쟁으로 내몰 뿐 아니라 때로는 자기주도 학습 능력의 싹마저 잘라버립니다. 주변을 찬찬히 살펴보면, 의식적으로든 무의식적으로든 이런 공포를 조장하는 세력들을 찾아볼 수 있을 겁니다. 가까이는 '옆집 엄마'에서 멀리는 학원·학습지까지, 이들은 끊임없이 이렇게 속삭이며 부모들의 불안을 부추깁니다. "아니, 아이를 왜 이 지경으로 놔두셨어요?"

그렇다고 주변을 차단한 채 "우리 애는 마음껏 뛰어놀게 할 거야"라며 독야청청하기에는 현실이 결코 녹록지 않죠. 제 아이만 하더라도 한글을 못 뗀 상태로 초등학교에 입학했다가 호되게 당한 경험이 있습니다. 입학한 바로 그다음 주부터 알림장 쓰기와 받아쓰기 시험이 콤보 세트로 아이에게 떨어지면서였죠.

그런데 아시나요? 2017년 초등학교에 입학한 아이들부터는 받아쓰기 시험이 사라지거나 대폭 완화됐다는 것을요. 교육부가 2017년 초등학교 신입생부터 적용하기 시작한 2015 개정 교육 과정에 따라 한글 교육 시간은 기존 27시간에서 60시간으로 배 이상 늘어났습니다. 연필 잡기부터 차근차근 가르치라는 취지에서입니다. 상황이 이렇게 바뀌면 한글 선행학습을 받고 온 아이들이 도리어 불이익을 받을 수도 있습니다. 이 아이들한테는 정규 한글 수업 시간이 못 견디게 지루할 테니까요.

제가 '사교육 걱정 없는 초등 사용 설명서' 강좌를 다음Daum 스토리펀딩으로 연재하고, 이를 단행본으로 정리해봐야겠다고 마음먹은 것은 이 때문이었습니다. 아이의 발달 단계에 걸맞은 양육법이나 학습법 등을 설명한 좋은 책들은 지금도 시중에 많이 나와 있습니다. 그러나 이를 교육 현장의 변화와 맞물려 소개한 책은 찾아보기가 쉽지 않습니다. 우리 아이가 성장할 무렵 세상이 어떻게 바뀔지, 한국 사회와 교육은 또 어떻게 바뀔지 큰 그림을 먼저 그린 뒤 그 안에서 아이를 키울 방법을 모색해봐야 할 텐데, 불안에 함몰된 부모들에게 그 길을 제시해주는 지침서가 드물었다고나 할까요? 그렇다 보니 교육 분야를 오랫동안 취재해왔지만 늘 한 치 앞을 못 보고 더듬거렸던 두 아이의 엄마로서, 이 소중한 얘기들을 초등학생 자녀를 둔 다른 부모님들과도 공유하고 싶어졌습니다.

스토리펀딩으로 강좌를 연재하는 동안 접한 독자들의 반응도 제 생각을 굳혀주었습니다. "다섯 살 이전에 한글은 떼야 한다고 생각해 아이와 날마다 실랑이를 벌이는 중이었는데, 강의를 듣고 생각이 바뀌었다", "현직 교사로서 분수 문제는 잘 풀면서 정작 분수에 대한 개념이 없는 아이들을 보며 안타까웠는데, 강의를 들으며 아이들에게 수학을 가르칠 때 어떤 부분을 놓치고 있었는지 확실히 알게 됐다", "날마다 스마트폰만 붙들고 산다고 아이에게 잔소리를 할 게 아니라 미디어 사용이라는 큰 틀에서 문제를 다시 바라봐야 한다는 것을 알게 됐다"…….

말로 진행됐던 강의를 글로 풀어 쓰면서 새삼 느낀 바지만, 이 책에 실린 강좌를 진행한 선생님들은 해당 분야에서 최고 전문가라 할 만한 분들입니다. 현장에서 학생들을 접한 경험도 풍부하시죠. 그런 만큼 책을 읽다 보면 교육 환경의 변화 방향에 대한 거시적 시야를 갖추는 것은 물론 내 아이의 발달 단계에 맞는 구체적인 양육·교육 팁 또한 얻을 수 있을 것입니다. 이 책이 아이의 미래에 오히려 독이 될 수도 있을 잘못된 사교육 정보에 갈팡질팡하는 초등 부모님들에게 든든한 길잡이가 될 수 있기를 바랍니다.

김은남 〈시사IN〉 기자